Andreas Miessmer

Das Büfett

Das Büfett – detailliert und praxisnah

Gerne habe ich es übernommen, für „Das Büfett" von Andreas Miessmer das Vorwort zu schreiben. Ich habe ihn als wirklich hervorragenden Fachmann kennengelernt. Es freut mich besonders, daß er sein Wissen und seine Erfahrungen an alle Berufskollegen und -kolleginnen mit diesem Buch weitergibt. Wie Andreas Miessmer hier den Einblick in die Gestaltung eines kalten Büfetts vermittelt – das ist neu und einmalig auf dem Markt.

Besonders erwähnenswert und wichtig scheint mir, daß er alle Bereiche berücksichtigt hat – von der fachlichen, technischen bis zur wirtschaftlichen Seite. Marketing und Kalkulation sind ebenso einbezogen wie die präzis beschriebene und leicht nachvollziehbare Vorgehensweise zur Planung und Durchführung von kalten Büfetts für allerlei Anlässe. Detailliert und praxisnah schildert das Buch, was bei den Vorbereitungen zu beachten ist. Das Handling ist mit allen Arbeitsschritten und zeitlichen Abläufen erfaßt, veranschaulicht durch die vielen hervorragenden Bilder.

„Das Büfett" betrachte ich als einen exzellenten Leitfaden und Nachschlagewerk für alle Berufskollegen, ob sie sich dem Thema neu zuwenden oder als Profis noch mehr Sicherheit gewinnen und Anregungen sammeln möchten. Insbesondere unseren jungen Leute in der Gastronomie kann ich dieses Buch als Standardwerk wärmstens empfehlen. Ich wünsche Andreas Miessmer viel Erfolg mit „Das Büfett".

Dr. h. c. Siegfried Schaber
Präsident des Verbandes der Köche Deutschlands e. V.

Inhalt

Organisation und Planung   8

Jedes kalte Büfett, gleichgültig ob es sich aus Häppchen, kalten Platten oder Salaten zusammensetzt, erfordert umfangreiche Vorbereitungen. Praktische Arbeitshilfen erleichtern die professionelle Organisation und Planung.

Küchentechnik und Arbeitsgeräte   26

Die Grundausstattung für die fachmännische Büfettbereitung: Gerätschaften zum Formen, Schneiden, Dekorieren, Garnieren, Kochen und Backen. Erst das Zusammenspiel von Rezeptidee und der Einsatz professioneller Arbeitsgeräte und Hilfsmittel garantieren den gewünschten Erfolg.

Grundrezepte   38

Alle wichtigen Grundrezepte für die Herstellung hochwertiger Büfetts: Teige, Fonds, Brühen, Saucen, Beizen, Glaces und Gelees.

Arbeitstechniken und Zubereitungen   46

Handwerkliches Können und edelste Zutaten sind unentbehrlich für ein kaltes Büfett der Spitzenklasse. Alle wichtigen Arbeitsschritte für die Herstellung von Farcen, Terrinen, Pasteten, Parfaits, Mousses, Sülzen und gefüllten Schaustücken aus Geflügel, Fisch und Wild in detaillierten Bildfolgen.

Kalte Saucen zum Büfett   88

Saucen sind ideale Begleiter aller kalten Büfetts. Kreativität ist hier ebenso gefragt wie bei der Auswahl der einzelnen Platten. Von den einfachen Grundsaucen bis zu raffinierten Kreationen aus der Meisterküche – in dieser Vielfalt findet sich für jedes Büfett die geeignete Rezeptur.

Delikate Salate   98

Salate bereichern jedes kalte Büfett. Sie werden entweder zu einem eigenen Salatbüfett arrangiert oder zwischen den dekorativen kalten Platten angeordnet. Die Zusammenstellung der Salate sollte auf die Auswahl der Platten und das saisonale Angebot frischer Produkte abgestimmt sein.

Garnituren und Butterzubereitungen 110

Dekorative Garnituren und Butterzubereitungen unterstützen die feinen Aromen der edlen Speisen und dürfen auf keinem Büfett fehlen. Bei der Auswahl spielen neben optischen Gesichtspunkten auch geschmackliche Vorlieben sowie Art und Anlaß des Büfetts eine entscheidende Rolle.

Canapés und Crostini 128

Der festliche Imbiß zum Aperitif, Stehempfang oder fürs kalte Büfett. Die Vielfalt der Formen, die unterschiedlichsten Brotsorten und die exquisite Zubereitung setzen der Phantasie keine Grenzen und verwandeln die kleinen Häppchen zu wahren Leckerbissen der Küche.

Vorspeisen und Suppen 148

Edle Vorspeisen und kalte Suppen bereichern jedes Büfett. Portionsgerecht in Gläsern, Schalen oder auf kleinen Tellern serviert, bieten sie optische Abwechslung und erweitern das Küchenrepertoire.

Plattenkreationen 158

Das Herzstück des kalten Büfetts sind exklusive, schön gestaltete Platten. Klassische Kochkunst, neue Kreationen, exklusive Schaustücke und beste Zutaten, phantasievoll gestaltet, zeigen unverwechselbar die Handschrift des Meisters.

Delikate Käseplatten und würzige Käsesnacks 200

Typische Käsesorten, in ihrer Vielfalt köstlich auf Platten arrangiert, und interessante Rezepturen zu eingelegtem und mariniertem Käse zählen wie die ideenreichen kreativen Snacks zu den unverzichtbaren Bestandteilen des kalten Büfetts.

Reportagen aus dem Büfettalltag 220

Planung, Herstellung und Präsentation kalter Büfetts erfordern vielfältige Entscheidungsprozesse. Tips für eine fachgerechte Vorbereitung und Szenen aus dem Büfettalltag geben Einblick in die tägliche Arbeit professioneller Anbieter.

Formblätter für die Büfettorganisation 232

Checklisten und Formblätter zu Angebot und Organisation eines Büfetts erleichtern die Planung und schützen vor Pannen.

Fachbegriffe und Register 248

1

Organisation und Planung

Büfettplanung

Dem Anlaß entsprechend, muß sich ein Büfett in den vorgegebenen Rahmen einfügen. Ganz gleich, ob es sich um Häppchen, kalte Platten oder ein Dessertbüfett handelt, gibt es im Vorfeld wichtige Punkte zu klären. Der Erfolg eines guten Büfetts liegt in den Details, und zwar liegen diese nicht alleine bei der Auswahl der Gerichte, sondern auch im Feingefühl für Garnituren, Dekorationen und Accessoires.
Ganz entscheidend hierfür ist die Planung und Kalkulation.
Folgende Punkte sollten zu Beginn geprüft werden:

Anlaß

Für welchen Anlaß ist das Büfett vorgesehen?
Hier gilt es, den Grund bzw. die Art des Anlasses wie z. B. Geburtstag, Betriebsfest, Hochzeit, Firmenjubiläum usw. zu erfahren.

Wo findet das Büfett statt, und in welchem Rahmen wird die Veranstaltung durchgeführt?
- Die Größe der Räumlichkeiten und der vorgesehene Platz sowie das vorhandene Ambiente müssen besprochen werden.
- Die Ausrichtung der Veranstaltung sollte dem Milieu entsprechen und kann festlich bis rustikal variiert werden.
- Vor Ort muß geprüft werden, ob das Büfett am vorgesehenen Platz genügend zur Geltung kommt.
- Gleichzeitig können Dinge wie Stromanschlüsse, Lichtverhältnisse und Kühlmöglichkeiten überprüft werden.

Wer ist Ihr Kunde?
Fragen Sie nach Ihrem ständigen Ansprechpartner für die Planung und Durchführung des Büfetts. Handelt es sich um ein Familienfest, eine geschäftliche Veranstaltung zu Präsentationszwecken oder ähnliches? Die Zielsetzung bzw. das Niveau des Büfetts muß festgelegt werden.

Personen- und Gästekreis
- Wie hoch ist das Durchschnittsalter der anwesenden Gäste?
- Das Angebot des Büfetts sollte sich nach dem Alter des Gästekreises richten.
- Ältere Menschen bevorzugen eher etwas mildere, weniger gewürzte Speisen.
- Junge Gäste sind offener für ausgefallene, auch pikante Gerichte.
- Nehmen an der Veranstaltung zahlreiche Kinder teil, so müssen sie ebenfalls berücksichtigt werden.
- Mit Aufmerksamkeiten in Form von Kindergerichten oder kleinen Überraschungen sind sie schnell zufriedenzustellen.

Wie viele Personen sind anwesend, und wie wird gespeist?
Eine genaue Angabe der Personenzahl ist wichtig, um eine korrekte Kalkulation vornehmen zu können.
Zur Planung sind Etwa-Zahlen der Teilnehmer ausreichend. Sie sollten jedoch vor dem Einkauf und der Erstellung des Büfetts genau in Erfahrung gebracht werden. Diese Zahlen sind für die Abrechnung verbindlich.
Ebenso wichtig für die Zubereitung der Gerichte ist es zu wissen, ob die Gäste im Sitzen oder Stehen speisen.

Der Ablauf

Wie stellt sich der Auftraggeber den Zeitablauf vor?
- Überprüfen Sie Zeiten für Anfahrtswege, Aufbau und Fertigstellung sowie Durchführung des Büfetts.
- Klären Sie mit Ihrem Auftraggeber, ob das Büfett vor dem Eintreffen der Gäste oder erst im Laufe der Veranstaltung aufgebaut werden soll.

Lieferung des Büfetts
- Transport- und Kühlmöglichkeiten müssen besprochen werden.
- Sollte der Auftraggeber das Büfett selbst abholen, informieren Sie ihn über den Umfang der Platten und Speisen.
- Geben Sie dem Kunden Tips zum Aufbau und zur Präsentation des Büfetts.

Gibt es von seiten des Gastgebers Wünsche?
- Sind eigene Gerichte des Kunden vorgesehen, sollte über den Platz beim Büfett gesprochen werden.
- Die Dekorationen der Speisen und des gesamten Büfetts können auf ein bestimmtes Thema abgestellt werden wie z. B. Jubiläum, Karneval, Hobby des Gastgebers, landesübliche Dekorationen oder ähnliches.

Was wird vom Gastgeber gestellt?
- Fragen Sie z. B. nach Anzahl der Tische, Stühle, Besteck, Porzellan, Gläser, Tischwäsche, Servietten, Brotkörbe, Getränkekühler und Aushilfskräfte des Hauses.
- Geben Sie dem Kunden Informationen über die Möglichkeit von Leihgeschirr und den Einsatz von geschultem Personal.

Getränke

Die Getränke müssen im Vorfeld festgelegt werden, denn sie sollten mit der Speisenauswahl des Büfetts harmonieren.
Wird die Getränkelieferung übernommen, sprechen Sie frühzeitig über Kühl- und Ausschankmöglichkeiten.

Wird zusätzlich etwas benötigt?
- Denken Sie im Vorfeld an Punkte wie Strom, Wasser, Eiswürfel, Kühlmöglichkeiten, Küche mit zentraler Lage, gute Lichtverhältnisse und eine gut erreichbare Ausgabestelle für das Büfett.

Wo liegen die Preisvorstellungen des Kunden?
- Besprechen Sie den Kostenrahmen des Büfetts, und legen Sie einen Preis pro Kopf fest.
- Der Pro-Kopf-Preis ist rein optisch gesehen der günstigere Weg im Vergleich zur Gesamtrechnung.

Wichtige Tips für die Planung
- Geben Sie Ihr Angebot mit Varianten bei der Speisenzusammenstellung und der Preisgestaltung ab.
- Überprüfen Sie Ihre Kundenkartei, ob der Kunde schon früher von Ihnen beliefert wurde, und was er gewählt hatte.
- Bieten Sie neue Ideen an, zu viele Wiederholungen sollten vermieden werden, es sei denn, sie werden gewünscht.
- Die Menge und Auswahl der Gerichte sollte dem Anlaß und der Jahreszeit entsprechen.

- Vorausgegangene Speisen des gleichen Tages sollten berücksichtigt werden, um Wiederholungen zu vermeiden und die Portionen pro Person einschätzen zu können.
- Vorschläge für ein Dessertbüfett sollten ebensowenig fehlen wie ein Snack oder eine Suppe um Mitternacht.
- Diese Gerichte sollten immer etwas Ausgefallenes darstellen, denn sie sind der letzte Gang vor dem Nachhauseweg und bleiben somit besonders in Erinnerung.
- Es empfiehlt sich, mit dem Kunden Rücksprache über wetterabhängige und saisonbedingte Produkte zu halten.
- Warenpreise können durch schlechte Ernte, Unwetter oder ähnliche Einflüsse sprunghaft steigen und Ihre Kalkulation zum Kippen bringen.
  In diesem Falle sollte der Kunde informiert werden.
  Er selbst kann entscheiden, ob er eventuell auf andere Produkte ausweichen oder die Kalkulation entsprechend anpassen will.

Hilfreiche Formblätter zur Büfettplanung finden Sie auf den Seiten 234 bis 246
Büfettbestellung
Speisenzusammenstellung
Produktionsplan
Büfettaufbau
Leihservice
Auswertungsbogen (für den Betrieb)
Beurteilungsbogen (für den Kunden)

11

Kalkulation

Wie errechne ich den Preis pro Person?

Jeder Betrieb ist wegen seiner Größe, seiner Serviceleistung, des Personalaufwands, seiner Kundenklientel und des Standorts verschieden einzustufen. Somit ist es erforderlich, daß jeder seine eigene Kalkulation erstellt. Die unten aufgeführten Beispiele können nur Denkanstöße geben, um den Weg zur richtigen Kalkulation zu finden.

Erfassen der Rohstoffkosten:
Der Einstandspreis enthält alle Kosten, die aufzuwenden sind, bis die Ware im Haus ist.
Der Kalkulation wird der Einstandspreis ohne Mehrwertsteuer zugrunde gelegt.
Die Mehrwertsteuer ist nicht Bestandteil des Einstandspreises und wird lediglich als durchlaufender Posten betrachtet. Sie darf nicht in die Kalkulation eingehen.

Einstandspreis: $\dfrac{\text{Preis der Ware + Frachtkosten}}{\text{Gewicht der Ware}}$

z. B. Lieferung von:
10 kg Lachsterrine à 1000 g – Kilopreis 42,– DM
(Listenpreis)
(Listenpreis ohne Mehrtwertsteuer/Nettokaufpreis)

Frachtkostenanteil durch Lieferung per Expreß 15,60 DM

$$\frac{10 \times 42,\text{-- DM} + 15,60\ \text{DM}}{10} = \frac{435,60}{10} = 43,56\ \text{DM}$$

Einstandspreis: 43,56 DM
Listenpreis: 42,00 DM
Differenz pro kg 1,56 DM (Mehrkosten)

Errechnen des Einstandspreises pro Portion:
Aus 1000 g Lachsterrine schneidet man etwa 20 Portionen à 50 g.

$$\frac{\text{Einstandspreis kg } 43,56\ \text{DM}}{20\ \text{Portionen}} = 2,18\ \text{DM}$$

1 Portion Lachsterrine kostet (Einstandspreis) 2,18 DM

Rohstoffkosten

Im Küchenbereich wird die Kalkulation oft dadurch erschwert, daß der Einstandspreis nicht als Grundlage für die Kalkulation verwendet werden kann. Bei vielen Lebensmitteln verändert sich der Preis durch Verluste bei den Vorbereitungen wie Putzen und Schälen von Gemüsen und Früchten, Abgänge bei Fleisch, Geflügel, Fisch und Meeresfrüchten. Es muß deshalb zuerst der Preis des verarbeitungsfähigen Rohstoffs ermittelt werden. Zu unterscheiden ist jedoch, ob die Abgänge des Rohstoffs weiterverarbeitet werden können, wenn auch mit geringerem Wert, oder ob es sich dabei um wertlose Abgänge handelt.
Beispiel:
5 kg Spargel kosten je kg 12,50 DM. Nach dem Schälen bleiben 3,5 kg verarbeitungsfähiger Rohstoff übrig. Dies entspricht einem Abfall von 1,5 kg = 30 %

Einkauf 5 kg zu je 12,50 DM = 62,50 DM
Verlust 1,5 kg

Verarbeitungsfähiger Rohstoff
3,5 kg kosten = 62,50 DM

$$\frac{62,50}{3,5} = 17,86\ \text{DM (aufgerundet)}$$

1,0 kg kostet also = 17,86 DM

Für 1 Portion zu verarbeitender Spargel rechnet man 150 g pro Person = 2,68 DM (aufgerundet)

1000 g Spargel = 17,86 DM
150 g Spargel = ?

$$\frac{150 \times 17,89}{1000} = 2,68\ \text{DM}$$

Erfassen der Rohstoffkosten für ein Gericht oder eine kalte Platte:
Beim Erfassen der Rohstoffkosten werden Mengen, Warenbezeichnungen, Preis der Einheit und Gesamtpreis jeder Ware angeführt.

Am Beispiel Spargelsalat:

Einheit	Waren-bezeichnung	Preis für 1 Einheit	Gesamt-preis
3,5 kg	Spargel	17,86 DM	62,50 DM
0,3 l	Traubenkernöl	28,00 DM	8,40 DM
0,1 l	Feigenessig	42,00 DM	4,20 DM
usw.			

Gesamt: 75,10 DM
Ergebnis: 23 Portionen
Preis 1 Portion 3,27 DM (aufgerundet)

Kalkulationszuschläge

In lebensmittelverarbeitenden Betrieben werden verschiedene Kostenarten zu Gruppen zusammengefaßt. Diese werden von der Betriebsleitung errechnet und der Küche zur Kalkulation weitergegeben. Diese Gruppen teilen sich wie folgt auf:

Gemeinkosten
– Personalkosten
– Küchengemeinkosten
– Allgemeine Verwaltungskosten
Gewinnzuschlag
Umsatzbeteiligung der Mitarbeiter
Mehrwertsteuer

Die Gemeinkosten errechnen sich aus den Rohstoffkosten eines Zeitabschnittes und während dieser Zeit entstandenen Gemeinkosten.

Beispiel:
In einem Betrieb werden innerhalb eines Zeitraumes 50 000 DM für Rohstoffe errechnet.
In dieser Zeit entstanden Gemeinkosten von 15 000 DM.
Der Prozentaufschlag errechnet sich wie folgt:

$$\frac{\text{Gemeinkosten} \times 100}{\text{Rohstoffkosten}} = \text{Prozentaufschlag}$$

Rohstoffkosten 50 000 DM = 100 %
Gemeinkosten 15 000 DM = x

$$\frac{15\,000 \times 100}{50\,000} = 30\,\%$$

Somit beträgt der Aufschlag für die Rohkosten (100 %) 30 % und wird in der Kalkulation mit 130 % gerechnet. Eine vollständige Kalkulation lautet wie folgt:

Rohstoffkosten 100 %	
+ Gemeinkosten	(30 %)
= Selbstkosten	(130 %)
Selbstkosten	100 %
+ Gewinn	(15 %)
= Kalkulierter Preis	(115 %)
Kalkulierter Preis	100 %
+ Umsatzbeteiligung	(11 %)
= Nettoverkaufspreis	(111 %)
Nettoverkaufspreis	100 %
+ Mehrwertsteuer	(16 %)
Verkaufspreis (Inklusivpreis)	(116 %)

Um das Kalkulieren etwas zu erleichtern, kann aus den ermittelten Kosten ein Multiplikator errechnet werden. Dieser Faktor ist von Betrieb zu Betrieb verschieden und sollte des öfteren neu errechnet werden.
Somit kann eine schnelle Etwa-Kalkulation ermittelt werden, um eine direkte Auskunft geben zu können, z. B. in Anwesenheit des Kunden.
Die Rohstoffkosten werden mit dem Faktor multipliziert, und man erhält so den Verkaufspreis.

Beispiel:
Rohstoffkosten für eine Platte für 6 Personen 50,– DM x 2,8 (Multiplikator) = 140,– DM

In diesem Betrag sind alle Posten wie Material, Vorratshaltung, Amortisation der Platten und Requisiten, Spülen und Reinigung des Geschirrs, Abdeckfolien, Transportmittel usw. sowie allgemeine Verwaltungskosten und Personalkosten enthalten.

Es empfiehlt sich, Rechnungen von Zulieferfirmen (Bäcker, Gärtner, Leihgebühren usw.) als Kopie beizulegen und separat aufzuführen.

13

Welche Mengen werden benötigt?

Das Berechnen der Einzelportionen hängt ganz von der Art und Weise der Veranstaltung, dem Gästekreis und nicht zuletzt von dem vorgegebenen Preislimit ab.
Teilt man das Büfett in eine Menüfolge auf, so erhält jeder Gast eine Portion pro Menügang, das heißt 1 Vorspeise, 1 Suppe, 1 Fischspeise und weitere Gänge wie Fleisch, Geflügel, Käse, Dessert und entsprechende Beilagen. So benötigt man für 80 Personen mit 1 Vorspeisenart 80 Vorspeisenportionen. Werden von einzelnen Menügängen mehrere Variationen angeboten, so muß die Zahl der Gesamtbüfettportionen durch die Anzahl der Variationen geteilt werden.
Zum Beispiel: Werden bei einem Büfett für 80 Personen statt 1 z. B. 4 verschiedene Vorspeisen angeboten, so benötigt man pro Vorspeise 20 Portionen, was insgesamt wieder 80 Portionen ergibt. So können die Menügänge im einzelnen berechnet werden. An Gesamtkonsumation bei einem kalten Büfett können pro Person zwischen 600 und 800 g gerechnet werden.
Die untenstehenden Etwa-Angaben können bei der Planung des Büfetts behilflich sein.

Kaltes Büfett
220–250 g Fleisch-, Wurst- und Schinkenwaren, Pasteten
 50– 80 g Fisch
 80–100 g Käse
120–150 g Salate
 80–150 g Brot und Brötchen
 10– 30 g Butter

Dessertbüfett
Nach einer Menüabfolge oder einem Büfett
 50–100 g Eiscreme und Parfait
 40– 80 g Mousse und Creme
100–150 g Früchte
 40– 80 ml Saucen
 60–100 g Gebäck oder Gebackenes

Kalte Platten für festliche Anlässe
mit vorausgegangenen Speiseabfolgen wie Mittagessen, Kaffee und Kuchen sind pro Person wie folgt zu berechnen:
180–220 g Fleisch-, Wurst-, Fisch- und Räucherwaren, Pasteten, dazu Beilagen wie Saucen, Brot und Butter. Werden zusätzlich Salate und Käse gereicht, genügen 120–140 g pro Person.

Rustikale Platten und Vesper
250–300 g pro Person
Brot und Butter

Was sollten Sie beachten?

• Je nach Alter müssen für jüngere Menschen größere Portionen als bei älteren angenommen werden.

• Findet das Büfett im Rahmen eines Tagesprogramms statt (z. B. Familienfest mit Mittagessen, Kaffee und Kuchen, Abendessen), dann sollten die Portionen etwas kleiner gehalten werden.

• Der Umfang des Büfetts ist ebenfalls wichtig. Werden neben kalten Platten noch Salate, Käse und Desserts serviert, müssen die Portionen aufeinander abgestimmt sein.

• Bei rustikalen Vesperbüfetts rechnet man mit großen Portionen und üppigen Beigaben.

• Kalkulieren Sie nicht zu knapp, denn auch der letzte Gast hat einen Anspruch auf eine Speisenauswahl und sollte nicht den Eindruck gewinnen, nur noch die Reste zu bekommen.

• In den Sommermonaten muß mehr mit dem Verzehr leichter Speisen und Salate gerechnet werden. In den kühleren Jahreszeiten darf es ruhig etwas deftiger sein.

• Findet das Büfett im Freien statt, leiden die Speisen gerne unter Wärmeeinfluß. Tauschen Sie regelmäßig unansehnlich gewordene Waren durch frische aus und kalkulieren dafür etwas großzügiger. Es empfiehlt sich, mehrere kleine Platten zu richten und diese dafür des öfteren auszuwechseln.

Einkauf und Lagerung

Schon beim Einkauf können Gewinne erzielt werden, und jedes Unternehmen sollte ihn auf die betrieblichen Gegebenheiten abstimmen.

Da die Voraussetzungen für einen wirtschaftlichen Einkauf von unterschiedlichen Faktoren abhängig sind, können hier nur Denkanstöße gegeben werden, die es innerbetrieblich zu prüfen gilt.

Abhängig von der Betriebsgröße, dem verfügbaren Personal und der allgemeinen Kostensituation tragen folgende Voraussetzungen zu einem sach- und betriebsgerechten Einkauf bei.

Vergleichen von Angeboten:
- Durch ständigen Preisvergleich mit verschiedenen Zulieferern haben Sie stets den Überblick über die aktuelle Marktsituation.
- Bei Konserven sollten Sie das Abtropfgewicht und die Warenausbeute ermitteln, denn oftmals entstehen hier große Preisunterschiede, die zuvor nicht ersichtlich waren.
- Lassen Sie sich wenn möglich Warenproben zusenden und wägen Preis und Qualität gegeneinander ab.

Ergiebigkeit der Ware prüfen:
- Kontrollieren Sie das Verhältnis der eingekauften Ware zur erzielten verkaufbaren Menge nach der Verarbeitung.

Hier kommt es oft bei gleichem Einkaufsgewicht, jedoch unterschiedlichen Qualitäten zu großen Differenzen.

Günstige Verpackungsgrößen wählen:
- Großpackungen oder -gebinde werden zu günstigeren Preisen angeboten, da weniger Verpackungskosten anfallen.
- Dies ist aber abhängig vom Absatz der Ware, denn Ersparnisse, die beim Einkauf von Großpackungen erzielt wurden, können schnell zu einem Verlustgeschäft werden.
- Faktoren wie Verderb der Ware, Gewichtsverlust durch Schwund, Qualitätseinbußen durch Überlagerung und die Notwendigkeit größerer Lagerkapazitäten sollten bedacht werden.

Ausnutzen von Skonto:
- Skonto ist ein Preisnachlaß, der gewährt wird, wenn der Kunde die Ware innerhalb einer bestimmten Frist bezahlt. Hiermit möchte der Lieferant zu einer baldigen Zahlung ermuntern.
- Wird die Ware innerhalb der vereinbarten Frist, gewöhnlich 10 bis 14 Tage, bezahlt, kann man ein Skonto von meist 2 % einräumen.
- Dies bedeutet einen zusätzlichen Gewinn, wenn Sie die Skontiermöglichkeit nutzen.
- Wird die Ware erst nach Ablauf der Frist bezahlt, könnte man das nicht genutzte Skonto auch als Zuschlag bezeichnen.

Lagerkosten und Kapazität aufeinander abstimmen:
- Ein zu reichlich oder überfüllt bestücktes Lager entspricht nicht einer wirtschaftlichen Betriebsführung. Der Kapitalaufwand für Waren und die Kosten der Räumlichkeiten dürfen nicht unterschätzt werden.
- Waren, die nicht regelmäßig umgeschlagen werden, d. h. zu lange im Lager liegen, sind für den Betrieb als totes Kapital anzusehen, da sie keine Zinseinkünfte erwirtschaften.
- Anfallende Kosten durch Miete oder Abschreibung sind in den Küchengemeinkosten zu berücksichtigen.
- Erhöhte Lagerkosten durch die Verwendung von Kühl- und Gefriergeräten eskalieren zusätzlich durch weitere Aufwendungen für Strom, Wartungs- und Reparaturarbeiten.
- Die Lagerkapazität sollte ebenfalls durch optimale Ausnützung von Regal- und Lagersystemen gesteigert werden.
- Das Führen einer Lagerkartei mit Aufzeichnungen über Warenein- und -ausgänge sowie Verfallsdaten geben Ihnen einen genauen Überblick über Ihre Lagerbestände.

Für lebensmittelverarbeitende Betriebe gibt es dafür speziell ausgearbeitete Computerprogramme.

Verluste durch Schwund beachten:
- Bei nichtkonservierten Lebensmitteln, wie z. B. Gemüse und Fleisch, treten durch längere Lagerung Gewichtsverluste auf.
- Diesen Schwund muß man bei der Kalkulation prozentual berücksichtigen, denn vom Kaufgewicht ausgehend können bei größeren Mengen auch schnell größere Verluste entstehen.

Einkauf von großen Fleischteilen:

- Beim Einkauf von großen Fleischteilen wie z. B. ganzen Nierenstücken, Kalbsrücken oder -pistolen lassen sich durch einen niedrigeren Kilopreis höhere Gewinne erzielen, denn Abschnitte und Knochen sind Grundlage für die Saucen- und Fondherstellung, geringwertige Teile können für Schmorgerichte, Füllungen und Farcen verwendet werden.
- Dasselbe empfiehlt sich ebenfalls beim Einkauf von Wildbret oder Geflügel. Zudem wird die Bandbreite des Speisenangebotes durch zusätzlich verarbeitete Teile vielseitiger und abwechslungsreicher.

Dienstleistungen von Zulieferfirmen prüfen:

- Wägen Sie ab, ob die Herstellung einzelner Gerichte mit dem damit verbundenen Personalaufwand preislich zu vertreten ist, oder ob diese Speisen in gleicher Qualität von Zulieferfirmen günstiger angeboten werden.

Als Beispiele dafür seien Terrinen, Pasteten, Brot, Gebäck, Wurst- und Schinkenwaren, Käseplatten, Kuchen, Torten und Desserts genannt.

Personaleinsatz

Das wirtschaftliche Ergebnis eines Betriebes hängt sehr stark von den Personalkosten ab. Löhne, Sozialleistungen, Urlaub usw. sind zwar ausschlaggebend für die Rentabilität der Küche, jedoch würde es den Rahmen dieses Buchs sprengen, hierauf näher einzugehen.

Ohne die Kosten aus den Augen zu verlieren, ist der effektive Einsatz des Personals von großer Bedeutung. Durch gute Auswahl und optimale Auslastung der Mitarbeiter werden nicht nur gute Zahlen erreicht, sondern auch Ihre Kunden zufriedengestellt.

Das Verhältnis zwischen Festangestellten und Aushilfskräften muß sinnvoll gestaltet werden, um Qualitätseinbußen in der Serviceleistung zu vermeiden.

Die Auftraggeber suchen heute nach außergewöhnlichen und anspruchsvollen Partnern. Der Einsatz von geschultem Personal gibt ihnen das Gefühl, in guten Händen zu sein, und schafft somit eine Vertrauensbasis.

Vorteil von Fachpersonal

Gelernte oder gut geschulte Fachkräfte geben dem Gast die Gelegenheit zu interessanten Gesprächen über Speisen, Produkte und ihre Zubereitungen. Hier kann der Gast Dinge erfragen, die für ihn bislang ungeklärt blieben.

Desinteressiertes und unwissendes Personal vermittelt dem Kunden unfachmännisches Auftreten und Mittelmaß.

Motivation des Personals

Nicht nur eine angemessene Bezahlung und Vergütung von Überstunden tragen zur Motivation bei, sondern auch die Einbindung in den Betrieb.

Durch Mitbestimmung bei der Büfettplanung, Organisation und Durchführung wird ein Teil der Verantwortung auf die Mitarbeiter übertragen. Mitarbeiter, die das Gefühl haben, ein Stück des Betriebes und somit auch des Erfolges zu sein, sind besser motiviert und vertreten auch nach außen die Interessen des Hauses.

Leerlaufzeiten vermeiden

Unterbinden Sie Leerlaufzeiten der Mitarbeiter in der Produktion. In ruhigeren Abschnitten empfiehlt es sich, den Mitarbeitern die Möglichkeit zum Abbau von Überstunden, Guttagen oder Urlaub zu geben.

Nutzen Sie ruhige Zeiten für Vorbereitungen in der Produktion. Zubereitungen, die über einen längeren Zeitraum haltbar sind, ohne jedoch Qualitätseinbußen zu erleiden, sind hier einzuplanen.

Das Zusammenfassen der anstehenden Büfetts gibt Ihnen die Möglichkeit, Produkte in größerer Menge auf Vorrat herzustellen. Dies können z. B. Saucen, Fonds, Suppen, Terrinen, Pasteten, Braten, Dressings, Desserts oder Gebäcke sein.

Einsatz des Personals beim kalten Büfett

Für den reibungslosen Ablauf eines kalten Büfetts ist es wichtig, sein zur Verfügung stehendes Personal richtig einzusetzen.

Zu frühes Erscheinen Ihrer Mitarbeiter und damit verbundene Leerlaufzeiten sollten vermieden werden.

Teilen Sie Ihre Mitarbeiter in Schichten ein. Dann werden ihre Kräfte optimal genutzt und die Arbeitsstunden reduziert.

Mit einer Frühschicht zum Aufbau des Büfetts und zur Ausgabe sowie mit einer Spätschicht zur Ausgabe und zum Abbau des Büfetts läßt es sich günstiger arbeiten. Diese Schichten sollten regelmäßig wechseln, um Ihren Mitarbeitern gleiche Chancen zu geben.

Während der Büfettausgabe muß genügend Personal anwesend und jede wichtige Ausgabestelle mit mindestens einer Person besetzt sein.

Ebenfalls sind Mitarbeiter für Nachschub und Aushilfe an den einzelnen Stationen einzuplanen. Entstehen für den Gast zu große Wartezeiten bei der Ausgabe, ist Unzufriedenheit vorprogrammiert.

Die Kräfte für den Abbau sollten routinierte Mitarbeiter mit Feingefühl für die Anliegen des Gastes sein.

So ist die Präsenz nach vorne bis zuletzt zu wahren, während hinter den Kulissen der Abbau beginnt. Auf eine gewissenhafte Kontrolle beim Verpacken der gelieferten Requisiten und Accessoires muß geachtet werden. Dabei ist Ihnen die Leihservice-Liste auf Seite 242 eine Hilfe.

(Siehe auch Formblatt Produktionsplan Küche Seite 238)

Zeitliche Organisation

Eine durchdachte zeitliche Organisation ist die Voraussetzung für einen effektiven und reibungslosen Ablauf eines kalten Büfetts. Wenn die Büfettplanung steht, müssen als nächstes der Einkauf und der Personaleinsatz koordiniert werden.

Bereits mehrere Tage zuvor sind erste Vorbereitungen zu treffen, um Personalengpässe am Tag der Veranstaltung zu vermeiden. So kann die Zubereitung eines kalten Büfetts in den täglichen Geschäftsbetrieb integriert und durchgeführt werden. Dies ist auch der Punkt, weshalb der Küchenchef oder der Chef der kalten Küche bei der Bestellungsannahme anwesend sein sollte. Sie können am besten beurteilen, ob die Beschaffung der Rohmaterialien in der gewünschten Art und Menge zu bewältigen ist. Die freie Kapazität in der Küche muß dabei gewährleistet sein, denn oftmals überschneiden sich verschiedene Veranstaltungen, und der Zeitablauf kommt somit durcheinander.

Einige Tage zuvor

Wenn der Termin feststeht:
- Einkaufslisten für die einzelnen Zulieferer erstellen und die Waren auf Termin ordern
- Brot- und Backwaren bestellen
- Personal- und Produktionsplan erarbeiten (siehe Formblatt Seite 238)
- Blumenschmuck und Dekorationen bestellen
- Bei Leihfirmen die nötigen Artikel vorbestellen, wie zum Beispiel Tischwäsche, Geschirr, Besteck, Tische, Stühle usw.
- Getränkebestellung unter Berücksichtigung alter Bestände erarbeiten und durchgeben

4 bis 5 Tage zuvor:
- Produktion von Terrinen und Pasteten
- Einsetzen von Eisparfait zum Dessert
- Herstellen von Grundfonds
- Bei den Zulieferfirmen wegen der bestellten Waren rückfragen. Gibt es mit der Lieferung Probleme, kann jetzt noch umdisponiert werden

2 bis 3 Tage zuvor:
- Gelees herstellen
- Kalte Saucen zubereiten
- Braten von Geflügel und Fleisch für Schaustücke und zum Aufschneiden

1 Tag zuvor:
- Salate putzen und vorbereiten
- Salatdressings herstellen
- Garnituren zubereiten
- Die Legeware wie kalter Braten, Wurst, Schinken oder Fische aufschneiden und abdecken
- Schaustücke herstellen, überglänzen und abdecken
- Platten wenn nötig mit Aspik ausgießen
- Terrinen und Pasteten aufschneiden, die Scheiben überglänzen und abdecken
- Desserts zubereiten
- Platten, Spiegel und Dekorationsgegenstände putzen und polieren
- Getränke kühlen
- Eiswürfel produzieren
- Tische für das Büfett aufbauen und gruppieren (wenn möglich)
- Benötigte Menge Porzellan, Gläser und Besteck überprüfen

Am Tag des Büfetts:
- Salate fertigstellen, in Gefäße abfüllen, dekorieren, abdecken und kühlen
- Kalte Saucen und Dressings in Behältnisse füllen, abdecken und kühlen
- Desserts fertigstellen, garnieren, abdecken und kühlen
- Butter vorbereiten, abdecken und kühlen
- Portionierte Vorspeisen abfüllen, dekorieren und kühlen
- Kalte Platten mit vorbereiteter Ware wie Schaustücke, Legeware und Garnituren belegen, abdecken und kühlen
- Büfettaufbau organisieren und überwachen
- Brot- und Backwaren anliefern lassen, falls nötig kurz aufbacken und auf Körbe oder ähnliches verteilen
- Bei Büfetts außer Haus Leihservice-Liste (siehe Formblatt Seite 242) ausfüllen und dem Verantwortlichen aushändigen
- Der Büfettaufbau sollte in Ruhe erfolgen und wenn möglich vor dem Erscheinen der Gäste beendigt sein. Abräumstationen für Schmutzgeschirr und Platten einrichten
- Mitarbeiter einteilen und Ablauf besprechen

Belegen von kalten Platten

Durch ein kreatives und übersichtliches Anrichten der Platten werden bei jedem Büfett Akzente gesetzt, die dem Gast einen Gesamteindruck vermitteln. Diese kommen durch Schaustücke besonders zur Geltung und signalisieren ein hohes Küchenniveau. Ganze Bratenstücke von Schlachtfleisch, Wild oder Geflügel verleihen Ausdruck und Natürlichkeit. Die Präsentation von ganzen Fischen oder Krustentieren ist in ihrer Wirkung ebenso unübertrefflich wie Pasteten- oder Terrinenschaustücke.

Folgendes ist zu beachten, um Fehler zu vermeiden:
- Die Plattenform und -größe muß mit den zu präsentierenden Speisen harmonieren. Eine zu kleine Platte wirkt sehr schnell überladen, hingegen verlieren sich die Gerichte bei einer zu großen.
- Ältere, beanspruchte oder leicht oxidierende Platten aus Silber und Edelstahl können mit Gelee oder Aspik ausgegossen werden, um einen direkten Kontakt mit den Speisen zu vermeiden. Der Überzug sollte neutral gehalten und auf die jeweiligen Speisen abgestimmt werden. Für helles Fleisch und Geflügel verwendet man helle Spiegel, für dunkle Sorten bernsteinfarbene und zu Fisch einen wasserklaren Überzug.
- Eiergerichte werden auf Grund ihrer starken Oxidation in Verbindung mit Metall auf Glas oder Porzellan präsentiert.
- Holzbretter müssen mit lebensmittelechtem Lack versiegelt sein.
- Ein Überladen der Platten vermeiden. Zwischenräume und der Plattenrand müssen frei bleiben.
- Schablonen aus Karton geben Hilfestellung für gleichmäßiges Anrichten.
- Nur eßbare Dekorationen verwenden, Hilfsmittel wie Unterbauten komplett mit Folie verkleiden. Zu den Ausnahmen gehören Muschelschalen, Karkassen, Zierspieße und Papiermanschetten. Blumen, Gefieder oder Holzdekorationen sind nicht erlaubt.
- Alle auf der Platte angerichteten Teile müssen vom Gast mühelos entnommen werden können. Zum sauberen Anrichten von der Platte auf die Teller keine Sockel aus Mayonnaiseprodukten verwenden.
- Bei kleineren Veranstaltungen mit Einzelplatten pro Person je einen Teil der unterschiedlichen Speisen berücksichtigen. Ebenso sollten die Garnituren der Personenzahl entsprechen.

- Schaustücke sind meist für den Nachservice gedacht und so gefertigt, daß sie später mühelos tranchiert und vorgelegt werden können.
- Eine zu prunkvolle Ausstattung und ein übermäßiger Einsatz von Decksaucen (Chaudfroids) oder Gelees sollte vermieden werden. Der natürliche Ausdruck der Speisen wird durch eine einfache und zeitgemäße Anrichteweise unterstützt.
- Fleisch- und Schinkentranchen werden mit der optisch schöneren Seite nach außen angerichtet, zum Beispiel feine Fettränder, Brat- oder Kräuterkrusten. Ein präzises Tranchieren ist ebenso entscheidend wie das genaue Drapieren auf der Platte mit regelmäßigen Abständen zwischen den einzelnen Scheiben.
- Zu überglänzende Speisen immer gut kühlen und nur hauchdünn mit Gelee oder Aspik bepinseln. Der Überzug darf mit zunehmenden Raumtemperaturen am Büfett nicht zerfließen.
- Nach dem Belegen die Platten mit Klarsichtfolie abdecken und vor dem Servieren gut durchkühlen.

Anrichteweisen

Richtlinien zum Belegen von kalten Platten sind sinnvoll und geben Ihnen Hilfestellung bei der Einteilung. Die Plattengröße sollte auf die Personenzahl und die Größe des Schaustückes abgestimmt werden. Die Form der Platte ist abhängig von dem optischen Zusammenspiel, vom Schaustück und der Anrichteweise.
Um sich über die Größenverhältnisse und Verteilung der Plattenfreiräume ein genaues Bild machen zu können, ist es von Vorteil, die Platte in Raster einzuteilen.

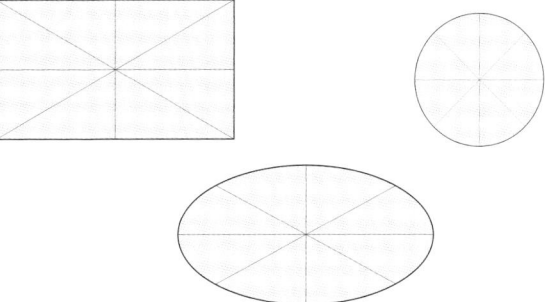

Ein Schaustück darf nicht mehr als zwei Rasterfelder in Anspruch nehmen. Schablonen in Rastergröße helfen beim exakten Belegen. Zur Positionierung des Schaustückes und der Anrichteweise der Legeware und Garnituren folgen einige Grundmuster. Mit etwas Erfahrung beim Belegen können eigene Ideen umgesetzt werden.

Rechteckige Platten:

Rehrückenplatte:

Wildplatte:

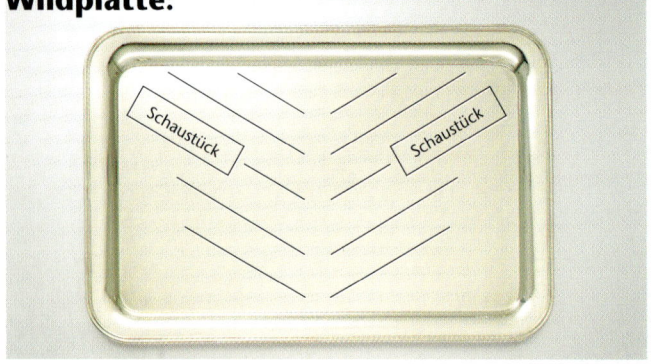

Truthahnplatte:

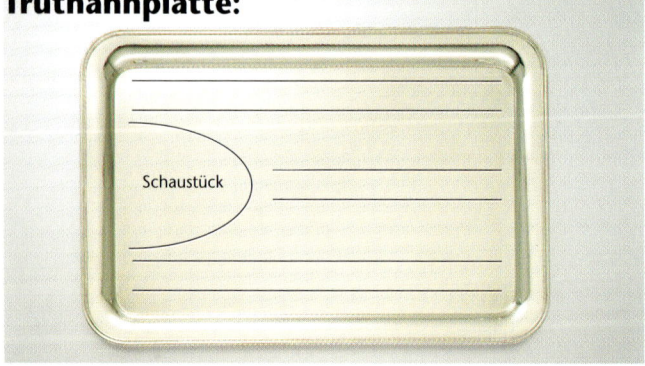

Platte von Kalb und Kaninchen:

Platte mit Zandergalantine:

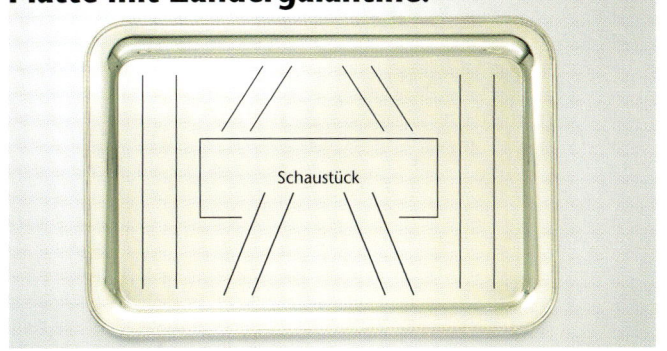 

Runde Platten:

Poularden-galantine:

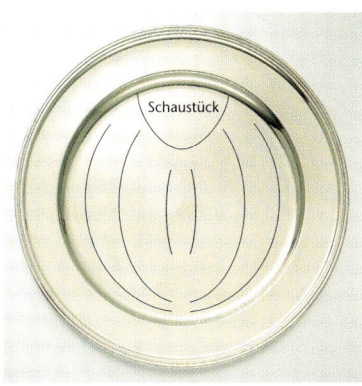 

Gugelhupf von Räucherlachs:

Tafelspitzsülze:

Büfettaufbau

Vor dem Aufbau des Büfetts ist zuerst die Wahl des Standortes zu treffen. Es sollte im Blickfeld der Gäste, gut zugänglich und in einem möglichst kühlen Raum aufgebaut werden. Je nach Anzahl der Gäste und Raumgröße wird die Büfettform bestimmt. Diese muß mit dem Chef der kalten Küche abgesprochen werden, denn er kennt den Umfang und die Größe seiner Platten, Schüsseln, Saucieren und Dekorationsstücke. Ein Büfett sollte stets reichlich Platz bieten, um entsprechend zur Geltung zu kommen.

Damit sich die Gäste bequem bedienen können, gibt es verschiedene Formen des Aufbaus: Längsformen, U-Formen oder halbovale und runde Formen (letztere nur zur Selbstbedienung geeignet). In die Mitte des Büfetts kommen stets Prunkplatten oder Dekorationselemente.

Ein klarer, übersichtlicher Aufbau unterstützt die Wirkung der einzelnen Speisen. Durch verschiedene Ebenen wird ein zusätzlicher Effekt erzielt und Platz eingespart. Hierfür sind verkleidete oder mit Tischdecken verhüllte Kisten, Röhren und Sockel sehr hilfreich. Wichtig ist jedoch, daß die Platten einen guten Stand haben und für den Gast gut zu erreichen sind. Im Hintergrund können Dekorationselemente stehen oder als Trennung zwischen den einzelnen Gängen fungieren. Dies dürfen zum Beispiel Blumenbuketts, Butterfiguren, Eisskulpturen oder Patisserieschaustücke sein. Ausgefallene Dekorationen aus Holz, Metall oder anderen Materialien sind auf separaten Tischen oder in ausreichendem Abstand von den Speisen zu plazieren. Das Gesamtbild der Speisen, des Geschirrs, der Dekorationen und Aufbauten muß miteinander harmonieren.

Durch die Anwesenheit vieler Menschen in einem Raum entsteht Wärme, die den Geleeüberzug von Speisen schnell unansehnlich werden läßt. Ein rechtzeitiges Senken der Raumtemperatur kann dies verhindern. Auch sollten die Speisen zum spätestmöglichen Zeitpunkt vor dem Eintreffen der Gäste aufgebaut werden, und zwar maximal eine halbe Stunde zuvor. Ebenso dürfen die Speisen nicht länger als etwa eineinhalb Stunden am Büfett stehen. Eine gute Lösung ist es, dieses in einem Nebenraum der Gästetafel aufzubauen.

Wie die Platten arrangiert werden, kann einer Büfettaufbauliste entnommen werden (Formblatt Seite 240) und sollte möglichst von den Köchen durchgeführt werden. Diese nehmen am besten auch die Ausgabe am Büfett vor. Hinter jeder wichtigen Ausgabestelle müßte mindestens eine Person bereitstehen, um einen flüssigen Ablauf zu garantieren.

Bei Veranstaltungen, die sich über einen längeren Zeitraum hinziehen, empfiehlt es sich, mehrere kleine Platten anzurichten. Durch einen regelmäßigen Austausch

Viele kleine Handgriffe sind notwendig, um die Bestandteile der kalten Platten anzufertigen. Die zahlreichen Details werden wie ein Mosaik zusammengefügt und ergeben ein kleines Kunstwerk.

Der Boucher trägt wesentlich zum Erfolg bei. Exaktes Zuschneiden von Portionen und die Vorbereitung der Schaustücke zum Braten gehören zu seinen Aufgaben.

Besondere Aufmerksamkeit muß den Schaustücken geschenkt werden.

Mit großem Aufwand und Einsatz zahlreicher Arbeitsgeräte werden die Büfettzubereitungen angefertigt. Die Zeitplanung der einzelnen Produktionsstätten muß koordiniert werden.

von frischen Reserveplatten bleibt die Qualität erhalten. Sollte der Platz des Büfettaufbaus nicht für die Anzahl der Platten ausreichen, so empfiehlt es sich ebenfalls, mehrere kleine Platten zu richten. Es gibt mittlerweile auch Hersteller für stapelbare Platten. Mit diesen lassen sich Platzprobleme ebenfalls sehr gut lösen.

Büfettorganisation

Kalte Büfetts können in zwei Kategorien eingeteilt werden.

Offenes Büfett:
Bei diesem ist der ausrichtende Betrieb der Veranstalter, und jeder Gast kann daran teilnehmen. Der Besucher kann sich zu einem festen Preis am ganzen Büfett bedienen, oder für die einzelnen Speisen werden Portionspreise berechnet. Bei der zweiten Variante gibt es verschiedene Verrechnungsmöglichkeiten. Der Gast erwirbt an der Kasse Bons und löst sie am Büfett ein, oder er passiert am Ende des Büfetts die Kasse und bezahlt die ausgewählten Speisen. Das Bestellen an Hand einer Karte ist die dritte Möglichkeit und erfolgt durch den Service der Kellner.
Bei offenen Büfetts empfiehlt es sich, die Speisen portionsweise anzurichten.

Geschlossenes Büfett:
Hier handelt es sich um ein Büfett für einen besonderen Anlaß und eine bestimmte Personenzahl. Das Angebot der Speisen richtet sich nach den Wünschen des Bestellers. Die Gäste bedienen sich selbst, sie bekommen die Speisen meist durch hinter den Platten stehende Köche oder Servicekräfte gereicht. Ebenfalls ist es möglich, die Speisen in einer Menüfolge an den Tischen zu servieren.

Für den Betrachter eine Augenweide: Das Büfett ist fertig zum Aufbau. Wie viele Stunden und Tage für die Planung, Organisation und Durchführung notwendig waren, ist für den Außenstehenden kaum vorstellbar.

23

Bei größeren Büfetts werden von der Mitte heraus jeweils Platten mit der gleichen Bestückung nach rechts und links spiegelverkehrt aufgestellt. Von der Mitte heraus nach außen kommen Fleisch- und Fischplatten, dann Vorspeisen und Salate, Brot und Butter, dazwischen jeweils die passenden Saucen. Teller und Besteck können entweder ganz außen stehen oder auf Beistelltischen bereitgestellt werden. Bei Käse, Obst und Desserts bietet es sich an, diese auf einem kleinen separaten Büfett aufzubauen oder an den Enden der großen Büfett-Tafel zu plazieren. Ein separates Dessertbüfett kann zu einem späteren Zeitpunkt aufgebaut werden, und die Speisen bleiben dadurch länger attraktiv.

Aufbau für ein großes Büfett mit separatem Käse- und Dessertbereich

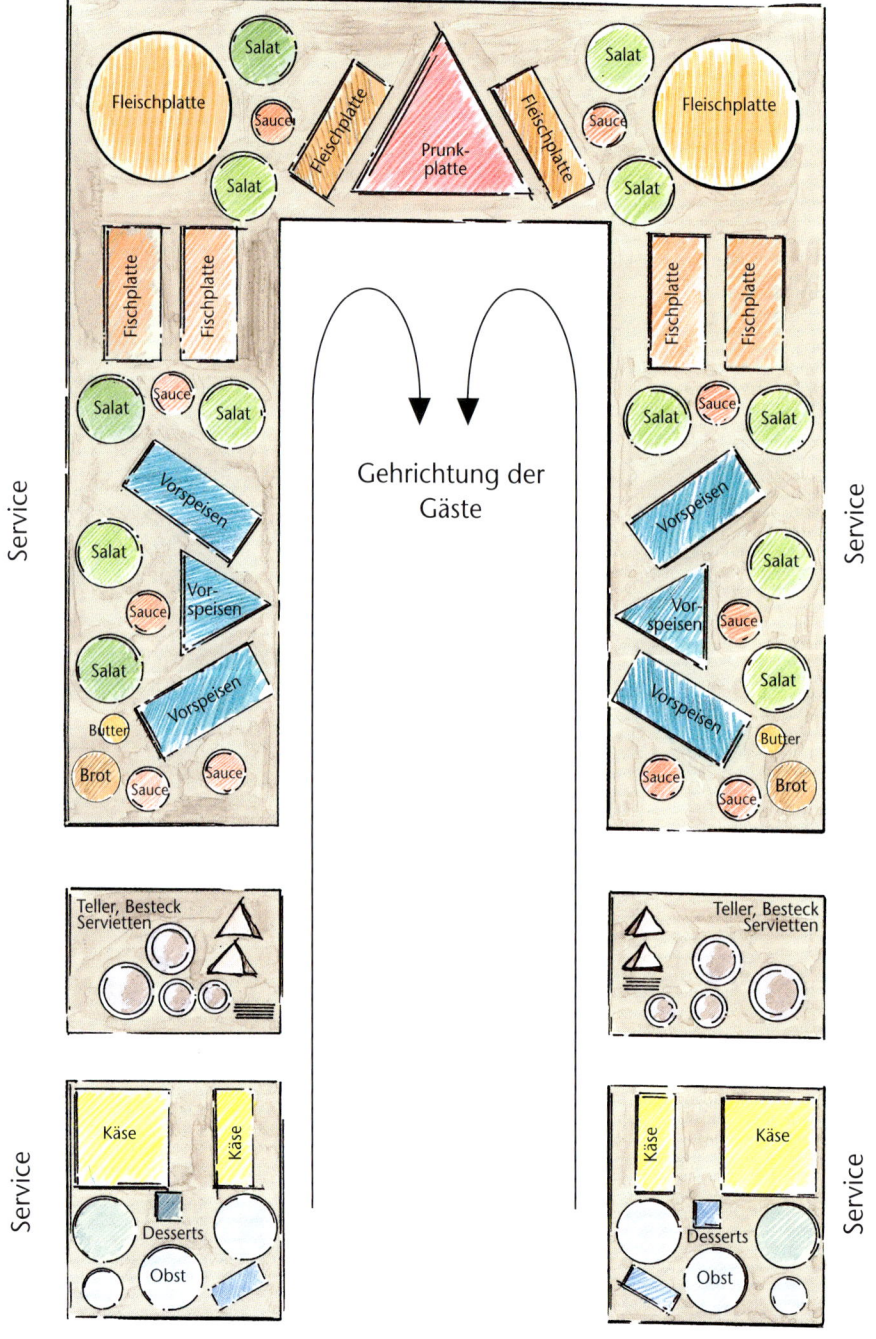

Halbovaler Aufbau für große Büfetts

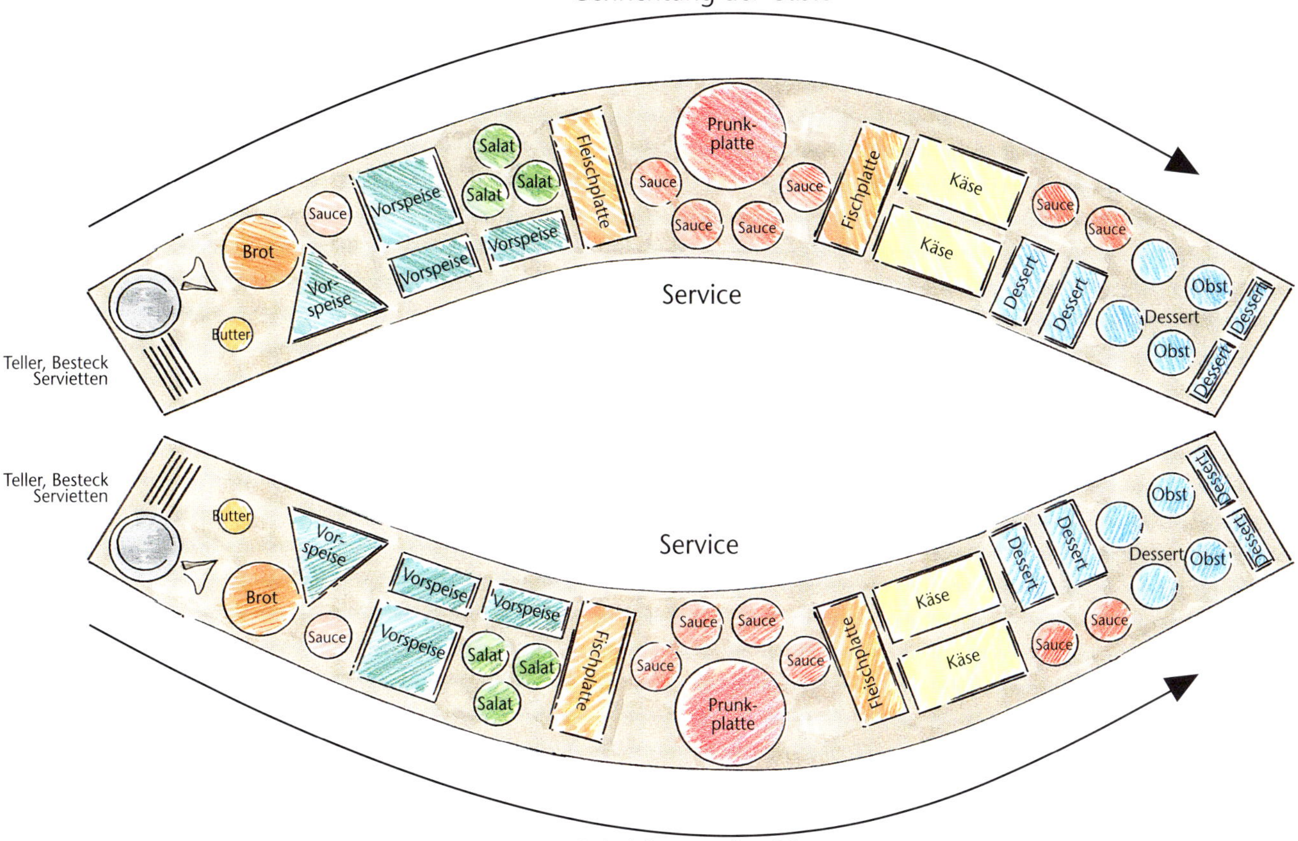

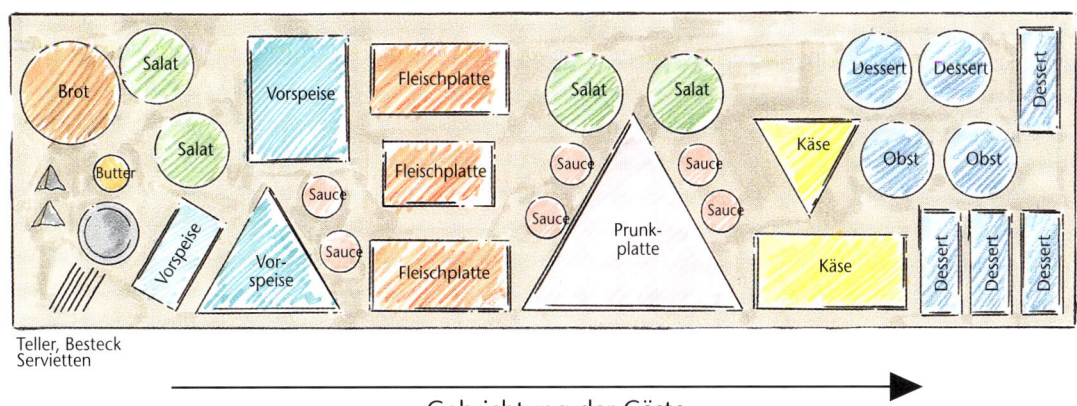

Aufbau eines kleinen Büfetts

Bei kleineren Büfetts reicht eine einfache Tafelform, z. B. eine Längsform, aus. Die Speisen werden dabei in der Reihenfolge eines Menüs aufgebaut. Zu Beginn wird das Geschirr plaziert, danach folgen Vorspeisen, Salate, Fisch- und Fleischplatten, Käse, Obst und Desserts. Brot und Butter können zu Beginn nach den Tellern oder am Ende des Büfetts aufgebaut, Saucen in den Zwischenräumen zu den entsprechenden Speisen plaziert werden. Im Mittelpunkt sollten wieder Prunkplatten oder Dekorationselemente stehen.

2

Küchentechnik und Arbeitsgeräte

Technik in der Küche

Die Volksweisheit „Übung macht den Meister" trifft gleichermaßen für die Kreierung neuer Rezepte und die Wahl der Küchengerätschaften zu. Erst das Zusammenspiel von Rezeptidee und Einsatz spezieller, in der Profiküche bewährter Arbeitsgeräte für die Vor- und Zubereitung garantiert den gewünschten Erfolg. Berufsköche arbeiten mit hochwertigen Küchenwerkzeugen, damit selbst raffinierteste Rezepte mühelos gelingen können. Mit dem gestiegenen Anspruch der Eßkultur setzt sich auch im Haushaltsbereich eine wertbeständige und funktionsgerechte Küchenausstattung durch. Jedes Werkzeug erfüllt seine speziellen Aufgaben und überzeugt durch Stabilität, Beständigkeit gegenüber aggressiven Speisesäuren, einfache Reinigung und lange Haltbarkeit. Bereits mit einer kleinen Grundausstattung lassen sich die meisten Aufgabenstellungen realisieren. Steigt man jedoch tiefer in das Thema Büfett ein, sind Spezialgeräte unentbehrlich. Die in den nachfolgenden Seiten aufgeführten Gerätschaften sollen einen Überblick verschaffen, wie wichtig das richtige Handwerkszeug ist, um fachmännische Arbeit leisten zu können. Sie werden zu Themen wie Geräte, Formen, Schneiden, Dekorieren, Backen, Garnieren, Käse und Butter zusammengefaßt. Bewußt haben wir auf Küchenausstattungsbereiche wie zum Beispiel Töpfe, Pfanne, Seiher, Siebe, Schöpf- und Hebegeräte verzichtet.

Küchenmaschinen, Geräte und Formen:

Kutter:
Sein Name wurde von dem englischen Wort „cut" abgeleitet, das nichts anderes bedeutet als schneiden. Dies ist auch das Arbeitsprinzip dieser Zerkleinerungsmaschine. Die sichelförmig angeordneten Schneidmesser zerkleinern das jeweilige Material mit sehr hohen Umdrehungszahlen. Der häufigste Einsatz erfolgt bei der Herstellung von feinen Farcen.

Mixer:
Dieses Gerät ist des Kutters handlicher kleiner Bruder. Er eignet sich besonders für kleinste Mengen, da ein Kutter eine Mindestfüllmenge von etwa 1 Liter benötigt. Beim Verarbeiten sollten die Lebensmittel zwischendurch gekühlt und in mehreren Abschnitten zubereitet werden.

Fleischwolf:
Bei diesem Zerkleinerungsgerät dreht sich in einem Gehäuse eine Förderschnecke, die das zu zerkleinernde Gut gegen das Schneidzeug drücken, das sind Metallscheiben mit unterschiedlich großer Lochung, vor oder zwischen denen sich vierflügelige Messer bewegen. Durch die Wahl verschiedener Lochscheiben kann der Zerkleinerungsgrad bestimmt werden. Für die Herstellung grober Fleischfarcen wird er am häufigsten verwendet.

Paco-Jet:
Eine Zerkleinerungsmaschine, die den heutigen Bedürfnissen angepaßt ist. Die Metallbehälter werden mit Deckeln versehen und eignen sich ganz besonders dazu, kleinere Mengen an Schneidgut zu sammeln und einzufrieren. Beim Zerkleinern, das im gefrorenen Zustand geschehen kann, fräsen sich die Schneidmesser ähnlich einer Bohrmaschine in das Schneidgut hinein. Hierbei wirken die Faktoren von Luftdruck, Minustemperaturen und einer spezifischen Geschwindigkeit sowie gesteuertem Vorschub der Schneidmesser zusammen. Es können Flüssigkeiten, Gewürze oder andere Zutaten zugegeben werden, die es bei höchsten Umdrehungszahlen untermontiert. Besonders geeignet ist dieses fast universell einsetzbare Gerät zur Herstellung von feinen Farcen, Mousses oder Buttermischungen.

Standmixer:
Ein Universalgerät zum Mixen und Zerkleinern. Die rotierenden Messer am Boden des Mixbechers zerkleinern das Schneidgut. Dies funktioniert am besten mittels Zugabe von Flüssigkeit durch die Deckelöffnung. Wegen der hohen Umdrehungszahlen der Schneidmesser eignet er sich ebenfalls zum Untermontieren von Lebensmitteln. Sein Einsatz erfolgt zumeist zur Herstellung von Mousses, Parfaits, Suppen, Saucen und Pürees.

Stabmixer:
In der Funktion ähnlich dem Standmixer, jedoch ist er auf kleinere Mengen ausgelegt. Er ist besonders für das Arbeiten am Herd oder auf der Arbeitsfläche geeignet. Das Pürieren, Mixen und Montieren von Lebensmitteln sind seine Einsatzgebiete.

Passiersieb:
Dieses Sieb ist mit einer Metallbespannung versehen und wird zum Passieren von Farcen benötigt. Beim Durchstreichen mit Hilfe eines Teigschabers werden die Fasern der Farce erneut durchtrennt und von Sehnen befreit.

Formen:
Zum Herstellen von Pasteten, Terrinen und Parfaits werden unterschiedliche Formen benötigt.
* Pastetenformen zum Öffnen
* Dachrinnenformen, halbrund, konisch und dreieckig
* Terrinen- und Parfaitformen aus emailliertem Gußeisen oder Steingut

Moderne Garverfahren

Der Fortschritt in der Küchentechnologie bringt viele neue Erkenntnisse mit sich. Durch den Einsatz moderner Garverfahren werden in der Küche nicht nur Zeit, sondern auch Energie und Geld gespart. Hierbei handelt es sich im allgemeinen um professionelle Geräte aus dem Gastronomie- und Großküchenbereich, die für den Hobbykoch schier unerschwinglich sind. Die hohen Anschaffungskosten rechnen sich aber schon nach wenigen Jahren, da man durch den effektiven Einsatz die Produktionsabläufe vereinfachen und rationalisieren kann. Die Vorteile schlagen sich schnell in Ihrer Kosten-Nutzen-Rechnung nieder und sind in einer modernen Küche kaum wegzudenken. Jedoch macht die Technik der Küchenprofis hier nicht Halt, denn auch im semiprofessionellen Bereich werden inzwischen Haushaltsgeräte mit vergleichbaren Funktionen angeboten.

Steamer, auch Dampfgarer genannt:
Diese Geräte arbeiten mit Dampf und zusätzlichem Druck. Sie ermöglichen das Garen mit Temperaturen bis zu 120 °C. Der Dampf wird im Gegensatz zu einem Dampfdrucktopf außerhalb des Garraumes erzeugt und direkt zwischen das Gargut gepreßt. Das eigentliche Garen beginnt sofort und gleichmäßig an jeder Stelle des eingeschobenen Gargutes. Folgende Vorteile ergeben sich:

* Temperaturgenaues und schonendes Garen wird möglich.
* Die Garzeiten und Temperaturen können stufenlos geregelt werden.
* Durch das Entfallen von Ankochzeiten verkürzt sich die Gardauer.

Zubereitungen von Fisch, Fleisch, Gemüse, Terrinen oder Galantinen können temperaturgenau und zeitgesteuert durchgeführt werden.

Kombi-Geräte mit Heißluft und Dampf:
Durch die Kombination zweier Gartechniken, Dampf und Heißluft, ergeben sich neue Möglichkeiten im Unterschied zu den traditionellen Garmethoden. Eine elektronische Steuerung der hochmodernen Geräte läßt die Garprozesse gleichmäßig und kontrolliert durchführen. Im einzelnen sind folgende Punkte von großem Nutzen:

* Ein elektronischer Kerntemperaturmesser schaltet das Gerät nach Erreichen der vorgegebenen Temperatur ab. Ein Übergaren mit deutlichen Bratverlusten wird somit ausgeschlossen.
* Mit bedarfsgesteuerter Energiezufuhr werden Einsparungen bis zu 20 % erzielt.
* Durch Feuchtigkeitszugabe während des Garens erreicht man bis zu 50 % geringere Bratverluste.
* Beim Garen erhält man krosse Krusten und eine gleichmäßige Bräunung. Verkürzte Garzeiten garantieren ein saftiges Endprodukt.
* Die Zugabe von Fettstoffen während des Garvorganges wird um bis zu 90 % reduziert.
* Auf kleinstem Raum können 80 % der Garverfahren durchgeführt werden. Wirtschaftliche Bestückung ist durch zahlreiche Einschubleisten und Umlufttechnik gewährleistet.
* Schonende Zubereitungen können durch Programmierung des Garablaufes gesichert werden.
* Eine Programmierung schaltet das Gerät während Ihrer Abwesenheit ein oder aus und steuert den Garprozeß.

Für das kalte Büfett können darin fast alle Garprozesse ausgeführt werden, von Terrinen und Pasteten bis hin zu Bratenstücken, Fisch, Geflügel und Gemüse.

Geräte und Formen

1 Standmixer
2 Kutter
3 Paco-Jet
4 Küchenmaschine
5 Fleischwolf

⑥ – ⑩ Terrinenformen mit verschiedenen Schnittmustern (Halbrund-, Trapez- und Dreieckformen)
⑪ Stabmixer
⑫ Mixer
⑬ Gugelhupfform
⑭ Metallrahmen-Passiersieb
⑮ Pastetenform
⑯ Terrinen-Preßform
⑰ Emaillierte Guß-Terrinenform
⑱ Terrinenform aus feuerfestem Porzellan
⑲ Timbaleformen
⑳ Savarinformen
㉑ Ausstechsatz, glatt
㉒ Ausstechsatz, gezackt

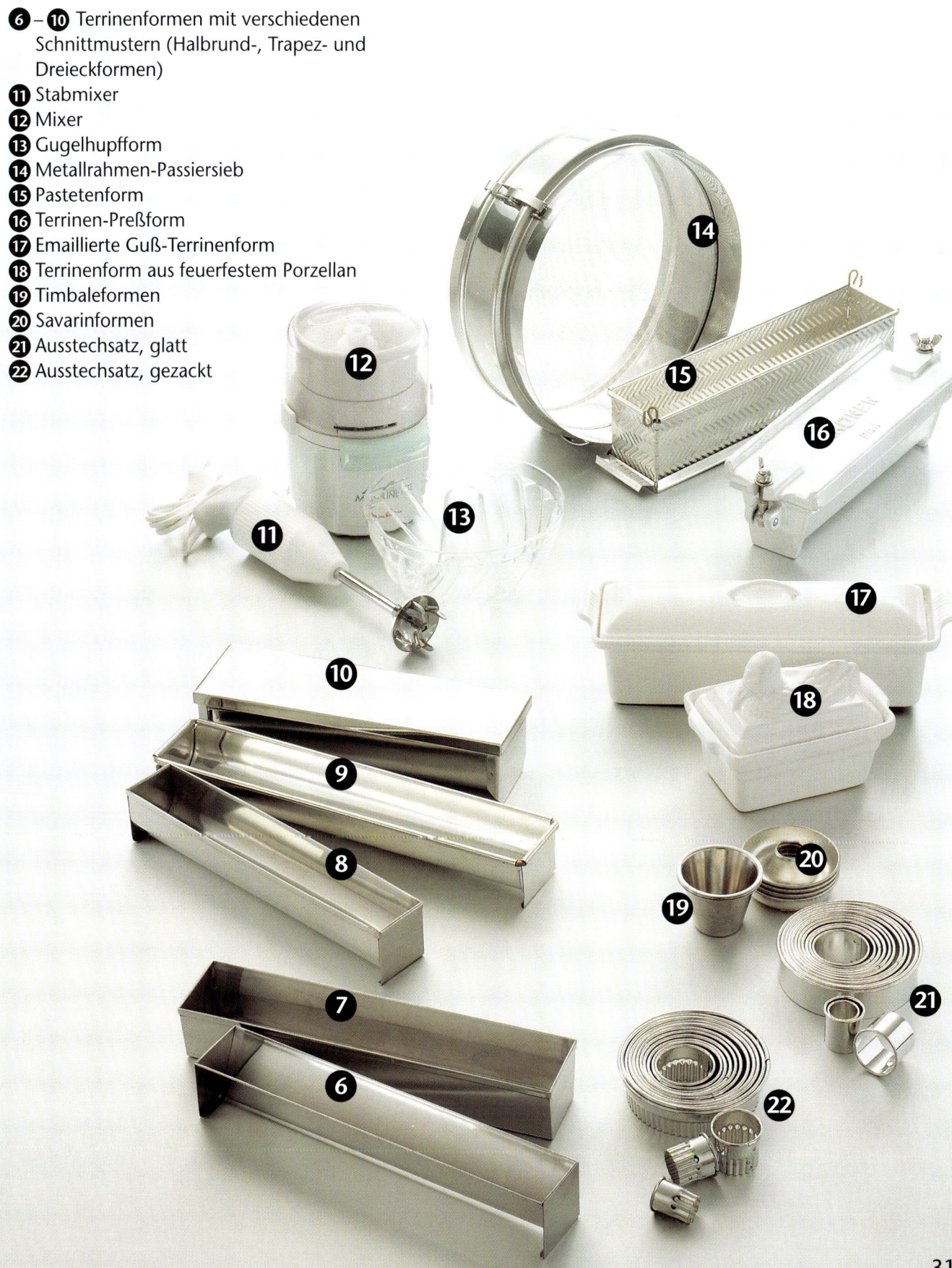

Schneidwerkzeuge

1. Tourniermesser
2. Gemüsemesser
3. Spickmesser
4. Buntschneidmesser
5. Fischfiletiermesser
6. Ausbeinmesser
7. Zubereitungsmesser
8. Kochmesser
9. Fleischmesser
10. Lachsmesser
11. Sägemesser
12. Fleischgabel
13. Wetzstahl
14. Hackbeil

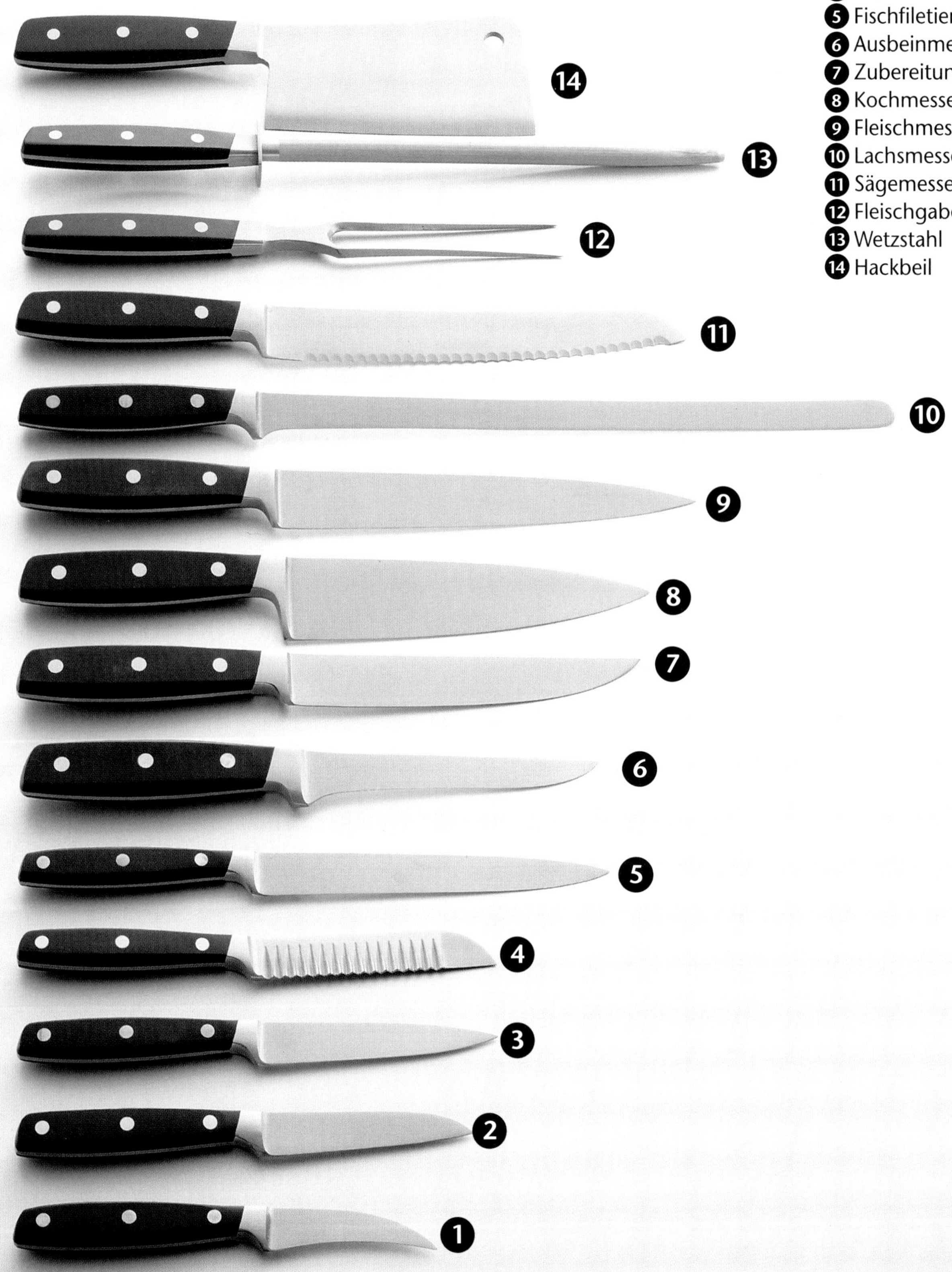

⑮ Bratenthermometer
⑯ Küchenschere
⑰ Fadenschneider / Zestenmesser
⑱ Ziseliermesser
⑲ Fruchtentkerner
⑳ Dekoriermesser
㉑ Pendelschäler
㉒ Spargelmesser
㉓ Winkelpalette
㉔ Streichpalette
㉕ Rettichschneider

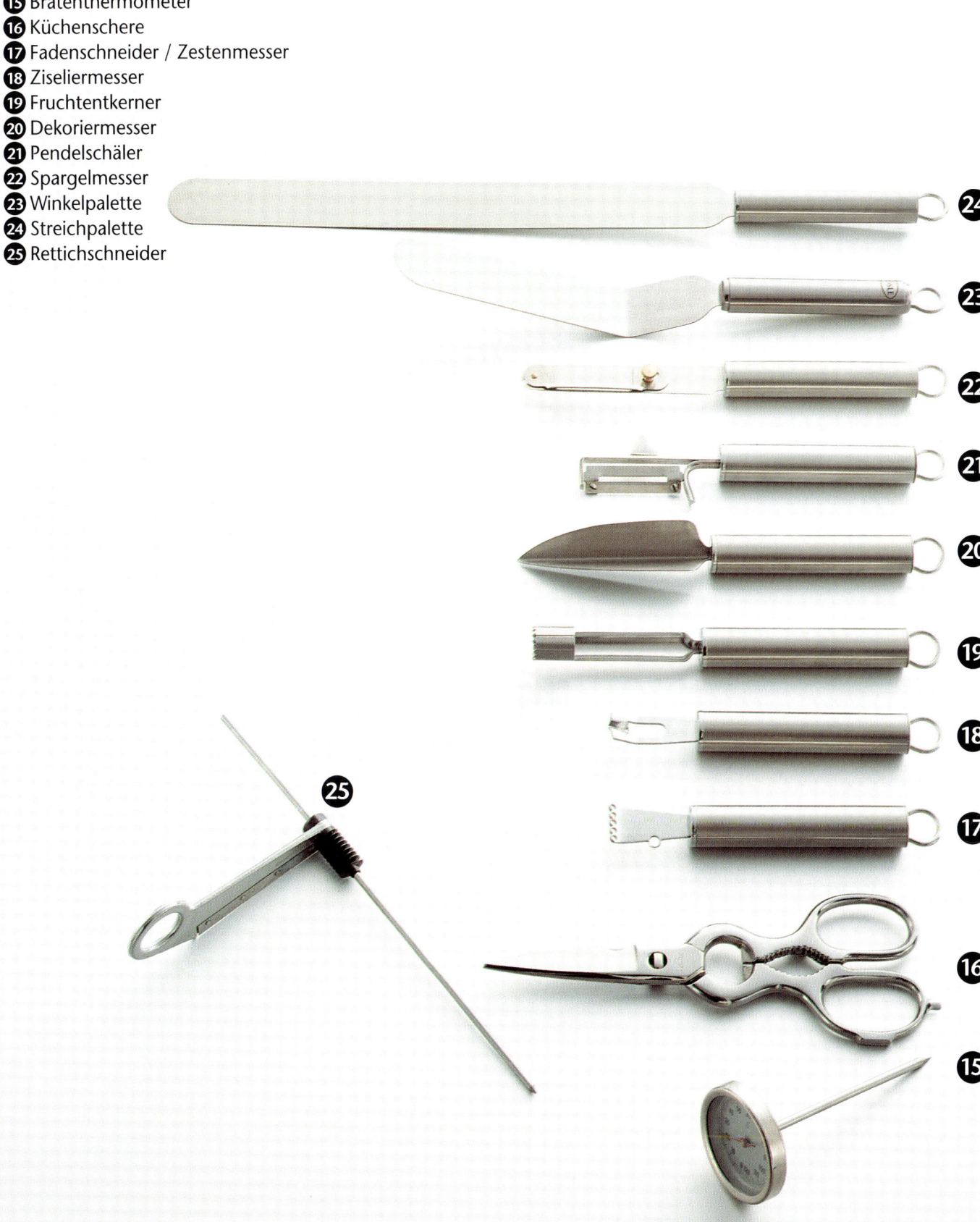

Back- und Garnierwerkzeuge

1 Tortenmesser
2 Teigrädchen
3 Teighörnchen
4 Zitronenreibe
5 Sterntüllensatz
6 Lochtüllensatz
7 Dressierbeutel
8 Teigroller
9 Teigschaber
10 Backpinsel

⑪ Garnier-Mosaikausstecher
⑫ Gemüseausstecher mit Motiven
⑬ – **⑭** Kugelausstecher
⑮ Austernmesser
⑯ Trüffelhobel
⑰ Teigkneifer
⑱ Spicknadel
⑲ Dressiernadel
⑳ Tartelettförmchen

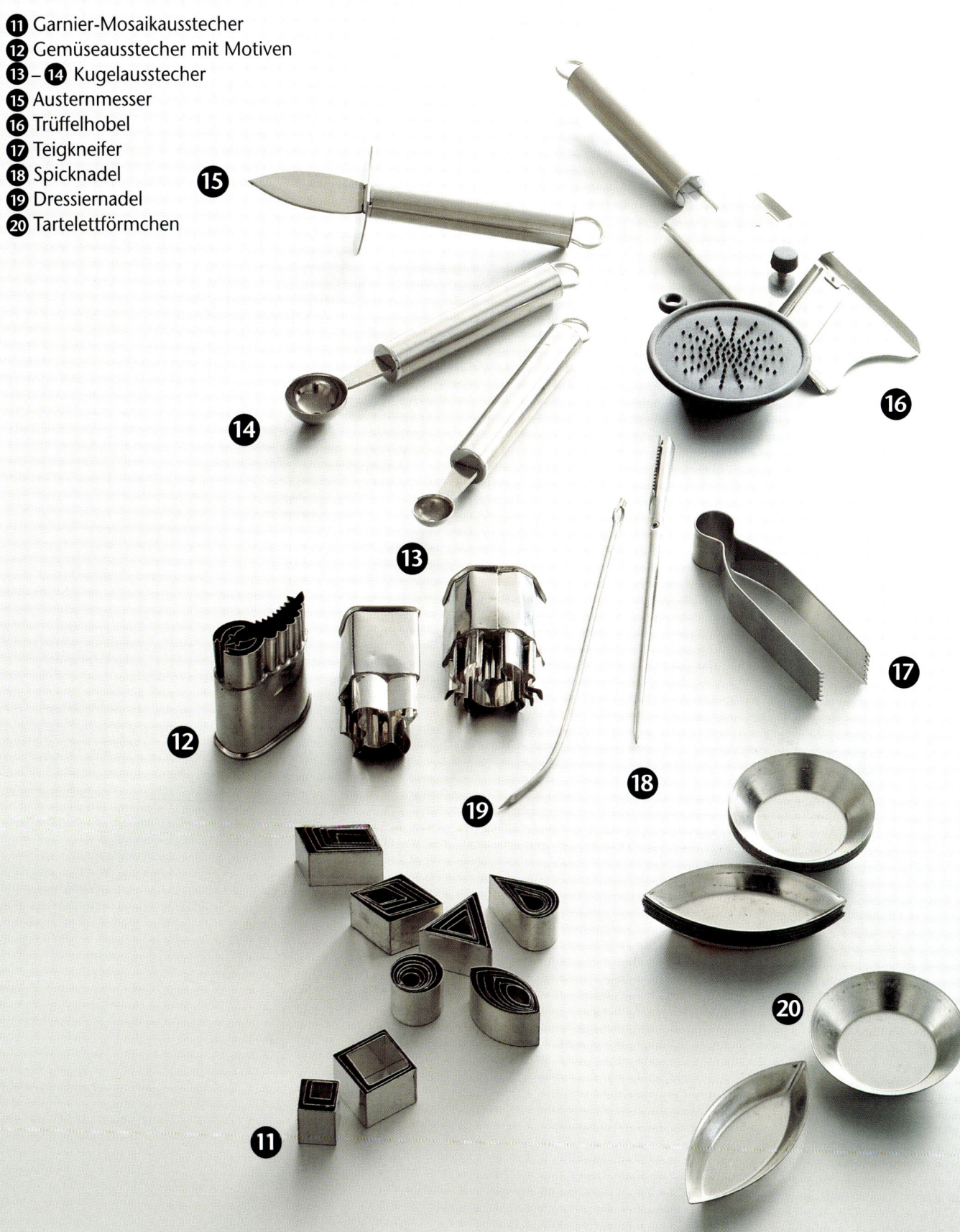

Käse- und Butterwerkzeuge

1 Käsedraht
2 Parmesanmesser
3 Käsehobel
4 Käsemesser
5 Weichkäsemesser
6 Doppelgriff-Käsemesser
7 Käsespaten
8 Schneidbögen

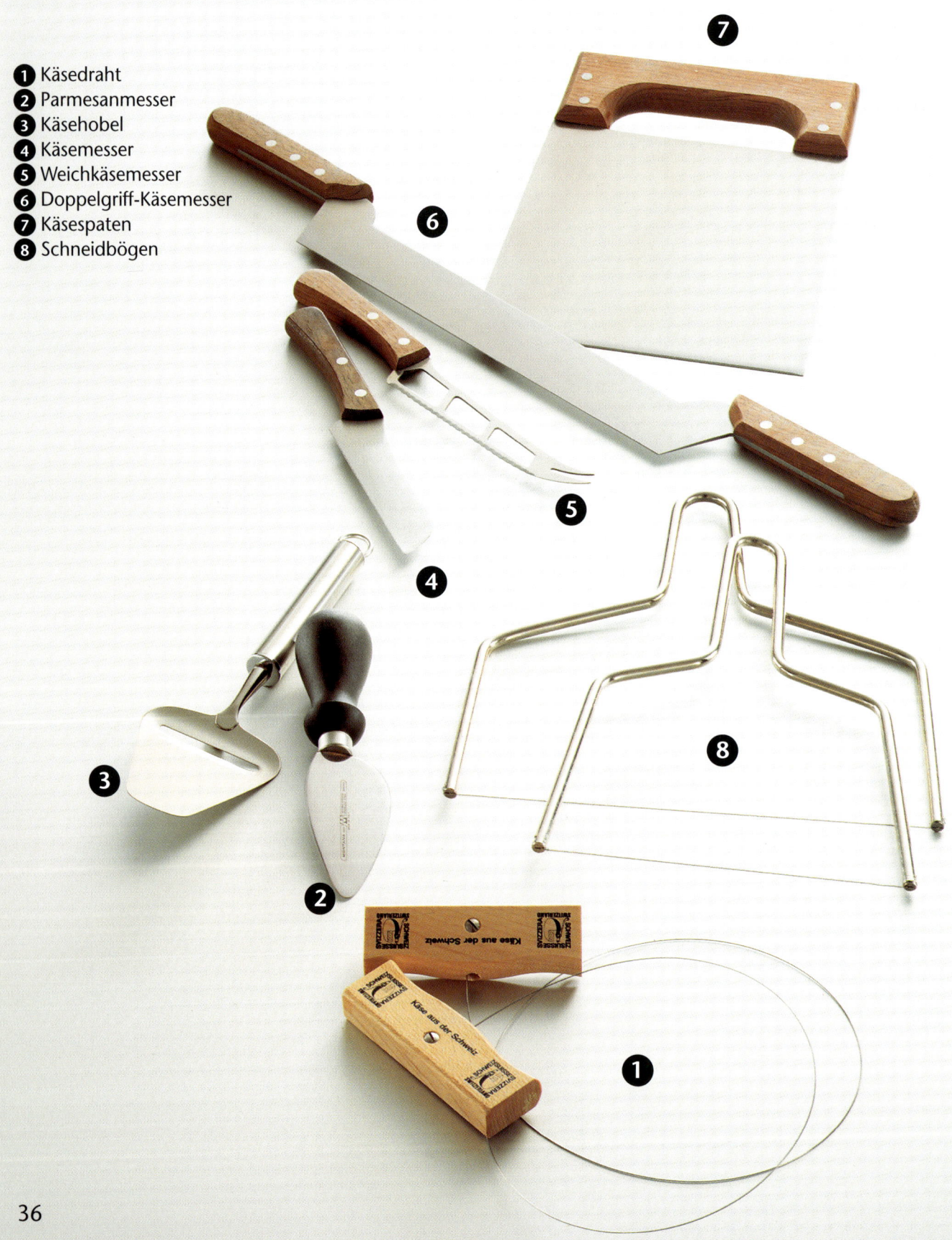

9 Rindenschneider
10 Buntschneidmesser
11 Käsebeil
12 Buttermodel für 250 g
13 Girolle, Käsehobel
14 – **16** Buttermodel, rund
17 Butterröllchenformer, geriffelt

3

Grundrezepte

Hefeteig

Grundrezept für Buchteln, Brioche und Teigtaschen
250 g Mehl Type 405
10 g frische Hefe
100 ml lauwarme Milch
1 Prise Salz
1 Ei
30 g flüssige Butter

Das Mehl in eine Schüssel sieben und eine Mulde formen. Die Hefe hineinbröckeln und mit der Milch übergießen. Das Milch-Hefe-Gemisch mit etwas Mehl bedecken, ein Küchentuch über die Schüssel legen und den Teig an einem zugfreien, warmen Ort ruhen lassen. Zeigt der Vorteig Risse auf, die Masse mit einem Kochlöffel verrühren, Ei und Salz zugeben und vermengen. Dann nach und nach die Butter hinzufügen und den Teig zu einer geschmeidigen Kugel formen. Den Teig bis zur weiteren Verarbeitung abgedeckt gehen lassen.

Brandteig

Grundrezept für Windbeutel und Brandteigkringel
$^1/_8$ l Milch
125 g Butter
1 Prise Salz
220 g Mehl
6 Eier

Die Milch zusammen mit Butter und Salz zum Kochen bringen. Das zuvor gesiebte Mehl auf einmal zugeben und mit dem Kochlöffel unterarbeiten. Den Teig kräftig rühren, bis er sich vom Topfboden löst. Anschließend den Topf zur Seite nehmen und die Masse etwas abkühlen lassen. Nach und nach die Eier zusetzen und zu einer geschmeidigen Masse verarbeiten. Den Brandteig bis zur Weiterverarbeitung mit Folie bedecken.

Mürbeteig

Grundrezept für Tarteletten und Mürbeteigschiffchen
250 g Mehl
125 g kalte Butter
1 Eigelb
1 Prise Salz
1 bis 2 EL Wasser

Das Mehl auf die Arbeitsfläche sieben und die Butter in Würfel geschnitten darübergeben. In der Mitte eine kleine Mulde bilden und das Eigelb, Salz und Wasser hinzufügen. Alle Zutaten rasch miteinander verkneten und zu einer glatten Kugel formen. Den Teig in Klarsichtfolie einschlagen und vor der Weiterverarbeitung 1 Stunde im Kühlschrank ruhen lassen.

Fischfond

Für etwa 3 Liter Fischfond:
2 kg Fischkarkassen (Gräten von Weißfischen wie Zander, Seezunge, Steinbutt und anderen)
50 ml Olivenöl
10 Schalotten
1 Fenchelknolle
$^1/_2$ Stange Lauch (den weißen Teil)
1 Lorbeerblatt
2 Nelken
10 Pfefferkörner
2 Zweige Thymian
500 ml trockener Weißwein

Die Fischkarkassen zerkleinern und gründlich in kaltem Wasser wässern, bis sie frei von Schmutz und Blutresten sind. Die Schalotten schälen und in Ringe schneiden. Anschließend die Gemüse putzen, waschen und ebenfalls in dünne Ringe oder Streifen schneiden. Nun das Öl in einem flachen Topf erwärmen und die Schalotten darin glasig dünsten. Anschließend das Gemüse zugeben und kurz mit schmoren. Die Fischkarkassen abtropfen lassen und zufügen. Einmal mit umrühren und dann mit dem Weißwein ablöschen. Die Gräten mit kaltem Wasser bedecken und die Gewürze zugeben. Den Inhalt langsam zum Kochen bringen. Er sollte 20 bis 25 Minuten am Herdrand simmern. Dabei des öfteren abschäumen, ohne jedoch die Gewürze zu entfernen. Den fertigen Fischfond etwas ruhen lassen, dann durch ein feines Tuch seihen.

Krustentierfond

Für etwa 1,5 Liter Fond:
500 g Krustentierkarkassen
150 g Karotten
150 g Zwiebeln
60 g Fenchel
60 g Stangensellerie
6 EL Olivenöl
$1/2$ EL Tomatenmark
20 g Butter
1 Prise Zucker
2 cl Armagnac
4 cl weißer Portwein
100 ml Sauternes oder Dessertwein
150 ml trockener Weißwein
2 Fleischtomaten
1 Thymianzweig
1 zerdrückte Knoblauchzehe in der Schale
$1/2$ Lorbeerblatt
1 Nelke
2 Pimentkörner
1 Msp. Safranfäden
6 bis 8 weiße Pfefferkörner
$1/2$ Sternanis

Die Karkassen im Mörser zerstoßen oder mit dem Küchenbeil zerkleinern. Die Gemüse waschen, putzen und gleichfalls zerkleinern. Anschließend das Olivenöl in einem flachen Topf oder Bräter erhitzen und die Karkassen zugeben. Diese anrösten, bis sie leicht Farbe angenommen haben. Die Gemüse hinzufügen und mitbraten, bis sie ebenfalls Farbe genommen haben. Sollte es erforderlich sein, etwas Olivenöl nachgießen. Im Anschluß daran das Tomatenmark beigeben, unterrühren und trockenschwitzen. Nun die Butter und den Zucker untermischen und kurz aufschäumen lassen. Die Karkassen mit den Spirituosen ablöschen und einkochen. Den Weißwein zugießen und bis zur Hälfte reduzieren. Die Fleischtomaten zerkleinern und zusammen mit den restlichen Gewürzen zum Fondansatz geben. Den Inhalt mit kaltem Wasser bedecken und bei reduzierter Hitze 30 Minuten köcheln lassen. Den Topf zur Seite ziehen und den Krustentierfond durch ein Tuch seihen. Damit kein wertvoller Fond in den Schalenresten zurückbleibt, leicht an den Tuchenden rütteln.

Gelee von Fisch/Krustentieren

Für etwa 1 Liter Gelee:
150 Lauch und Karotten
80 g Stangensellerie
300 g rohes Fisch- oder Krustentierfleisch
6 Hühnereiweiß
$1/2$ Knoblauchzehe
$1/2$ Lorbeerblatt
10 Pfefferkörner
1 Nelke
1,5 Liter kalter Fisch- oder Krustentierfond
Salz

weiße Blattgelatine pro Liter Flüssigkeit:
6 bis 8 Blatt zum Bepinseln und Nappieren
10 bis 12 Blatt zum Schneiden von Geleewürfeln
14 bis 16 Blatt für Sülzen

Die Gemüse waschen, putzen und zusammen mit dem rohen Fisch- oder Krustentierfleisch durch die grobe Scheibe des Fleischwolfes drehen oder fein mit dem Messer hacken, in eine Schüssel füllen und mit den Gewürzen vermengen. Das Eiweiß mit dem Schneebesen leicht schaumig schlagen und unter die Fisch-Gemüse-Masse rühren, bis ein fester Fleischteig entstanden ist. Diese Masse in einen Topf geben und den Fond langsam aufgießen. Die Zutaten miteinander verrühren und unter ständigem Rühren erhitzen. Dies läßt sich bestens mit einem Bratenwender durchführen, damit das Eiweiß nicht am Topfboden anbrennt. Sobald das Eiweiß zu stocken beginnt, das Rühren einstellen und den Fond einmal kräftig aufkochen. Anschließend die Hitze reduzieren und den Fond 15 Minuten ziehen lassen. Einen Seiher mit einem feinen Tuch auslegen und den Sud passieren. Mit Salz würzen, dabei ist zu beachten, daß kaltes Gelee einen höheren Salzgehalt benötigt als im heißen Zustand. Je nach Verwendungszweck die Gelatine in kaltem Wasser einweichen, ausdrücken und im heißen Fond verrühren.

Mögliche Varianten
Safrangelee: Beigabe einiger Safranfäden bei der Zubereitung des Gelees.
Dem Ansatz 1 EL Pastis zugeben.

Fenchelgelee

Bei der Zubereitung des Gelees den Stangensellerie-anteil durch 300 g Fenchelgemüse ersetzen. Das zarte Grün des Fenchels entfernen und zurückbehalten. Die Knollen vierteln, den Strunk entfernen und das Gemüse kleinschneiden. Zusammen mit den anderen Zutaten durch den Fleischwolf drehen. Den Ansatz mit 2 cl Pastis anreichern und das fertige, abgekühlte Gelee mit dem zurückbehaltenen, feingeschnittenen Fenchelgrün verfeinern.

Graved-Lachs-Beize

für 1 kg Lachsfilet mit Haut:
40 g Salz
30 g Zucker
2 TL Senfkörner
2 TL Wacholderbeeren
2 TL Pfefferkörner
2 Nelken
Abrieb von $^1/_2$ unbehandelten Zitrone
4 Bund Dill
(Nach Belieben kann der Beize 4 cl Aquavit zugegeben werden)

Salz und Zucker in eine Schüssel geben und mischen. Die restlichen Gewürze in einem Mörser zerstoßen und zugeben. Anschließend den Dill grob schneiden. Das Fischfilet von Gräten befreien und mit der Hautseite nach unten in ein tiefes Blech legen. Die Gewürz-mischung darüber verteilen und den Dill obenauf legen. Das Lachsfilet mit Folie bedecken und im Kühlschrank 12 Stunden marinieren. Dann den Lachs wenden und weitere 12 Stunden kühlen. Den gebeizten Lachs aus der Marinade nehmen und die Kräuter und Gewürze bis auf einen kleinen Rest entfernen. Zum Verarbeiten das Filet mit einem Lachsmesser in gleichmäßige dünne Tranchen schneiden.

Krustentiersauce

1 Rezept Krustentierfond unter Verwendung von
350 g frischen Tomaten
150 ml Crème fraîche oder Crème double
Salz
1 Prise Cayennepfeffer
einige Tropfen Zitronensaft

Den Fond wie im Grundrezept herstellen und abseihen. Anschließend zur Hälfte reduzieren und mit der Crème auffüllen. Weitere 2 bis 3 Minuten köcheln lassen und mit dem Stabmixer aufmontieren. Die Sauce mit den Gewürzen abschmecken und nach Belieben mit wenig Schaumwein und geschlagener Sahne verfeinern.

Geflügelfond

Für 1,5 bis 2 Liter Fond:
1 Suppenhuhn
$^1/_2$ gebräunte Zwiebel

Ein Bouquet garni aus:
je 100 g Karotten, Lauch, Petersilienwurzel,
Sellerie und 1 Petersilienzweig
$^1/_2$ Knoblauchzehe
1 Lorbeerblatt
2 Nelken

Einen Topf mit reichlich Wasser zum Kochen bringen und das Suppenhuhn kurz darin blanchieren. Danach herausnehmen, mit kaltem Wasser abspülen, um geronnene Blutreste und Schmutzstoffe zu entfernen. Das Huhn in einen Topf geben und mit so viel kaltem Wasser begießen, daß es gut bedeckt ist. Den Inhalt wieder zum Kochen bringen und den aufsteigenden Schaum des öfteren entfernen.
Das Geflügel am Herdrand leicht sieden lassen und nach etwa 45 Minuten Garzeit das Bouquet garni und die Zwiebel zugeben. Die Gewürze beifügen und weitere 45 bis 60 Minuten köcheln. Nach Ende der Garzeit etwas ruhen lassen und im Anschluß daran unter vorsichtigem Gießen durch ein feines Tuch seihen. Mit Küchenkrepp entfetten oder die Fettschicht nach völligem Erkalten abnehmen.

Kalbsjus

Die Auswahl der Knochen spielt eine entscheidende Rolle für das Gelingen der Jus. Sie geben beim Kochen Fett und aromabestimmende Mineralstoffe ab. Die geringwertigsten ihrer Art sind jedoch flache Knochen von Rippen und Schulterblättern. Röhrenknochen hingegen sind sehr fetthaltig und liefern uns das köstliche Mark. Am besten eignen sich Knorpelknochen, sie sind sehr kalkhaltig und enthalten Leimeiweiß. Da sie oft noch große Fleischanteile besitzen, vermitteln sie der Jus den meisten Geschmack. Die Knochen sollten nicht zu lange ausgekocht werden, da nach geraumer Zeit unerwünschte Leimstoffe in den Fond übergehen. Nach $1^1/_2$ bis 2 Stunden Kochzeit haben die Knochen ihr Aroma völlig abgegeben, und ein weiteres Garen ist überflüssig.

Für etwa 1,2 bis 1,5 Liter Jus:
2,5 kg Kalbsknochen
80 ml Pflanzenöl
500 g Zwiebeln
250 g Karotten
100 g Knollensellerie
$1^1/_2$ EL dreifach konzentriertes Tomatenmark
1 Prise Zucker
$^1/_2$ l Rotwein
10 bis 12 Pfefferkörner
1 Lorbeerblatt
2 Nelken
2 Pimentkörner
2 Thymianzweige
$^1/_2$ Knoblauchzehe

Den Backofen auf 180 °C vorheizen. In der Zwischenzeit die Knochen gleichmäßig zerkleinern und mit dem Öl in einen Bräter geben. Diesen in den Ofen schieben und die Kalbsknochen bei öfterem Wenden gleichmäßig rösten.
In der Zwischenzeit das Wurzelgemüse schälen und schneiden. Sind die Knochen goldbraun, das Gemüse zugeben. Die Mirepoix ebenfalls Farbe nehmen lassen. Überschüssiges Fett aus dem Bräter abgießen und das Tomatenmark unterrühren. Den Zucker darüberstreuen, das Mark trockenrösten und mit dem Rotwein ablöschen. Den Wein reduzieren, bis das Mark wieder trocken vorliegt. Die Knochen mit kaltem Wasser übergießen und den Bratensatz mit einem Spachtel vom Pfannenboden lösen. Anschließend den Inhalt in einen entsprechend

großen Topf schütten und auf dem Herd zum Kochen bringen. Die Flüssigkeit nach dem Aufkochen des öfteren abschäumen und leise köcheln lassen. Hat die Schaumbildung nachgelassen, die Gewürze und Kräuter hinzufügen. Nach 70 bis 90 Minuten Garzeit den Fond durch ein feines Tuch passieren. Die Kalbsjus auf etwa $^2/_3$ reduzieren, wenn notwendig entfetten und erst bei der Weiterverarbeitung würzen.

Kalbsglace

Glace ist ein Fleischextrakt und wird durch Einkochen von Fond gewonnen. Man verwendet sie, um Gerichte zu überglänzen oder um den Geschmack von Saucen, Farcen und Füllungen zu verstärken. Die Kalbsglace muß nach dem Einkochen eine sirupartige Konsistenz aufweisen. Taucht man einen Eßlöffel hinein, sollte er nach dem Herausziehen gleichmäßig überzogen sein. Um ein kräftiges Gelieren zu ermöglichen, werden Kalbsfüße zugesetzt.

2,5 kg Kalbsknochen
1 kg Kalbsfüße
80 ml Pflanzenöl
500 g Zwiebeln
250 g Karotten
100 g Knollensellerie
6 bis 8 Pfefferkörner
1 Lorbeerblatt
2 Nelken
2 Pimentkörner
1 Thymianzweig
$^1/_2$ Knoblauchzehe

Die Zubereitung ist die gleiche wie bei der Kalbsjus. Um den Geschmack der Glace neutral zu halten, verzichtet man auf Wein und Tomatenmark.

Rinderbrühe

Für etwa 3 Liter Brühe:
3,5 kg Rinderknochen
1 kg Markknochen
$^1/_2$ gebräunte Zwiebeln

Ein Bouquet garni aus:
je 200 g Karotten, Lauch, Petersilienwurzel,
Sellerie und 1 Petersilienzweig
1 Knoblauchzehe
1 Lorbeerblatt
2 Nelken
8 bis 10 weiße Pfefferkörner

Die Frische der Knochen ist ausschlaggebend für das Endergebnis. Das Mitgaren von ganzen Rindfleischstücken wie Ochsenbrust oder Tafelspitz empfiehlt sich. Vor der Zubereitung die Markknochen spalten und das zarte Innere herausnehmen. Das Mark kann für Suppeneinlagen, Saucen oder Füllungen weiterverwendet werden. Einen großen Topf mit reichlich Wasser zum Kochen bringen und die Rinderknochen darin blanchieren. Auf einen Durchschlag gießen und mit kaltem Wasser abbrausen, um Schmutzstoffe zu entfernen. Zurück in den ausgespülten Topf geben und mit kaltem Wasser bedecken. Die Flüssigkeit wiederum zum Kochen bringen und den aufsteigenden Schaum entfernen. Nach etwa 50 Minuten Garzeit das Bouquet garni, die Zwiebel und die Gewürze zugeben.
Weitere 50 bis 60 Minuten leise köcheln lassen und anschließend zur Seite ziehen. Die Brühe durch ein Tuch seihen, mit Küchenkrepp entfetten und abkühlen.

Rinderkraftbrühe

Durch Zusetzen von kräftigem Fleisch wird die Brühe zur Kraftbrühe. Dieses Verfahren kann ebenfalls mit Wild oder Geflügel praktiziert werden. Die Kraftbrühe ist auch Grundstock kräftiger Gelees.

Für etwa 1 Liter Brühe:
300 g Rinderhesse
50 g Karotten
50 g Petersilienwurzel
20 g Knollensellerie
1 Nelke
$^1/_2$ Lorbeerblatt
3 Pimentkörner
1 Prise Salz
6 bis 8 Pfefferkörner
1 TL Balsamico-Essig
1 Thymianzweig
50 g Lauch
2 Hühnereiweiß
10 Eiswürfel
$^1/_2$ gebräunte Zwiebel
1,5 bis 2 Liter Rinderbrühe

Zu Beginn das Rindfleisch mit den Karotten sowie Petersilienwurzel und Sellerie durch die grobe Scheibe des Fleischwolfes drehen. Zusammen mit den Gewürzen und Kräutern in eine Schüssel geben. Den Lauch waschen, in feine Ringe schneiden und mit dem Eiweiß hinzufügen. Die Fleischmasse kräftig verrühren, bis ein fester Teig entsteht. Anschließend die Eiswürfel unterrühren und alles einige Minuten kühl stellen. Die Masse in einen Topf geben und die kalte, entfettete Brühe darübergießen. Den Inhalt unter ständigem Rühren mit einem Spachtel zum Kochen bringen. Hat die Flüssigkeit den Kochpunkt erreicht, den Rührspachtel herausnehmen und die Brühe einmal kräftig aufkochen. Danach die Hitze reduzieren und weitere 40 bis 60 Minuten simmern lassen. Die Kraftbrühe durch ein feines Tuch passieren und mit Küchenkrepp entfetten.

Gelee fürs Büfett

Als Basis sind Kraftbrühen erforderlich, und diese werden mit Gelatine bis zur gewünschten Konsistenz angereichert. Als Fertigprodukte sind im Handel Aspik- oder Geleepulver erhältlich, welche das Herstellen von kalten Büfetts erleichtern.

Weiße Blattgelatine pro Liter Kraftbrühe:
6 bis 8 Blatt zum Bepinseln und Nappieren
10 bis 12 Blatt zum Schneiden von Geleewürfeln
14 bis 16 Blatt für Sülzen
Die Kraftbrühe mit genügend Salz würzen, da kalte Gelees einen höheren Salzgehalt benötigen. Je nach Verwendungszweck die Gelatine in kaltem Wasser einweichen, ausdrücken und in der heißen Kraftbrühe auflösen.

Portweingelee

Pro Liter Brühe der Klärmasse zusetzen:
100 ml Portwein

Orangengelee

Pro Liter Brühe der Klärmasse zusetzen:
Abrieb von 1 unbehandelten Orange
Saft von 2 Orangen

Gewürztraminergelee

Pro Liter Brühe der Klärmasse zusetzen:
500 ml Gewürztraminer

Tomatengelee

1 kg Fleischtomaten
Salz
1 Sternanis
pro Liter 14 bis 16 Blatt weiße Gelatine

Die Fleischtomaten waschen und den Strunk entfernen. Das Gemüse vierteln und zusammen mit einer kräftigen Prise Salz in einen Standmixer einfüllen. Das Fruchtfleisch zu einem Mus pürieren. Anschließend ein großes Tuch in einen Durchschlag geben und diesen über eine große Schüssel stellen. Das Tomatenmus in das Tuch gießen und die Enden zu einem Bündel verschnüren. Das Tuch über Nacht aufhängen und den heraustropfenden Saft in einer Schale auffangen. Die Flüssigkeit in einen Topf schütten und zusammen mit dem Sternanis zum Kochen bringen. Die Gelatine in kaltem Wasser einweichen, ausdrücken und unter das Tomatengelee rühren. Den Anis entfernen, das Gelee mit Salz würzen und kalt stellen.

Gelee verarbeiten:

Zum Schneiden von Geleewürfeln empfiehlt es sich, das Arbeitsbrett mit Pergamentpapier auszulegen. Das Gelee darauftun und dieses mit einer langen Klinge zuerst in Streifen und anschließend in gleichmäßige Würfel schneiden.
Soll das Gelee krümelig gespritzt werden, kleine Portionen in eine Kartoffel- oder Spätzlepresse geben und durchdrücken. In einen Dressiersack mit Lochtülle gefüllt, kann das Gelee exakt portioniert werden.

4

Arbeitstechniken und Zubereitungen

Die Herstellung von Fleischfarcen

Die Zubereitung von Fleischfarcen wurde von jeher zur „Hohen Schule" der Kochkunst gezählt. Ihre Verwendung finden sie als Füllung von Gargut oder Galantinen sowie in vollendeter Form bei der Herstellung von Pasteten oder Terrinen. Zahlreiche Rezepturen berühmter Köche und Häuser haben eines gemeinsam: Kräftiges Aroma, zarter Schmelz und luftige, lockere Konsistenz. Auf Grund der aufwendigen Produktion sind beste Zutaten mehr als angemessen. Ob es sich um eine rustikale Landpastete oder eine feine Terrine handelt: Dieser Grundsatz sollte bestehen bleiben.

Die Bindung einer Farce muß möglichst ohne fremde Hilfsmittel auskommen. Bei frischen Zutaten reicht das natürliche Eiweiß der Grundzutaten aus. Hierfür sind jedoch noch andere Faktoren äußerst wichtig:

- Küchengeräte wie Fleischwolf oder Kutter müssen mit gut geschärften Schneidegeräten ausgestattet sein, um das Fleisch richtig zerkleinern zu können.
- Alle Zutaten sollten gut gekühlt sein, selbst die Aufsätze von Küchenmaschinen.
- Fettstoffe wie Speck oder Sahne können leicht angefroren werden, sie sorgen während des Arbeitens für zusätzliche Kühlung der Farce.
- Das Fleisch vor dem Zerkleinern würzen, dadurch werden beim Verarbeiten Eiweißstoffe freigelegt, und diese unterstützen die Bindung.
- Es empfiehlt sich, die Zutaten zwischen den einzelnen Arbeitsgängen zu kühlen, um eine Gerinnung des Eiweißes bei zunehmenden Temperaturen zu vermeiden.

Würzzutaten

Spirituosen wie Cognac, Madeira, Portwein, Liköre oder Obstbrände verfeinern ebenso das Aroma wie stark reduzierte Fonds oder Fleischglace. Diese würzenden Beigaben werden in den letzten Arbeitsgängen der Herstellung zugegeben. Der entscheidende Einsatz von Gewürzen wird meist nur durch den allgemeinen Ausdruck „Pastetengewürz" definiert. Dahinter verstecken sich zum Teil ausgetüftelte Rezepturen, die sich nur mit einer genauen Waage nachvollziehen lassen.

Eigene Rezepturen können auch vom Apotheker zusammengestellt werden, der geeignete Möglichkeiten der Warenbeschaffung hat. Handelsübliche Gewürzmischungen, ohne genauere Hinweise auf Fleischsorten, sind universell einzusetzen, wobei das Gewürz nicht zu dominant sein darf. Der Einsatz solcher Gewürzmischungen soll lediglich den Eigengeschmack des Fleisches stützen und nicht in den Vordergrund treten. Mit Salz gemischt, läßt es sich fein dosieren. Puristen würzen oftmals nur mit Salz und Pfeffer sowie Fleischglace.

Pökelsalz:

Auf Grund modernster Verpackungs- und Kühlmöglichkeiten kann auf den Einsatz von Pökelsalz weitgehend verzichtet werden. Es wird zur optischen Schönung eingesetzt, um Farbveränderungen nach dem Anschneiden zu vermeiden. Durch luftdichtes Verpacken oder Überziehen mit Gelee kann das Anlaufen der Schnittfläche ebenfalls vermieden werden.

Mein Pastetengewürz (als Universalmischung)
20 g Mazis (Muskatblüte)
20 g Lorbeerblätter
20 g Thymian
20 g Basilikum
20 g Ingwer
20 g Koriander
20 g Cayennepfeffer
20 g weißer Pfeffer
10 g schwarzer Pfeffer
10 g Majoran
5 g Muskatnuß
5 g Nelken
1,5 g Kardamom

Die Rezeptur kann nach eigenen Bedürfnissen abgeändert werden. Sie kann ebenso ergänzt werden durch fleischtypische Zutaten wie Wacholderbeeren für Wild oder Piment und Rosmarin für kräftige Landpasteten.

Kräftige Würzmischung (für herzhafte Farcen)

je 10 g weißer und schwarzer Pfeffer
10 g Rosenpaprika
8 g Piment
5 g Mazis (Muskatblüte)
5 g Koriander
3 g Nelken
5 g Ingwer
10 g Thymian
10 g Rosmarin
5 g Majoran
5 g Lorbeerblätter

Bei der Herstellung von Farcen können unterschiedliche Wege gegangen werden. Entscheidend hierfür ist die Art der Verwendung. Grobe Fleischfarcen sind kräftig im Ausdruck, konzentriert und bißfest. Durch Leichtigkeit, zarten Schmelz und lockere Konsistenz zeichnen sich hingegen feine Farcen aus. In der Bildfolge auf den nächsten Seiten wird die Herstellung zweier unterschiedlicher Methoden aufgezeigt.

Klassische, grobe Fleischfarce:

Sie besteht aus drei Teilen:
Fleisch als Geschmacksträger, Schweinefleisch und Schweinespeck. Der erste Teil ist wichtig für die Geschmacksgebung der Farce und verleiht der Rezeptur meist auch den Namen. Der zweite Teil, das Schweinefleisch, ist nicht verpflichtend, jedoch rundet es die Farce geschmacklich ab und hält sie saftig. Der letzte Teil, richtig dosiert, ist für den zarten Schmelz und die Lockerung zuständig. Die Herstellung einer groben, d. h. nur durch den Fleischwolf gedrehten, klassischen Farce ist der Bildfolge zu entnehmen.

Zutaten für 500 g Farce:
180 g Fleisch (z. B. Wild, Kalb, Lamm oder Geflügel)
150 g Schweinefleisch
170 g frischer Speck ohne Schwarte
(ungesalzen, nicht geräuchert)
Pastetengewürz, Salz
nach Belieben Spirituosen, Fleischglace, Abrieb von Zitrusfrüchten

Die beiden Fleischsorten in Streifen schneiden. Getrennt davon den Speck zerteilen.

Das Fleisch und den Speck gut kühlen und mit den Würzzutaten versehen.

Das Fleisch zweimal durch die feine Scheibe des Fleischwolfes drehen, dazwischen immer wieder gut kühlen.

Den Speck durchdrehen. Diesen zusammen mit dem Fleisch in eine Schüssel geben und auf Eis kühlen.

Die Masse gut durchkneten, kühlen und anschließend mit einem Spachtel durch ein feines Sieb streichen.

Das Fleisch und die Stopfleber getrennt voneinander in Würfel schneiden und alle beide gut kühlen.

Das Fleisch in den Kutter geben, mit Salz und Pfeffer würzen und zu einem feinen Fleischteig pürieren.

In mehreren Schritten die eiskalte Sahne nach und nach hinzufügen und gut untermontieren.

Die Stopfleber zugeben, untermixen und die Farce kalt stellen. Danach durch ein feines Sieb streichen.

Die Farce auf Eis setzen und eventuelle Würzzutaten sowie die Schlagsahne unterheben.

In einem kleinen Töpfchen mit siedendem Salzwasser eine Klößchenprobe machen.

Feine Fleischfarce:

Der Unterschied zur klassischen Zubereitung liegt zum einen in der Auswahl der Produkte und zum anderen in der Zubereitung. Die Farce besteht meist nur aus einer, der geschmacksgebenden Fleischsorte. Anteile von Schweinefleisch und Speck werden durch hochwertige **Zutaten** wie frische Schlagsahne und Gänse- oder Entenstopfleber ersetzt. Diese Farce, wie rechts in der Bildfolge beschrieben, wird am häufigsten für feine Terrinen, Galantinen und Füllungen verwendet. Die Zubereitung im Kutter läßt eine homogene, geschmeidige und gut zu verarbeitende Masse entstehen.

Zutaten für 500 g Farce:
200 g Fleisch
(z. B. Wild, Kalb, Lamm oder Geflügel)
200 ml Sahne
80 g Gänse- oder Entenstopfleber
(ersatzweise flüssige, abgekühlte braune Butter)
Salz, frisch gemahlener Pfeffer
nach Belieben Spirituosen, Trüffelsaft, Fleischglace
2 bis 3 EL geschlagene Sahne

Die Klößchenprobe gibt Aufschluß und Sicherheit über Konsistenz und Geschmack. Sie sollte stets durchgeführt werden.

Kalbsbriesterrine mit Morcheln

Im Gegensatz zur edlen Pastete, wird die Terrine nur in einer Speckhülle gegart. Die Zusammensetzung ist variabel und reicht von herzhaften Landhausterrinen bis hin zur Auswahl feinster Zutaten. Entsprechend ist auch die Wahl der Farcezubereitung. In unserem Beispiel wird eine feine Kalbfleischfarce benötigt mit herzhaftem Charakter. Die Menge entspricht einer Terrinenform mit 1,2 l Füllmenge.

Zutaten:
600 g feine Kalbfleischfarce (siehe Seite 51)
Außerdem:
20 g getrocknete Morcheln
200 g grüne Stangenbohnen
250 g Karotten
400 g gekochtes Kalbsbries
2 EL Kalbsglace
$1/2$ TL feingeschnittener Thymian
1 TL Butter
Salz, Pfeffer
10 Scheiben grüner Speck zum Auslegen der Form

Zur Vorbereitung die Morcheln über Nacht in lauwarmem Wasser einweichen. Die Enden der Bohnen kappen, dann die Karotten schälen und in etwa 1cm dicke Scheiben zerteilen. Daraus Streifen schneiden und die beiden Gemüse bißfest in Salzwasser blanchieren. Das Kalbsbries putzen und in kleine Röschen zerlegen. Die Kalbsglace in einem Topf zum Schmelzen bringen, den Thymian zugeben und die Kalbsbriesröschen darin schwenken. Anschließend auf einen Teller geben und auskühlen lassen. Die Morcheln waschen, abtropfen lassen und trockenlegen. Die Pilze kurz in der Butter anschwitzen, mit Salz und Pfeffer würzen und zur Seite stellen. Nun wie auf Seite 51 beschrieben die feine Fleischfarce zubereiten. Der weitere Ablauf kann der Bildfolge entnommen werden. Nach dem Füllen der Form den Deckel auflegen und die Terrine in ein vorbereitetes Wasserbad geben. Im vorgeheizten Ofen 60 Minuten bei 180 °C garen. Die Wassertemperatur muß konstant 80 °C betragen. Die Terrine leicht beschweren und über Nacht auskühlen lassen.
Zum Stürzen die Form in heißes Wasser tauchen, danach die Terrine herausgleiten lassen und in Scheiben schneiden.

Die Speckscheiben mit einem Messer gleichmäßig zuschneiden und die Form damit auslegen.

Die Speckränder etwas überlappen lassen, die Form kurz kühl stellen und die Übergänge mit den Fingern glätten.

Einen Teil der Farce in einen Dressierbeutel mit Lochtülle geben und die abgekühlten Morcheln damit füllen.

Das Kalbsbries zur restlichen Farce geben und untermengen. Nun einen kleinen Teil in die Form füllen.

Mit einer gekröpften Palette die Farce an den Rändern der Form glätten. Es dürfen keine Zwischenräume entstehen.

Nun lagenweise etwas Farce einstreichen, diese mit den gefüllten Morcheln und den Gemüsen bestücken.

Die Speckstreifen über die Füllung schlagen, leicht überlappen lassen und dann den Rest abschneiden.

Herstellung einer Pastete

Die variantenreichen Zubereitungen hauseigener Pasteten wird nach wie vor sehr geschätzt. Aus diesem Grunde sollten der aufwendigen Zubereitung wegen nur beste Grundprodukte verwendet werden.

Pastetenteig für eine Pastetenform von 36 cm Länge:
600 g Mehl
300 g Butter
10 g Salz
1 Ei
10 bis 12 EL Wasser

Füllung einer Kaninchen-Kalbsbries-Pastete:

1 kg grobe oder feine Kaninchenfarce
(Rezepturen auf Seite 50/51)
100 g gekochter Schinken
30 g schwarze Trüffel
40 g geschälte Pistazien oder Haselnüsse
200 g gekochtes Kalbsbries, in Röschen gezupft
6 Kaninchenrückenfilet
20 dünne Scheiben durchwachsener Speck
Salz, Pfeffer
2 EL Pflanzenöl
2 EL Kalbsglace (stark reduzierte Jus)

Außerdem:
1 Ei zum Bestreichen
etwa 0,25 l schnittfestes Portweingelee

Die Zubereitung mit dem Pastetenteig beginnen. Das Mehl auf die Arbeitsfläche sieben und eine Mulde bilden. Danach wie rechts in der Bildfolge beschrieben fortfahren. Wenn der Teig etwas zu trocken ist, empfiehlt es sich, ein wenig Wasser zuzugeben. Den Teig zu einer Kugel formen, in Klarsichtfolie einhüllen und mindestens 1 Stunde ruhen lassen.
Für die Füllung möglichst schieres Fleisch verwenden, etwa aus der Keule. Das Fleisch sollte mit dem Filet für die Einlage identisch sein. Die Farce wird zubereitet, wie auf Seite 50/51 beschrieben. Die Zutaten wie Schinken und Trüffel werden gewürfelt und die Nüsse grob

Die weiche Butter würfeln, mit Salz und Eigelb in die Mulde geben und das Wasser zufügen.

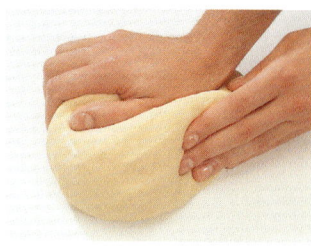

Die einzelnen Zutaten rasch miteinander verkneten, bis ein geschmeidiger Teig entstanden ist.

Die Ausmaße mit der Form auf dem Teig markieren. Dabei Seiten-, Stirn- und Deckelflächen einberechnen.

Die übrigen Teigränder abschneiden und zum Garnieren zurückbehalten. Die Form mit Butter fetten.

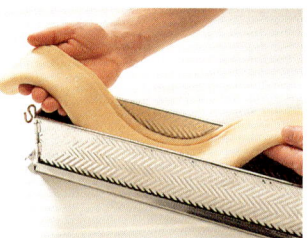

Den Teig leicht bemehlen und zusammenklappen. In die Form geben und auseinanderschlagen.

Den Teig überlappen lassen und mit Hilfe eines kleinen Teigrestes der Pastetenform anpassen.

gehackt. Die vorbereiteten Zutaten zusammen mit dem Kalbsbries unter die Farce rühren und kühl stellen. Die Kaninchenfilets mit Salz und Pfeffer würzen und zusammen mit dem Pflanzenöl in einer Pfanne rundherum kurz anbraten. Danach abkühlen lassen. Die Kalbsglace erwärmen, die Filets damit bepinseln und kühl stellen. Die einzelnen Filets in die Speckscheiben einschlagen. Nun den Pastetenteig auf die bemehlte Arbeitsfläche geben und 3 bis 4 mm stark ausrollen. Es sollte ein Rechteck von etwa 60 x 35 cm ergeben. Das Auslegen der Form, das Füllen und Verschließen der Pastete entnehmen Sie der Bildfolge. Die Pastete im vorgeheizten Backofen ungefähr 50 Minuten bei 200 °C backen.

Überschüssigen Teig in den Ecken mit dem Daumen nach oben streichen und sorgfältig glätten.

Die überstehenden Ränder bis auf 2 cm abschneiden und zusammen mit dem Teigdeckel kühl stellen.

$^1/_3$ der Farce einfüllen, mit einer Palette glätten, in der Mitte eine Kuhle formen, 3 der vorbereiteten Filets einlegen.

Die Filets mit Farce bedecken, die restlichen Filets darübergeben und mit der Farce auffüllen.

Die Teigränder einschlagen, sollten diese in der Mitte nicht aneinanderstoßen, einen schmalen Streifen darüberlegen.

Mit verquirltem Ei bestreichen, den Deckel auflegen und andrücken. Mit einem Teigkneifer garnieren.

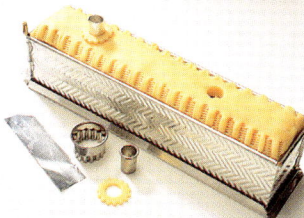

Zum Entweichen des Dampfes einen Kamin ausstechen und dann eine Alufolienhülse einstecken.

Die Oberfläche nach Belieben mit Teigresten oder dem Kneifer garnieren und mit dem Ei bestreichen.

Nach dem Backen die Kerntemperatur mit einer Nadel oder dem Thermometer messen, etwa 70 °C.

Nach dem Erkalten das verflüssigte Gelee durch den Kamin eingleßen. Die Pastete 1 Tag durchziehen lassen.

Bei der Zusammenstellung der Zutaten für eine Pastete sind keine Grenzen gesetzt. Die Palette reicht von herzhaftpikant bis hin zu fein und zart. Je nach Art des Anlasses und dem Angebot des Marktes sollte die Wahl getroffen werden.

Geflügel zum Füllen vorbereiten

Entbeintes Geflügel mit einer feinen Füllung zu versehen, war schon immer ein Beweis für das Können der Küche. Um Verluste beim Tranchieren zu vermeiden, muß das Geflügel hohl ausgelöst werden, d. h., die Karkasse wird entfernt und der entstandene Hohlraum gefüllt. In den folgenden Beispielen werden zwei Methoden demonstriert, die sich auf alle Geflügelarten umsetzen lassen. Beim Einkauf des Geflügels sollte darauf geachtet werden, daß die Geflügelhaut unversehrt ist und vor dem Zubereiten von Federresten befreit wird. Zur Vorbereitung den Hals am Brustansatz abtrennen, die Halshaut jedoch soweit wie möglich daran lassen, es erleichtert das spätere Verschließen.

Klassische Art

Das Geflügel wird so ausgebeint, daß die Hülle geschlossen bleibt und nach dem Füllen in seine ursprüngliche Form gebracht werden kann. Lediglich Flügel- und Schenkelknochen bleiben erhalten. Nach dem Füllen wird das Geflügel in einem kräftigen Fond gegart. Es kann nach dem Auskühlen mit Aspik oder Chaudfroidsauce überzogen und als Schaustück am Büfett eingesetzt werden.

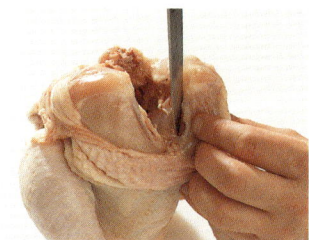

Die Halshaut über die Karkasse stülpen und den Gabelknochen mit dem Messer freilegen.

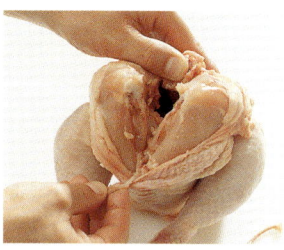

Den Gabelknochen in den Gelenken lösen und vorsichtig mit den Händen herausdrehen.

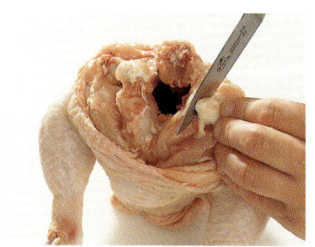

Die Haut nach unten schieben und die Schultergelenke mit dem Messer durchtrennen.

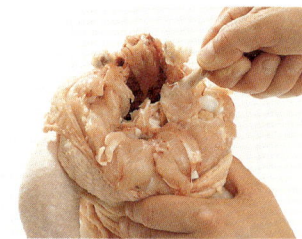

Mit den Fingern das Fleisch von den Schlüsselbeinen lösen, danach vom Brustbein abbrechen.

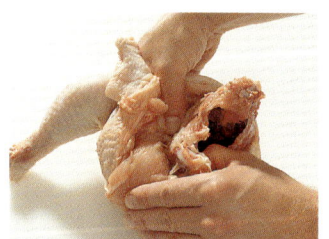

Das Fleisch rings um die Schulter lösen und nach unten schieben. Abwechselnd mit Fingern und Messer arbeiten.

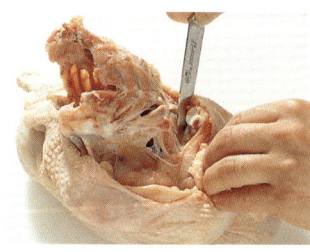

Beim Hüftgelenk angekommen, diese durchtrennen und die Karkasse soweit wie möglich freilegen.

Das Geflügel drehen und das Brustbein durch Ziehen vom Fleisch ablösen. Darauf achten, daß die Haut nicht einreißt.

Das Rückgrat bis zum Bürzel freilegen. Die Karkasse von der Fleischhülle lösen und am Bürzel durchtrennen. Das Geflügel kann nun gefüllt werden.

56

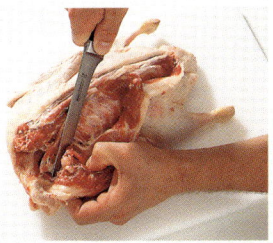

Das Geflügel links und rechts des Rückgrates einschneiden, bis zum Schultergelenk freilegen und dieses dann durchtrennen.

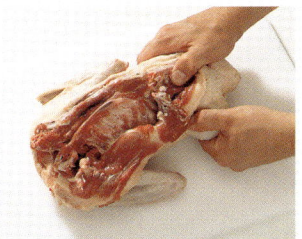

Entlang der Karkasse das Fleisch lösen und das Hüftgelenk ertasten. Dieses einschneiden und durch leichtes Drehen ablösen.

Rationelle Art

Aus Vereinfachungs- und Kostengründen wurde die klassische Galantine zur Rollpastete umgewandelt. Das Geflügel, Wild- oder Schlachtfleisch wird vollkommen vom Knochen gelöst, mit einer Farce bestückt und aufgerollt. Um die Roulade in Form zu halten wird sie mit Küchenzwirn verschnürt und in einem kräftigen Fond

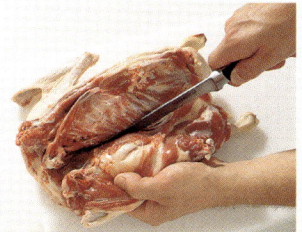

Nun das Fleisch entlang der Rippenknochen lösen. Die Schnittführung sollte immer in Richtung Karkasse geführt werden.

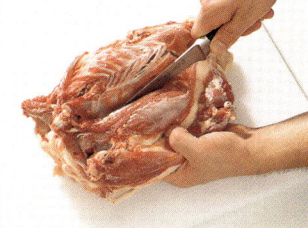

Den Übergang zum Brustbein ertasten, vorsichtig weiterschneiden, ohne das wertvolle Brustfilet zu verletzen.

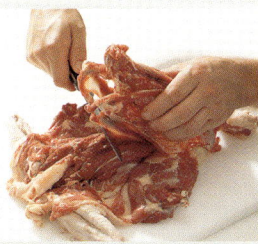

Dann die zweite Geflügelseite ablösen. Das Brustbein vorsichtig von der Haut lösen, dabei die Karkasse stets vom Fleisch weghalten.

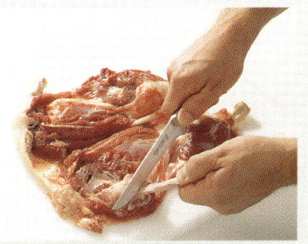

Die Flügel- und Schenkelknochen umschneiden, durch Abschaben freilegen, das Fleisch nach innen stülpen und die Knochen abtrennen.

Überschüssige Fettpolster und Sehnen entfernen, dann die kleinen Brustfilets ablösen und anschließend auf die unbedeckte Unterseite legen.

Die Geflügelbrüste taschenähnlich einschneiden, nach außen klappen und leicht plattieren. Das Geflügel zum Füllen in Form bringen.

Das richtige Werkzeug ist bei diesen Zubereitungen äußerst wichtig. Zum Entfernen von Federresten ist eine Pinzette ebenso ratsam wie ein scharfes Ausbeinmesser zum Freilegen der Karkasse.

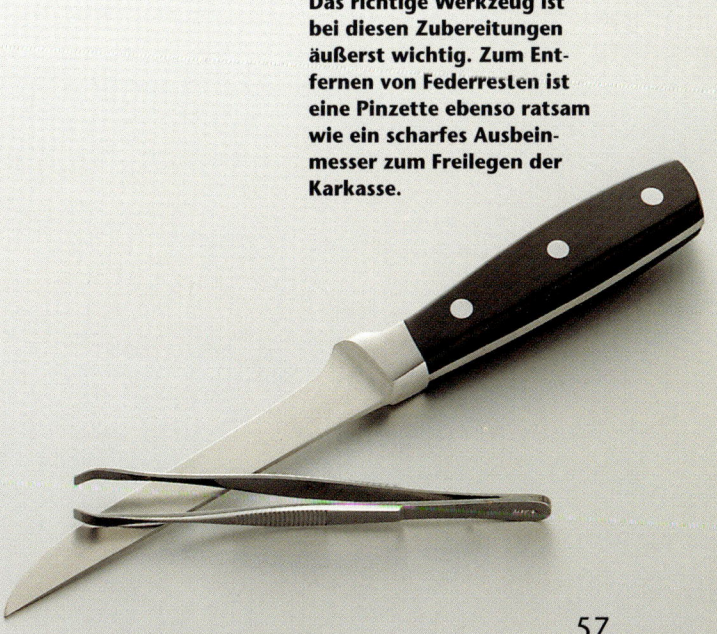

Gefülltes fürs Büfett

Crépinettes vom Geflügel

Eine verfeinerte Art der klassischen in Schweinenetz ein-
gehüllten Netzwürstchen. Hier eignen sich insbesondere
zarte Geflügel wie Wachtel, Rebhuhn, Stubenküken,
Perlhuhn oder Poularde. Die Füllungen bestehen aus
feinsten Farcen und können beliebig verfeinert werden
durch Zusatz von Trüffeln, Pistazien, Gänsestopfleber
oder gekochtem Schinken. Gefüllt wird, wie in der Bildfolge beschrieben. Anschließend das Geflügel in einer
Pfanne vorsichtig anbraten und im Ofen garen. Nach
dem Auskühlen einmal diagonal durchtrennen und als
Portionen auf der Büfettplatte anrichten.

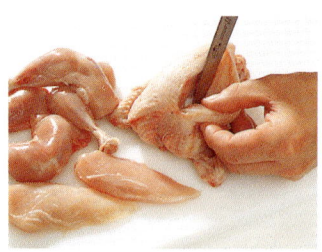

**Die Brüste und Keulen des
Geflügels auslösen und von
der Haut befreien. Die Flügel
abtrennen.**

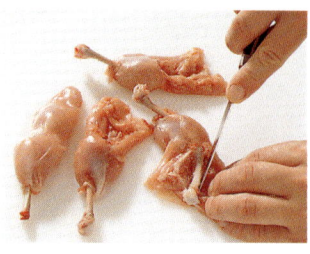

**Den Unterschenkelknochen
der Keulen freilegen und
putzen, den Oberschenkel-
knochen entfernen.**

**Das Fleisch innen würzen und
mit etwas Füllung bestücken.
Das Brustfilet mit der Spitze
zum Knochen zeigend auf-
legen.**

**Das Geflügel in Form bringen
und mit zuvor gewässertem
Schweinenetz zweimal ein-
hüllen. Die Netzränder abschneiden.**

Gefüllter Kaninchenrücken

Hier bieten sich zwei Möglichkeiten an. Der Rücken kann
im Ganzen ausgelöst und gerollt werden, (d. h., er wird
nicht am Rückgrat getrennt) oder wie in der Bildfolge
beschrieben als kleine portionsgerechte Roulade gegart.
Als Füllung bietet sich eine Fleisch- oder Gemüsefarce,
eine Brotfüllung oder einfach Backpflaumen an.
Die kleinen Päckchen werden in der Pfanne leicht angebraten und im Ofen gegart.

**Den Rücken links und rechts
des Rückgrates einschneiden
und die Filets anlösen.**

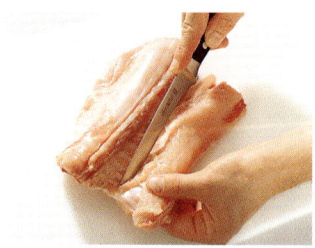

**Die Rückenfilets mit den
anhängenden Bauchlappen
ablösen und von Fettpolstern
und Sehnen befreien.**

**Das Fleisch würzen, mit etwas
Füllung versehen und zu einer
kleinen Rolle formen.**

**Ein Stück Pergamentpapier
leicht buttern, das Fleisch
würzen und dann darin einschlagen. Mit Zwirn zu einem
Päckchen verschnüren.**

In die Mitte des Rückenfilets, mit Hilfe eines langen spitzen Messers oder Spickstabs ein Loch schneiden.

Einen Kochlöffelstiel durch die ganze Länge des Rückens bohren und die Öffnung etwas aufweiten. Anschließend mit entsteinten Backpflaumen füllen.

Gefülltes Kasseler mit Backpflaumen

Man kann das Kasseler als schieres Rückenfilet oder am Knochen gebraten zubereiten. Ein Kasseler Rippenspeer ist leicht gepökelt und anschließend mild geräuchert, wodurch es eine zartrosa Farbe erhält. Vor dem Braten nur mit etwas Pfeffer würzen und bei gleichmäßiger Temperatur im Ofen garen. Das Kasseler gut auskühlen lassen und im Anschluß daran aufschneiden.

59

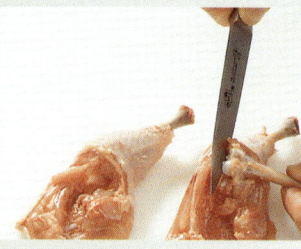

Den Unterschenkelknochen umschneiden, freilegen und blank putzen. Den Oberschenkelknochen entfernen.

Das Fleisch würzen und etwas Geflügelfarce daraufgeben. Die Geflügelhaut darüberschlagen.

Kleine Alufolienstücke mit Butter bestreichen, die Keulen darauflegen und formen.

Anschließend in die Folie einschlagen und die Enden bonbonartig zusammendrehen.

Gefüllte Geflügelkeulen

Auch kleine Keulen können dekorativ serviert werden. In Form einer kleinen glasierten Kirsche lassen sie sich dekorativ in jedes Büfett einbauen. Sie werden in Geflügelfond gegart und nach dem völligen Erkalten mit Glace überglänzt.

Gefüllte Wachteln

Diese Zubereitung nimmt sehr viel Zeit in Anspruch, jedoch gehört sie sicherlich zu den Glanzpunkten einer kalten Geflügelplatte. Die Wachteln werden hohl ausgelöst, wie auf Seite 56 beschrieben. Danach wie in der Bildfolge erklärt füllen. Das Geflügel nach dem Garen im Fond erkalten lassen, aus der Folie schlagen und den Zwirn entfernen. Die gefüllten Wachteln mit Geflügelglace bestreichen, anziehen lassen, halbieren und auf pochierten Apfelböden dekorieren.

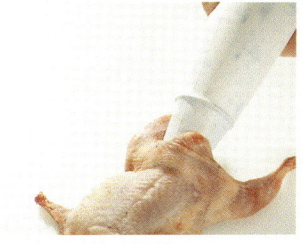

Die Halshaut der Wachteln mit Küchengarn vernähen und die Bauchhöhle mit feiner Geflügelfarce füllen.

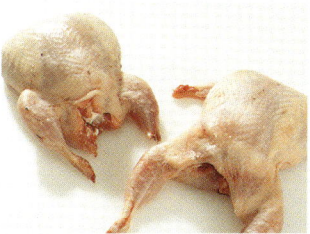

Eine kleine gegarte Trüffel hineingeben. Die Wachtel nicht zu prall füllen, da sie sich beim Garen ausdehnt.

Die Bauchöffnung ebenfalls mit Garn vernähen und das Geflügel mit Hilfe von Zwirn in Form bringen.

Die Wachteln in bratfeste Folie einschlagen, abbinden und 40 Minuten in Geflügelfond pochieren.

Herstellung
einer Geflügelgalantine

Die ursprüngliche Art der Herstellung ist, dem Tier Flügel und Keulenknochen zu belassen und das Geflügel nach dem Füllen in seine natürliche Form zurückzubringen. Eine Kunst, die in der heutigen Zeit kaum mehr zu realisieren ist, da der Arbeitsaufwand sehr hoch ist. Die zeitgemäße Variante ist die Zubereitung einer sogenannten Rollpastete. Sie kann ohne Verlust in Scheiben geschnitten und serviert werden. Am Beispiel einer Ente wird das Geflügel zuvor entbeint (siehe Seite 57).

Zutaten
1 ausgebeinte Ente
(Rohzustand mit Knochen etwa 2 bis 2,5 kg)
400 g feine Entenfarce (siehe Seite 51)
4 cl Madeira
2 cl Trüffelsaft
je 1 Entenleber und -herz (falls vorhanden)
50 g Pistazienkerne, geschält
50 g geröstete Pinienkerne
30 g schwarze Trüffeln aus dem Glas
150 g gekochter Schinken
3 EL geschlagene Sahne
2 l Geflügelfond zum Pochieren

Zur Vorbereitung den Dessertwein und Trüffelsaft in einen Topf geben, auf ein Drittel reduzieren und erkalten lassen. Die Entenleber und das Herz in Butter anbraten, abkühlen lassen und in kleine Würfelchen zerteilen. Pistazien und Pinienkerne halbieren und die Trüffeln in kleine Würfel schneiden. Den Schinken ebenfalls würfeln und zusammen mit den anderen vorbereiteten Zutaten unter die Geflügelfarce geben. Zum Schluß die geschlagene Sahne unterheben. Nun weiterverfahren, wie in der Bildfolge beschrieben. Zum Pochieren die Galantine im erhitzten Geflügelfond bei konstanten 80 °C in 60 Minuten garen. Die Galantine mit einem kleinen Gewicht beschweren und im Fond erkalten lassen. Danach aus dem Tuch herausnehmen, erkaltetes Fett entfernen und das Geflügel in gleichmäßige Tranchen schneiden.

Das vorbereitete Geflügel mit der Brustseite zur Außenkante auf ein feuchtes Tuch legen.

Das Fleisch mit Salz und Pfeffer würzen und die Farce gleichmäßig darauf verteilen.

Zum Rollen das Tuchende etwas anheben und von der Brustseite her zu den Keulen hin aufrollen.

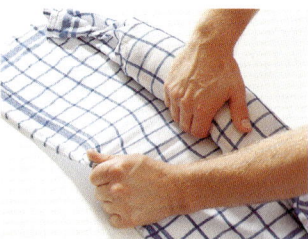

Das Tuch zwischendurch immer wieder straffen, um Hohlräume zwischen Fleischhülle und Farce zu schließen.

An den Enden abbinden, dabei sollte dies nicht zu straff geschehen, da sich die Galantine ein wenig ausdehnt.

Die Rolle mit Küchenzwirn in Abständen von etwa 3 cm rollbratenähnlich binden.

Soll die Galantine auf klassische Art zubereitet werden, d. h. in Form des Geflügels, muß vor dem Füllen die Halshaut vernäht werden. Den Hohlraum mit Farce bestücken und ebenfalls vernähen. Die Galantine mit den Händen in Form bringen, mit Küchenzwirn binden (siehe Seite 62, Geflügel ohne Nadel zum Braten vorbereiten) und in hitzebeständige Folie oder ein Tuch einschlagen. Die Enden so abbinden, daß die Hülle gut anliegt. Die Galantine in Geflügelfond bei 80 °C pochieren. Pro 1 kg muß mit etwa 40 Minuten Garzeit gerechnet werden. Wie in unserem obigen Beispiel das Geflügel beschweren und im Fond auskühlen lassen. Zum Fertigstellen der Galantine die Hülle entfernen und das abgekühlte Fett heiß abwaschen. Die Galantine von Zwirn und Fäden befreien, abtupfen und nach Belieben mit Gelee, Geflügelglace oder Chaudfroidsauce überziehen. Da diese Zubereitung meist als Schaustück einer Platte dient, kann es mit ausgearbeiteten Ornamenten von Gemüse, Trüffeln oder Früchten garniert werden.

Feine Geflügelmousse

Eine optisch, elegante Vorspeise, die auf jeder Vorspeisenplatte für Aufmerksamkeit sorgt.

Zutaten:
(für 10 bis 12 Timbaleförmchen à 0,9 l Füllmenge)
1,2 l Portweingelee (siehe Seite 45)
1 kleine Karotte

Für die Mousse:
0,5 l dunkler Geflügelfond
(von Ente, Poularde oder Wildgeflügel)
1 kleines Lorbeerblatt
1 Nelke, 2 Wacholderbeeren
1 Zweig Thymian
3 cl roter Portwein, 2 cl Cognac
0,22 l Sahne
150 g Gänsestopfleber oder Entenleber
5 Blatt weiße Gelatine
Salz, frisch gemahlener weißer Pfeffer
220 g geschlagene Sahne

Das Portweingelee in einen Topf geben und schmelzen
lassen. 3 bis 4 Förmchen mit Gelee füllen und in eine
Schüssel stellen. Diese mit einigen Eiswürfeln bestücken
und bis knapp unter den Rand der Förmchen mit Wasser
aufgießen. Das Gelee darf an den Wandungen nur wenig
anziehen, danach wird das überschüssige Gelee in den
Topf zurückgegossen. Beim Auskleiden der Förmchen mit
Gelee sollte auch darauf geachtet werden, daß sich nur
ein dünner Rand von 3 bis 4 mm Stärke bildet. Sollte er
zu dünn sein, die Förmchen erneut füllen und anstocken
lassen. Den Vorgang mit allen Förmchen durchführen
und anschließend kalt stellen. Zur Garnitur die Karotte
ziselieren und in Scheibchen schneiden, blanchieren und
die Karottenblumen in die Förmchen geben.
Die Zubereitung der Mousse entnehmen Sie der Bildfolge. Nachdem die Mousse gestockt ist, können die
Förmchen mit dem restlichen Portweingelee bis zum
Förmchenrand aufgegossen werden. Danach die Mousse-
timbalen mindestens 2 Stunden durchkühlen lassen.
Zum Stürzen der Förmchen diese kurz in eine Schüssel
mit heißem Wasser halten und dann die Geflügelmousse-
timbalen stürzen. Danach nochmals kurz kühlen und auf
der Büfettplatte anrichten.

Den Geflügelfond in einen Topf geben, mit den Gewürzen zum Kochen bringen und die Spirituosen zugeben.

Den Fond ein wenig reduzieren lassen, anschließend die Sahne aufgießen und alles cremig einkochen.

Den Topf vom Herd nehmen, die Gänsestopfleber in Scheiben schneiden und zugeben.

Ist die Leber genügend temperiert, diese mit einem Stabmixer untermontieren.

Die so erhaltene Masse mit einer Spachtel, durch ein feines Sieb in eine Metallschüssel passieren.

Gelatine in kaltem Wasser einweichen, ausdrücken, erwärmen und anschließend unter die Masse rühren.

Die Masse kühl stellen bis kurz vor dem Stocken. Mit Salz und Pfeffer würzen und die Sahne unterziehen.

Die Mousse mit einem Dressiersack in die vorbereiteten Timbaleförmchen bis knapp unter den Rand füllen.

Entenleberparfait

Diese Rezeptur zeichnet sich ganz besonders durch den feinen Geschmack und zarten Schmelz des Parfaits aus. Durch die Zugabe von brauner Butter erhält das Parfait einen sehr interessanten nussigen Geschmack. Eine perfekte Ergänzung sind Orangengelee und frische Orangenspalten.

Zutaten für eine Form mit 1 l Füllmenge:
500 g frische Entenleber
500 g Butter
0,2 l roter Portwein
0,1 l Madeira
3 EL Geflügel- oder Kalbsglace
2 Eier
2 Eigelbe
je 1 kleiner Zweig Thymian und Rosmarin
Salz, frisch gemahlener weißer Pfeffer
1 Prise gemahlene Muskatnuß
Außerdem:
0,2 l Orangengelee (siehe Seite 45)
1 Orange
1 EL gehackte Pistazienkerne

Die Entenlebern putzen, vorsichtig waschen, danach trockentupfen und kühl stellen. Die Butter in einen kleinen flachen Topf geben, zum Kochen bringen und simmern lassen, bis die Butter eine nußbraune Farbe angenommen hat. Die Butter zur Seite ziehen und etwas abkühlen. Die Spirituosen zusammen mit den Kräuterzweigen in einen Topf geben und bei schwacher Hitze auf ein Viertel reduzieren. Danach die Glace unterrühren und die Reduktion zur Seite ziehen. Nun das Parfait wie in der Bildfolge beschrieben zubereiten und im vorgeheizten Ofen bei 180 °C etwa 50 bis 60 Minuten pochieren. Nach Ende der Gardauer kann mit einem kleinen Holzspieß eine Stäbchenprobe durchgeführt werden, um festzustellen, ob das Parfait gar ist.
Zum späteren Garnieren die Orange filetieren und das Orangengelee erwärmen. Nach dem Aufgießen, wie in der Bildfolge gezeigt, gut durchkühlen lassen und in der Form am Büfett plazieren. Mit einem Löffel werden kleine Portionen aus der Form abgestochen.

Die Entenlebern in einem Mixer fein pürieren. Die Eier und Eigelbe nach und nach zugeben und untermixen.

Während des Mixens die abgekühlte, noch lauwarme Butter in dünnem Faden unter die Lebermasse montieren.

Die Reduktion passieren, zugeben und untermixen. Danach über ein feines Sieb in die Parfaitform füllen.

Die Form mit dem Deckel verschließen, das Parfait in ein vorbereitetes Wasserbad geben und im Ofen pochieren.

Das abgekühlte Entenleberparfait mit den Pistazienkernen und Orangenfilets garnieren und das Gelee eingießen.

Herstellung einer Gemüseterrine

Um Abwechslung in eine Vorspeisenplatte zu bringen, eignen sich farbenfrohe und leichte Gemüseterrinen. Die Basis ist eine zarte Creme von Champignons, sie kann jedoch ebenso aus Petersilienwurzeln oder Blumenkohl zubereitet werden. Der umhüllende Gemüsemantel kann wahlweise der Saison entsprechend aus Lauch, Zucchini, Wirsing oder Mangold bestehen. Die Zubereitung erfolgt in einer Terrinenform mit etwa 1,2 l Füllmenge und ergibt 15 bis 20 Portionen.

Zutaten:
4 mittelgroße Zucchini, gelb und grün
40 Stangenbohnen
2 Brokkoli
1 Bund junge Karotten
1 kleiner Moschuskürbis (etwa 1 kg)
oder Navetten (Butterrüben)
700 g Champignons
100 g Salzbutter
2 Schalotten
$^{1}/_{2}$ Knoblauchzehe
1 Zweig Thymian
Salz, weißer Pfeffer aus der Mühle
125 ml Weißwein
400 ml Milch
600 ml Sahne
einige Spritzer Zitronensaft
11 Blatt Gelatine

Zuerst wird die Gemüseeinlage vorbereitet. Hierfür die Zucchini der Länge nach in etwa 0,5 cm dicke Scheiben schneiden. Anschließend die Enden der Bohnen kappen, die Brokkoli in kleine Röschen zerteilen und die Karotten schälen. Das gewonnene Kürbisfleisch in Scheiben von 1 cm Stärke schneiden. Die vorbereiteten Gemüse nacheinander in kräftigem Salzwasser mit leichtem Biß garen, abschrecken und auf einem Tuch trockenlegen. Nun die Champignons putzen, waschen und in Scheiben schneiden. Die Schalotten und den Knoblauch schälen und fein würfeln. Die Butter in einem Topf zum Schmelzen bringen und die Schalotten, Knoblauch und Thymian darin glasig dünsten. Die Pilze zugeben, nur angehen lassen und wenig mit Salz und Pfeffer würzen. Mit dem Weißwein ablöschen, diesen auf gut die Hälfte reduzieren und mit Milch und Sahne aufgießen. Die

Pilze garen, bis sie gut weich sind, danach mit dem Stabmixer fein pürieren. Die Sauce passieren und die Flüssigkeit auf 700 ml einkochen lassen. Die Sauce zur Seite stellen, mit dem Stabmixer nochmals aufmontieren und mit Salz und Pfeffer sowie dem Zitronensaft abschmecken. Die Gelatine in kaltem Wasser einweichen, ausdrücken und unter die noch heiße Sauce rühren, danach abkühlen lassen. Zum Einsetzen der Terrine die Form mit Klarsichtfolie auslegen und den nachfolgenden Arbeitsschritten entsprechend fortfahren. Nach den Karotten auf gleiche Art und Weise den Kürbis und die Bohnen einsetzen, mit Sauce bedecken und mit den überlappenden Zucchinistreifen verschließen. Die Terrine 2 bis 3 Stunden oder über Nacht festigen lassen, stürzen und in Scheiben schneiden. Dazu kann eine grüne Sauce, Aioli oder Joghurtsauce serviert werden.

Die Zucchinistreifen in Form schneiden und die Form damit auslegen. Dicht und ohne Zwischenräume einsetzen.

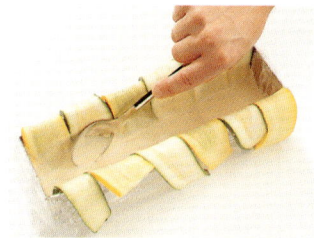

Etwas von der abgekühlten Champignoncreme hineingeben, mit dem Löffel gleichmäßig verteilen und leicht stocken lassen.

Die Brokkoliröschen einsetzen, diese zuvor kurz in Sauce tauchen. Links und rechts je zwei Karotten plazieren und mit Sauce aufgießen.

Nach dem weiteren Einsetzen der Gemüseeinlage den Boden mit Sauce bedecken und alle Zwischenräume ausfüllen.

Die Terrinenform mit Folie auslegen und in ein Gefäß mit Eiswasser stellen. 3 bis 4 mm flüssiges Gelee eingießen, dann einige Kerbelblätter zufügen.

Das Gelee stocken lassen. Eine Lage Tafelspitzscheiben hineingeben und dabei etwas Abstand zur Terrinenwand bewahren.

Nun eine dicht eingesetzte Schicht der abgekühlten Pfifferlinge zugeben. Diese mit Gelee übergießen.

Danach je eine Schicht Tafelspitz, Pfifferlinge und wiederum Tafelspitz einsetzen und mit Gelee abschließen.

Herstellung einer Sülze von Tafelspitz und Pfifferlingen

Sülzen sind leichte und erfrischende Elemente eines jeden Vorspeisenbüfetts. Serviert werden sie mit Vinaigrette oder einer Salsa verde (siehe Seite 95). Die Zusammenstellung von Gemüse und Fleisch ist beliebig und kann ebenso aus gepökelter Rinderzunge, gebratener Entenbrust oder gekochtem Geflügel bestehen. Zubereitet wird die Sülze in einer Form mit etwa 1,2 l Fassungsvermögen.

Zutaten:
1 kg gekochter, abgekühlter Tafelspitz
750 ml Tafelspitzkochsud
12 Blatt Gelatine
Salz
einige Spritzer Champagneressig
500 g frische, kleine Pfifferlinge
Salz, weißer Pfeffer aus der Mühle
120 g Karotten
80 g Stangensellerie
1 Bund frischer Kerbel

Den Tafelspitz nach dem Kochen leicht pressen, er läßt sich dann besser schneiden. Den Tafelspitzsud mit Salz und Essig würzen, kräftig abschmecken und zum Kochen bringen. In der Zwischenzeit die Gelatine in kaltem Wasser einweichen, ausdrücken und in den heißen Sud einrühren. Diesen zur Seite stellen und abkühlen lassen. Anschließend die Pfifferlinge putzen und waschen. Einen Topf auf dem Herd erhitzen, die abgetropften Pfifferlinge hineingeben und sofort mit Salz und etwas Pfeffer würzen. Unmittelbar danach mit einem Deckel verschließen und die Pilze Saft ziehen lassen. Die Pfifferlinge im eigenen Sud gar ziehen lassen, herausnehmen und kalt stellen. Nun die Karotten und den Sellerie putzen und in kleine Würfelchen schneiden. Das Gemüse in Salzwasser mit leichtem Biß blanchieren. Den Kerbel waschen und trocknen. Einige Zweige zurückhalten, den Rest fein hacken und unter das noch flüssige Tafelspitzgelee rühren. Den Tafelspitz in gleichmäßige Scheiben von etwa 0,5 cm Stärke schneiden. Das Einfüllen der Sülze wie in der Bildfolge beschrieben durchführen. Die Sülze über Nacht durchkühlen lassen. Die Form stürzen und die Sülze mit einem in heißes Wasser getauchten Messer in Scheiben schneiden. Um ein Auseinanderfallen beim Schneiden zu vermeiden, empfiehlt es sich, eine Spachtel oder einen Teigschaber vor den Anschnitt zu halten.

Vorbereiten zum Braten

Geflügel binden

Für das gute Aussehen des gebratenen Geflügels ist es notwendig, das Bratgut zuvor in Form zu bringen. Unter dem Begriff „Dressieren" versteht man, das Geflügel mit Hilfe von Garn in Form zu halten. Wichtiger als nur die gute Optik ist natürlich auch das Bratergebnis. Durch das Dressieren von Flügeln, Schenkeln und Rumpf ist ein gleichmäßiges Garen möglich.

Nachfolgend zwei Methoden, die jedoch eines gemeinsam haben: das Entfernen des Gabelknochens. Hierdurch wird nicht nur das Tranchieren erleichtert, man hat auch keinen Verlust an wertvollem Fleisch.

Methode 1

Dieses Verfahren ist besonders für große Geflügelarten geeignet, die später als Schaustücke dienen sollen.

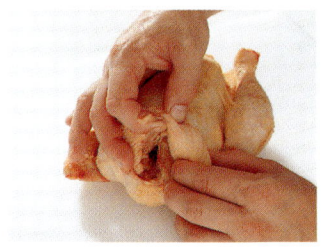 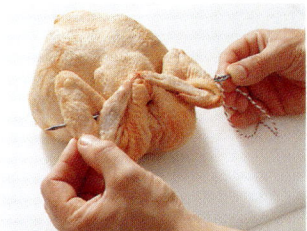

Halshaut zurückschieben und Gabelknochen freilegen. Mit spitzem Messer links und rechts des Knochens einschneiden und diesen durch Ziehen entfernen.

Jetzt die Flügelspitzen einschlagen, danach die Halshaut zurückziehen und wie im Bild dargestellt mit einer Dressiernadel und Zwirn durchstechen.

Den Faden weiterführen und von einem Oberschenkel durch den Rumpf zum anderen durchstechen.

Dann den Faden aus der Nadel ziehen und mit dem zweiten Ende seitlich verknoten. Dabei den Zwirn straff anziehen.

Methode 2

Kleine Geflügelsorten können auch ohne Nadeln in Form gehalten werden.

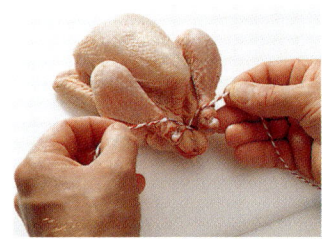 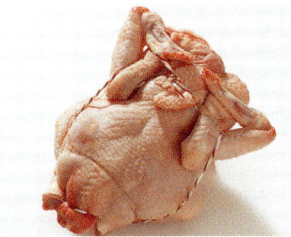

Den Faden unter dem Bürzel durchziehen, die Fadenenden kreuzen und je um einen Schlegel schlingen. Die Enden straffziehen.

Halshaut zurückziehen, ein Fadenende um den Oberflügel schlingen. Den anderen Flügel fixieren und mit dem zweiten Ende fest verknoten.

Kleines Geflügel, in der Folie gegart

Diese Methode bietet sich für kleine Geflügel wie Wachteln, Stubenküken, Tauben oder Rebhühner an. Aus einer doppelt gefalteten Alufolie wird eine kleine Schale geformt.

Das Geflügel mit den Händen in Form bringen und die Keulen zusammenbinden. In die Folie setzen und diese dem Geflügel anpassen. So bleibt es beim Braten in Form.

Karree zum Braten vorbereiten

Kalbs-, Rinder- oder Wildkarrees sind der Blickfang eines jeden kalten Büfetts. Die blankgeputzten Knochen, das optimal gegarte Fleisch und eine besondere Garnitur sind Garanten für den Erfolg. Dabei muß das Fleisch nicht immer am Knochen gegart werden. Dieser kann nach dem Säubern ebenso alleine gebraten werden. Zur Vorbereitung das Rückenfleisch von Fettdeckeln und Sehnen befreien.

Die Knochenhaut der Rippenknochen auf der gebogenen Rückseite mit einem scharfen Messer einritzen.

Mit dem Messerrücken die Fleischteile der Zwischenräume bis hin zum Rückenfilet herunterschaben.

Die freigelegten Teile herausschneiden und die Rippenknochen dann völlig blank schaben.

Jede einzelne Rippe in Alufolie einschlagen. Dies verhindert eine zu starke Bräunung während des Garens.

Rücken vorbereiten

Hierfür benötigt man ebenfalls einige Kenntnisse, um einen gleichmäßig gebratenen und formschönen Rükken oder auch Sattel genannt zu erhalten. Die Rippenknochen können auf die gleiche Weise wie im Beispiel des Karrees freigelegt und geschützt werden. Das tiefe Einschneiden entlang des Rückgrats garantiert ein gleichmäßiges Garen im Kern des Bratenstückes. Ebenfalls gibt es die Möglichkeit, das Fleisch im Inneren mit einer Marinade zu versehen.

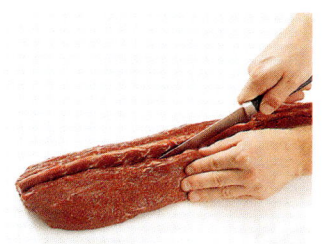

Den Rücken mit einem scharfen Messer links und rechts des Rückgrats 2 bis 3 cm tief einschneiden.

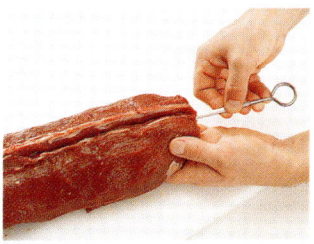

Damit sich die Karkasse während des Bratens nicht verformen kann, einen Bratenspieß durchs Rückenmark stoßen.

Medaillons vorbereiten

Kleine gebratene Medaillons eignen sich besonders für Büfetts. Sie lassen sich gut portionieren, dekorieren und auf einer kalten Platte einsetzen.

Meist werden Medaillons aus Filetstücken geschnitten, jedoch eignen sich auch Rückenfilets kleinerer Fleischteile dafür. Der Speckmantel hält sie in Form und verhindert das Austrocknen während der Garzeit.

Die Portionsstücke in Form bringen und mit einer Scheibe fettem Speck umwickeln. Mit Küchengarn leicht binden.

69

Ganzes Geflügel als Schaustück

Ein gegartes Geflügel, im ganzen präsentiert, hat immer einen besonderen Reiz. Durch seine eleganten und opulenten Formen verleiht es einer kalten Platte eine gewisse Grazie. Bei der Herstellung von Schaustücken sollte immer daran gedacht werden, daß sie ebenfalls zum Verzehr geeignet sein müssen. Deshalb sollten Hilfsmittel wie Holzspieße nur zum Stabilisieren dienen und später wieder entfernt werden. Es ist von Vorteil, das Geflügel am Vortag zu garen, so kann es vollkommen auskühlen und läßt sich besser verarbeiten. Bei gebratenem Geflügel muß mit einer Gardauer von 35 bis 40 Minuten pro kg gerechnet werden. Zur Kontrolle sticht man mit der Nadel in die dickste Stelle des Oberschenkels. Solange der austretende Saft rosa ist, muß weitergegart werden, bis der Saft klar ist. Geflügelschaustücke sollten in Ruhe hergestellt werden und nicht unmittelbar vor dem Anrichten der Platte. So kann das Schaustück nochmals kühlen und sich stabilisieren. Für die nachfolgenden beiden Versionen werden unterschiedliche Ausgangsprodukte benötigt und verschieden verarbeitet.

Truthahnschaustück

Für die Zubereitung wird ein makelloses Geflügel ohne verletzte Hautstellen, Blutflecken oder Gefiederreste benötigt. Das Geflügel zum Braten vorbereiten und die Bauchhöhle würzen. Anschließend den Truthahn mit Nadel und Küchenzwirn in Form bringen, wie auf Seite 68, Methode 1, beschrieben. Das Geflügel würzen und bei 160 °C bis 180 °C im Ofen garen. Nach Ende der Garzeit abkühlen lassen, den Zwirn lösen und über Nacht durchkühlen. Wie in der nachfolgenden Bildfolge beschrieben vorgehen.

Zutaten:
1 kg Waldorfsalat (fest, mit wenig Sauce)
300 g Eigelb- oder Geflügellebermousse
$^1/_2$ l helles Geflügelgelee zum Überglänzen
Früchte der Saison zum Dekorieren

Das Geflügel links und rechts zwischen Brust und Keule einschneiden und die Teile voneinander trennen.

Entlang des Brustbeines bis hin zur Karkasse einschneiden und die Geflügelbrüste im ganzen auslösen.

Das Brustfleisch auf der Aufschnittmaschine oder mit einem Messer dünn tranchieren und auffächern.

Den Hohlraum der Karkasse mit Waldorfsalat füllen, die Oberfläche glätten und kurz kühlen.

Die einzelnen Tranchen des Brustfilets kurz in flüssiges Gelee eintauchen und auf die Karkasse drapieren.

Das Schaustück nach erneutem Kühlen mit Mousse, Früchten, Gemüse oder Trüffeln garnieren und komplett mit Gelee überglänzen.

Geflügelgalantine mit Chaudfroidsauce

Zweifellos ein Klassiker unter den Schaustücken. Die Zubereitung der Galantine können Sie auf Seite 62 ersehen. Vor dem Überziehen muß das ausgetretene Fett mit heißem Wasser abgespült und die Oberfläche mit Küchenkrepp getrocknet werden. Zur Zubereitung der Chaudfroidsauce den Geflügelfond auf die Hälfte reduzieren und die Sahne aufgießen. Die Flüssigkeit auf 500 ml reduzieren und mit der in wenig kaltem Wasser angerührten Stärke abbinden. Die Sauce zur Seite ziehen, würzen und die eingeweichte Gelatine unterrühren. Anschließend durch ein Sieb passieren und abkühlen lassen. Nun kann das Geflügel damit überzogen werden.

Hierfür die Sauce in eine Schüssel geben, diese auf Eis setzen und unter Rühren abkühlen lassen. Beginnt die Sauce dickflüssig zu werden, das Schaustück auf ein Gitter setzen und aus der Mitte heraus mit der Sauce übergießen. Dieser Vorgang muß rasch durchgeführt werden, damit die Sauce nicht zu stocken beginnt. Nun die Oberfläche anziehen lassen. In der Zwischenzeit aus der Garniermasse und der Karotte Ornamente ausschneiden, mit wenig Gelee überziehen und die Poularde damit garnieren. Das Schaustück kann im ganzen oder zur Hälfte tranchiert präsentiert werden.

Chaudfroidsauce:
(ergibt etwa 500 ml Sauce)
750 ml heller, fettfreier Geflügelfond
300 ml Sahne
15 g Speisestärke
20 g Aspikpulver oder Gelatine
Salz, frisch gemahlener weißer Pfeffer
Außerdem:
einige Scheiben Garniermasse für die Dekoration
1 Karotte
4 bis 5 EL Geflügelgelee

Rückenschaustücke

Ein kalt aufgeschnittener und garnierter Rücken ist eines der beliebtesten Schaustücke für kalte Büfetts. Sein Ausdruck an Eleganz und Exklusivität ist kaum zu übertreffen. Je nach Fleischsorte und -stück ist es vorteilhaft, Knochengerüst und Rückenfilet getrennt zu garen. Zum einen läßt sich das Fleisch ohne Knochen gleichmäßiger, schöner braten, und zum anderen kann die Karkasse besser vorbereitet werden. Ob als ganzer Rücken (Sattel) oder nur zur Hälfte als Karree, garniert wirken sie beide eindrucksvoll auf den Beschauer. In unseren beiden Beispielen wurde der Rehrücken im ganzen und das Roastbeef ausgelöst gegart. Vorbereitungen: Seite 69.

Garnierter Rehrücken

Zum Garen des Wildfleisches sollte ein Bratenthermometer verwendet werden, denn die Kerntemperatur muß 70 °C betragen. Danach das Fleisch auskühlen lassen und die Rückenfiletstränge auslösen. Für die Füllung die Butter schaumig rühren, Pistazien und Schinken zugeben und mit der Leberwurst vermengen. Nach Belieben mit Salz, Pfeffer und Cognac abschmecken und wie in der Bildfolge beschrieben zubereiten. Den fertigen Rücken mit Früchten der Saison garnieren.

Zutaten:
1 gebratener Rehrücken
Für die Füllung:
70 g weiche Butter
30 g gehackte Pistazien
100 g feingewürfelter gekochter Schinken
600 g feine Kalbsleberwurst
Salz, Pfeffer
Cognac
0,1 l Wildgelee (siehe Seite 45)
Garnitur:
Eigelbmousse und Früchte

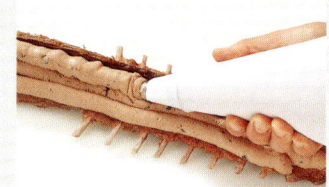

Die Lebermousse in einen Dressierbeutel mit großer Lochtülle geben und die Karkasse damit auffüllen.

Die Oberfläche mit einer kleinen Palette glätten, dabei auch das Rückgrat bestreichen.

Die Rückenfilets tranchieren, kurz in Gelee eintauchen und mit der Bratkante nach außen leicht überlappend auflegen.

Die Eigelbmousse mit dem Dressierbeutel und Sterntülle girlandenartig aufspritzen.

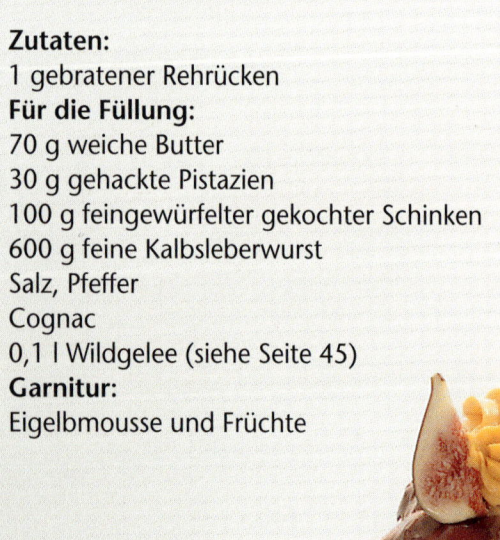

Nach dem Säubern der gegarten Karkasse diese bis zur Hälfte mit Gemüsesalat füllen.

Die Oberfläche glätten und kurz kühlen. In der Zwischenzeit das abgekühlte Fleisch aufschneiden und den Rücken damit belegen.

Karree mit Roastbeef

Wird das Fleisch getrennt von der Karkasse gebraten, so kann das Knochengerüst auch in kochendem Salzwasser gegart werden. Es bleibt dadurch schön weiß und kann gut gesäubert werden. Das Braten des Roastbeefs ist eine Welt für sich. Unzählige Köche haben die ideenreichsten Zubereitungen ausgetüftelt, um zu einem optimalen Ergebnis zu kommen. Wichtig ist, die Kerntemperatur zu beachten und das Fleischstück nicht zu hohen Temperaturen auszusetzen.

Nach dem Würzen sollte das Bratenstück gleichmäßig rundherum angebraten werden, damit sich die Poren schließen. Bei anfänglichen 220 °C sollte die Backofentemperatur nach 10 Minuten auf 140 °C bis 180 °C gesenkt werden. Das Fleisch gart nun langsam und gleichmäßig. Zum Prüfen der Kerntemperatur die Spitze des Thermometers in die Mitte des Bratens stechen. Bei 45 °C bis 50 °C das Roastbeef aus dem Ofen nehmen, in Alufolie einschlagen und darin ziehen bzw. auskühlen lassen. Durch das Nachziehen nimmt die Kerntemperatur noch um etwa 5 °C zu, und der Fleischsaft verteilt sich gleichmäßig.

Setzt man moderne Gargeräte ein, empfiehlt es sich, eine Kombination aus Wärme und Dampf zu wählen, dadurch verringert sich der Gewichtsverlust. Das Zubereiten in Niedertemperaturgarern erfordert ein zuvoriges Anbraten des Fleisches in der Pfanne. Danach wird es in optimaler Weise bei 70 °C gegart. Man sollte es erst am darauffolgenden Tag anschneiden, dann tritt kein wertvoller Fleischsaft mehr aus.

Die Karkasse läßt sich bestens mit Waldorf- oder Gemüsesalat füllen. Die Herstellung des Schaustückes erfolgt wie in der Bildfolge beschrieben. Zum Schluß das Roastbeef mit wenig Gelee überglänzen. Als Garnitur können Gemüse, Pilze, Früchte, frisch oder sauer eingelegt, verwendet werden.

Herstellen von Fischfarcen

Feine Fischfarcen stellen eine köstliche Basis für Füllungen, Terrinen, Garnituren oder anderen Zubereitungen dar. Wie schon bei den Fleischfarcen bemerkt, spielen auch hier Frische und Qualität die größte Rolle. Schieres Fischfleisch, frei von Gräten, Haut und Fettpolstern, ist die Voraussetzung für das Gelingen einer guten Farce. Bei frischen Fischen kann meist auf zusätzliche Bindemittel wie zum Beispiel Hühnereiweiß verzichtet werden. Das natürliche Fischeiweiß in Verbindung mit der richtigen Zubereitung bringt die Bindung. Weitere Faktoren für das Gelingen sind:

* Der Kutter muß mit gut geschärften Schneidemessern ausgestattet sein, um das Fischfleisch richtig zerkleinern zu können.
* Alle Zutaten sollten gut gekühlt sein, selbst die Kutteraufsätze, sofern sie aus Metall sind.
* Das Fischfleisch vor dem Zerkleinern würzen, dadurch werden beim Verarbeiten Eiweißstoffe freigelegt, und diese unterstützen die Bindung.
* Es empfiehlt sich, die Zutaten zwischen den einzelnen Arbeitsgängen zu kühlen, um eine Gerinnung des Eiweißes zu vermeiden.

Würzzutaten:

In den meisten Fällen werden außer Salz und Pfeffer keine weiteren Würzzutaten eingesetzt, um den feinen Fischgeschmack nicht zu verfälschen. Handelt es sich um kräftige und aromatische Fischzubereitungen, so ist das Marinieren des Fischfleisches gewollt. Gewürzmischungen und Spirituosen wie z. B. Anis, Wermut oder Weinbrand sind harmonische Fischbegleiter. Zum Marinieren gibt man sie über das zu verarbeitende Fischfleisch und läßt sie durchziehen.

Färbemittel:

Sie geben den Fischfarcen einen besonderen Reiz und durchaus auch Geschmack. Terrinen, Pasteten, Gefülltes oder Dekoriertes wirken besonders durch das leuchtende Farbenspiel. Die häufigste Verwendung finden Spinat, Kräuter, Safran, Sepiatinte, Corail von Jakobsmuscheln u. a. Die Zusätze werden immer am Schluß zugegeben, um eine Beeinträchtigung der Bindefähigkeit auszuschließen.

In den folgenden Beispielen wollen wir den Einsatz von zwei verschiedenen Küchenmaschinen und Herstellungsmethoden vorstellen.

Lachsfarce mit dem Kutter zubereiten

Eine kleine Küchenmaschine mit dem gleichen Prinzip wie ein großer Kutter eignet sich besonders für die Herstellung geringer Mengen Farce. Da das Vorkühlen der Mixschale aus Kunststoff nichts nützt, müssen die Rohstoffe gut vorgekühlt sein, besser leicht angefroren. Die Vorgehensweise entnehmen Sie bitte der Bildfolge.

Zutaten:
250 g schieres Lachsfleisch
Salz, weißer Pfeffer aus der Mühle
200 g Sahne
2 EL geschlagene Sahne

Zugabe von Corail:
Um eine intensivere Farbe zu erhalten, kann einer Farce von Lachs oder Krustentieren der Rogensack, der sogenannte Corail, von Jakobsmuscheln zugegeben werden. Er wird im rohen Zustand mitgekuttert.
Die Verarbeitung von Hummercorail, den man in der Laichzeit der weiblichen Hummer erhält, ist nicht mehr möglich. Zum Schutz der Hummerbestände dürfen keine weiblichen Tiere mehr gehandelt werden.

Das gewürfelte und gekühlte Fischfleisch in die Kutterschale geben und mit Salz und Pfeffer würzen.

Das Fischfleisch so lange mixen, bis ein fester, zäher Fleischteig entsteht. Bei größeren Mengen den Vorgang wiederholen.

Nach und nach etwas von der eisgekühlten Sahne zugeben und untermixen. Auch dies kann in mehreren Abfolgen durchgeführt werden.

Die homogene Masse in eine Schüssel geben, verrühren und kühlen. Dann mit einem Teigschaber durch ein feines Sieb streichen.

Nach erneutem Kühlen die geschlagene Sahne unterheben. Ein kleines Probeklößchen pochieren, um Geschmack und Konsistenz zu prüfen.

Spinatfarce:

• mit leichter Marmorierung:
Den Spinat putzen, waschen und blanchieren. Danach in einem Tuch ausdrücken und mit einem Küchenmesser fein zerkleinern. Anschließend unter die Farce rühren.

• mit satter grüner Farbe:
Nach dem Putzen und Waschen den Spinat in einen Mixer füllen, mit kaltem Wasser aufgießen und gut pürieren. Ein feines Tuch über eine Schüssel geben, den Inhalt hineingießen und fest ausdrücken. Den Spinatsaft auffangen und in einen Topf füllen. Diesen unter ständigem Rühren zum Kochen bringen. Hat das Wasser 100 °C erreicht, den Topf zur Seite ziehen und den Inhalt über das Tuch gießen. Das gewonnene Chlorophyl auf dem Tuch sammeln, kühlen und unter die Fischfarce rühren. Eine Variante hierzu ist es, blanchierten Spinat mit den Bestandteilen der Farce einzufrieren und mit dem dem Paco-Jet zuzubereiten.

Safranfarce:

Einige Safranfäden in Sahne aufkochen lassen und diese dickflüssig reduzieren. Nach dem Erkalten unter die Fischfarce rühren.

Sepiafarce:

Die schwarze Farbe, Sepiatinte, wird in kleinen 10-g-Päckchen angeboten. Den Inhalt direkt unter die Farce rühren.

Zanderfarce mit dem Paco-Jet herstellen

Wegen der einfachen Handhabung spricht man von
einem Revoluzzer unter den Küchenmaschinen. Durch
das Einfrieren des Fischfleisches und die Verarbeitung im
gefrorenen Zustand ist ein Gerinnen der Farce kaum
mehr möglich. Das gewürfelte Fischfleisch wird gewürzt
und zusammen mit der Sahne und dem Eiweiß
gemischt. Anschließend wird die Masse 24 Stunden bei
–22 °C tiefgefroren. Färbezutaten können auch vor dem
Frosten zugegeben werden. Die weitere Zubereitung
erfolgt dann, wie in der Bildfolge beschrieben.

Zutaten:
400 g schieres Zanderfilet
Salz, weißer Pfeffer aus der Mühle
1 Hühnereiweiß
350 ml Sahne
2 EL geschlagene Sahne

**Das vorbereitete Gefäß aus
dem Tiefkühler holen und in
den Becherträger stellen.**

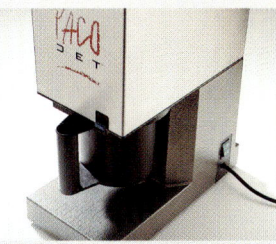

**Den Becher in die Küchen-
maschine einspannen und
den „Pacosierungsvorgang"
starten.**

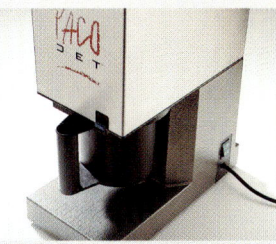

**Die fertige Farce im Becher
umrühren, die geschlagene
Sahne unterheben und ein
kleines Probeklößchen garen.**

Gefüllte Fische

Wenn es ans Füllen und Verpacken von Fischen geht, ist wiederum Fingerfertigkeit gefragt. In unseren Beispielen wird ein Zander im ganzen gefüllt und ein Lachsfilet in eine Briocheteighülle geschlagen. Beide Zubereitungen sind optische Blickpunkte am Büfett.

Den Fisch schuppen, die Flossen entfernen und die gesäuberte Bauchhöhle mit feinem Zwirn vernähen.

Mit einem scharfen Messer links und rechts der Rückenflosse einschneiden und die Wirbelsäule freilegen.

Zandergalantine

Zur Herstellung einer Galantine eignen sich besonders Fische mit festem Fleisch. Für die nachfolgende Zubereitung sollte der Fisch im ganzen, d. h. unausgenommen gekauft werden. Dies ist jedoch nur noch direkt vom Fischer möglich, da es in Zukunft nicht mehr gestattet ist, geschlossene Fische in den Handel zu bringen. Zur Herstellung der Lachsroulade die blanchierten Spinatblätter rechteckig auf ein Tuch drapieren. Den Spinat leicht würzen und mit der Zanderfarce bestreichen. Das Lachsfilet in Streifen schneiden, würzen und dann als Kern auf die Roulade geben. Diese mit Hilfe eines Tuches zusammenrollen und bis zur weiteren Verarbeitung kalt stellen. Den weiteren Ablauf können Sie der Bildfolge entnehmen.

Den fertigen Zander in einem gewürzten Fischsud bei 70 bis 80 °C 30 bis 35 Minuten gar ziehen lassen oder bei gleicher Temperatur und Dauer im Dampfgarer zubereiten. Die Zandergalantine über Nacht auskühlen lassen, das anhaftende Gelee und Eiweiß abwaschen sowie den Zwirn entfernen. Zum Tranchieren den Fisch dicht hinter dem Kopf durchtrennen und das Mittelstück in Scheiben schneiden. Das Schwanzstück ebenfalls ganz lassen und zusammen mit dem Kopf garnieren und dekorieren. Als Garnitur eignen sich blanchierter Sellerie und Trüffeln oder für Schaustückzwecke Garniermasse.

Mit tiefen Einschnitten entlang der Wirbelsäule schneiden, ohne das wertvolle Fischfleisch zu verletzen.

An der gewölbten Bauchgräte entlangschneiden, bis das Skelett völlig freiliegt.

Das Rückgrat am Schwanz und dicht hinter dem Kopf durchtrennen und entfernen.

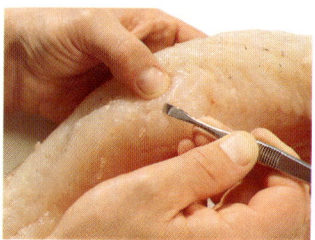

Die feinen Gräten mit den Fingern ertasten und mit einer Fischpinzette entfernen.

Zutaten:
1 Zander von 1,5 kg
Salz, frisch gemahlener weißer Pfeffer
2 bis 3 EL Zanderfarce
eine Handvoll blanchierte Spinatblätter
150 g Lachsfilet
250 g Safranfarce
(Zubereitung Farcen siehe Seiten 74/75/76)

Die Bauchhöhle würzen und mit etwas Safranfarce bestücken. Die vorbereitete Lachsroulade einlegen und mit Farce bestreichen.

Den Zander schließen und mit Küchengarn rollbratenähnlich binden.

Lachsfilet im Briocheteig

Die Fischform wird durch den Teig symbolisiert. Das Innenleben ist ein gegartes Lachsfilet mit drei verschiedenen Fischfarcen. Die Zutaten des Briocheteiges wie einen Hefeteig verarbeiten. Bis zur Verarbeitung in ein feuchtes Tuch gehüllt kühlen. Die Zubereitung erfolgt wie in der Bildfolge beschrieben. Gegart wird der eingepackte Lachs 20 bis 25 Minuten im vorgeheizten Backofen bei 180 °C.

Danach auskühlen lassen und in Tranchen schneiden. Dazu kann eine kalte Kräuter- oder Hummersauce serviert werden.

Zutaten:
500 g Lachsfilet ohne Haut und Gräten
Salz, weißer Pfeffer aus der Mühle
je 200 g Lachsfarce, weiße Farce und Spinatfarce
(siehe Seite 76)

Teig:
550 g Mehl
30 g frische Hefe
200 ml Milch
1 Ei, 60 g flüssige Butter
je 1 Prise Salz und Muskatnuß

Außerdem:
1 Eigelb zum Bestreichen

Den Briocheteig 5 mm stark ausrollen. Mit dem Filet Maß nehmen und einen Rand von 6 cm Breite einberechnen.

Den Boden in Fischform entsprechend ausschneiden. Hierbei ist eine Schablone aus Pergamentpapier sehr hilfreich.

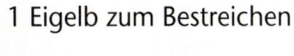

Den Mittelteil mit der Hälfte der Lachsfarce versehen, anschließend die Hälfte der weißen Farce darübergeben.

Als dritte Farbe die halbe Spinatfarce darauf streichen, das Lachsfilet würzen und mittig aufsetzen.

Nun die restlichen Farcen in umgekehrter Reihenfolge darübergeben und die Ränder glätten.

Aus dem restlichen Teig einen Deckel schneiden und auflegen. Dabei die Teigränder mit Eigelb verkleben.

Aus den Teigabschnitten Flosse, Auge und Mund formen und die Oberfläche garnieren. Die Schuppen mit einer Schere einschneiden.

Den verpackten Fisch auf ein Backblech setzen und mit dem verquirlten Eigelb bepinseln.

Herstellung von Fischterrinen und Sülzen

Klassiker, die, etwas moderner verpackt, Höhepunkte eines jeden Büfetts sind. Die Farcen für Terrinen sind leichter geworden, das Gesamtbild farbenfroher, und sie sind zarter im Geschmack. Fischsülzen werden mit knackigem Gemüse versehen, und das Gelee ist leichter und frischer geworden. Zwei Beispiele sollen Ihnen Anregung zur Herstellung geben.

Steinbutt-Flußkrebs-Terrine

Zutaten:
200 g Safranfarce vom Steinbutt
150 g Kräuter- oder Spinatfarce vom Steinbutt
200 g Farce von frischen Flußkrebsen oder Garnelen
(Zubereitung von Fischfarcen siehe Seite 74/75)
250 g gekochte, geputzte Krebsschwänze
300 g Steinbuttfilet
Butter zum Ausstreichen der Form
Salz, weißer Pfeffer aus der Mühle

Zur Zubereitung der Fischterrine benötigt man eine feuerfeste Terrinenform mit einer Füllmenge von etwa 1 kg. Zur Vorbereitung die einzelnen Farcen herstellen und abschmecken. Die Bestandteile der Kräuterfarce sollten nicht zu dominierend sein, d. h., nur feine Kräuter wie Kerbel, Estragon und wenig Dill sollten verwendet werden. Kleine Anteile von jungem Spinat sind ebenfalls möglich. Die Zubereitung erfolgt wie in der Bildfolge erläutert.
Die Terrine im Wasserbad bei 80 °C Wassertemperatur und einer Backofentemperatur von 180 °C etwa 40 bis 45 Minuten garen. Danach herausnehmen und über Nacht vollkommen auskühlen lassen. Zum Stürzen den Deckel abnehmen, die Folie öffnen und die Fischterrine auf die Arbeitsfläche gleiten lassen. Dann die Folie vollkommen abziehen. Zum Aufbewahren die Terrine in Frischhaltefolie einschlagen oder schwach vakuumverpacken. Zum Garen eignen sich ebenfalls die Garverfahren im Kombidämpfer oder Steamer. Dazu paßt eine Kaviarsahne sowie Kräuter- oder Senfsauce.

Die Terrinenform mit einem zurechtgeschnittenen Stück Alufolie auslegen und glätten. Dann die Form mit Butter ausstreichen.

Zuerst die Form mit einer dünnen Schicht Safranfarce, etwa ²/₃ der Masse, auskleiden.

Anschließend die vorbereiteten Flußkrebse unter die Garnelenfarce geben, ebenfalls in die Form einbetten und glattstreichen.

Der zurückgebliebene Hohlraum mit der Hälfte der Kräuterfarce füllen. Das Steinbuttfilet in Stücke schneiden, salzen, pfeffern und einsetzen.

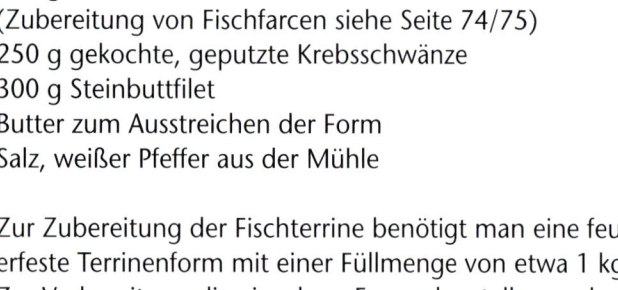

Die Terrine in umgekehrter Reihenfolge, Kräuter-, Garnelen- und Safranfarce, auffüllen und mehrmals auf die Arbeitsfläche aufklopfen.

Die überlappenden Folienränder darüberschlagen und die Form mit dem Deckel verschließen.

Sülze von Atlantikfischen

Die Zusammenstellung der Zutaten kann je nach Markt-
angebot variieren und sollte in etwa einer klassischen
Bouillabaisse entsprechen.
Es eignen sich festfleischige Fische wie zum Beispiel
Drachenkopf, Petersfisch, Knurrhahn, Seeteufel, Merlan,
Rotbarbe usw. sowie gekochte Languste oder Hummer.
Es empfiehlt sich, die portionierten Fische in einem kräf-
tigen Würzsud zu garen, der später zu Gelee verarbeitet
wird.

Zutaten:
600 bis 800 g frische Atlantikfische
1,5 l Fischfond
100 g feingewürfelte Karotten
je 80 g feingewürfelter Stangensellerie und Fenchel
evtl. etwas Fenchelkraut
Salz
1 Msp. Safranfäden
einige Spritzer Anisée

Eine Tunnelform mit einer Füllmenge von etwa 700 ml mit Klarsichtfolie auskleiden.

Etwas von dem vorbereiteten Gelee eingießen. Dann im Kühlschrank leicht anziehen lassen.

Nach und nach die vorbereiteten Fische und Krustentiere einfüllen, mit Gelee bedecken und stocken lassen.

Die Fische in etwa 1,5 cm große Würfel schneiden und
den Fischfond zum Kochen bringen. Nach und nach die
einzelnen Fische mit Salz würzen und im Sud gar ziehen. Danach herausnehmen und abkühlen lassen. Das
Gemüse ebenfalls darin garen, mit der Schaumkelle herausnehmen und in kaltem Wasser abschrecken. Aus dem
Garfond unter Zugabe des Safrans ein Fischgelee herstellen, wie auf Seite 41 beschrieben. Das Gelee mit Salz
und Anisée abschmecken und bereithalten.
Vor dem Einfüllen die Krustentiere würfeln und, wenn
vorhanden, etwas Fenchelkraut kleinhacken. Das Gelee
mit den Gemüsen und evtl. dem Fenchelkraut mischen.
Die Sülze wie nachstehend beschrieben einsetzen.
Anschließend die Sülze mit der Folie abdecken und
mehrere Stunden durchkühlen lassen. Die Atlantik-
fischsülze stürzen, die Folie entfernen und mit einem in
heißes Wasser getauchten dünnen Messer portionieren.
Zur Sülze kann eine Aïoli oder Senfsauce serviert
werden.

Gefüllte Hummerschwänze

Es empfiehlt sich, für diese elegante Vorspeise kleine Hummer auszuwählen, um die Portionsgrößen klein zu halten.

Zutaten:
5 kleine Hummer (400 bis maximal 600 g)
150 g dünne Bandnudeln oder Spaghettini
Salz
Abrieb und Saft einer unbehandelten Orange
2 EL Crème fraîche
1 Prise gemahlener oder gestoßener rosa Pfeffer
10 ml Olivenöl
$^1/_2$ kleiner Zucchino
100 g Zuckerschoten
einige Blätter Estragon
5 g Trüffel, in Rauten oder Tropfen geschnitten

Die Hummer in sprudelndes, kochendes Salzwasser geben, den Deckel schließen, bis das Wasser erneut zu kochen beginnt. Die Hitze reduzieren und die Krustentiere 8 Minuten simmern lassen. Anschließend herausnehmen, kurz abschrecken und auskühlen lassen. In der Zwischenzeit die Nudeln mit leichtem Biß in Salzwasser garen, abgießen und mit kaltem Wasser abschrecken. Den Saft der Orange zusammen mit dem Abrieb in ein Töpfchen schütten und auf einen Eßlöffel herunterreduzieren.
Den Zitrussaft in eine Schüssel geben, die Crème fraîche unterrühren und mit Salz und Pfeffer würzen. Zum Schluß das Olivenöl unterschlagen. Die Schale des Zucchino in breiten Streifen abschneiden und aus dem Grün kleine Rauten schneiden. Ein Töpfchen mit Wasser zum Kochen bringen, den Zucchino hierin blanchieren und anschließend die geputzten Zuckerschoten darin kochen. Das Gemüse in Eiswasser abschrecken und zwei Drittel der Zuckerschoten in feine Streifen schneiden, den Rest in Rauten zerteilen. Nun die gekochten Nudeln und die Gemüsestreifen zum vorbereiteten Dressing geben, vermengen und kalt stellen.
Den Hummer zerteilen und füllen, wie in der Bildfolge beschrieben.

Den Hummerschwanz vom Kopf trennen und mit einer Schere den unteren Teil des Panzers aufschneiden.

Das Hummerfleisch herausnehmen, die Karkasse längs halbieren. Die Scheren und Gelenke ausbrechen und das Fleisch würfeln.

Die Schalen säubern und trocknen. Den Estragon schneiden, zusammen mit den Hummerwürfeln zum Salat geben, die Schalen damit füllen.

Die Hummer in Scheiben schneiden, seitlich der Karkasse Zuckerschoten einstecken und die Medaillons darauf garnieren.

Die Hummermedaillons mit den Zucchinirauten und Trüffeln garnieren.

Jakobsmuscheln auf mariniertem Gemüse

Dies ist ganz sicherlich nicht nur eine geschmackliche, sondern auch eine optische Abwechslung bei der Büfettzusammenstellung.

Zutaten:
12 frische Jakobsmuscheln in der Schale
1 rote Paprikaschote
1 gelbe Paprikaschote
2 kleine Zucchini
3 Tomaten
2 Knoblauchzehen
2 Schalotten
4 EL Olivenöl
1 Zweig Thymian
Salz, weißer Pfeffer aus der Mühle
$1/8$ l Geflügelfond
einige Spritzer Aceto Balsamico
Saft von $1/2$ Limette
einige Blätter Basilikum

Die Jakobsmuscheln öffnen, das Muschelfleisch vom Muskel lösen und in eine Schüssel geben. Die Muscheln unter fließendem kaltem Wasser 10 bis 15 Minuten wässern. In der Zwischenzeit die Schalen gut waschen und trocknen lassen.

Das Gemüse zubereiten. Die Paprika waschen, halbieren, putzen und in kleine Würfelchen schneiden. Die Zucchini waschen, in 1 cm dicke Scheiben schneiden und ebenfalls würfeln. Als nächstes die Tomaten in kochendem Wasser blanchieren, abschrecken und häuten. Danach vierteln, vom Kerngehäuse befreien und das Fruchtfleisch würfeln.

1 Knoblauchzehe und die Schalotten schälen und fein schneiden. Die Hälfte des Olivenöls in einem flachen Topf erhitzen und den Knoblauch sowie die Schalotten darin glasig schwitzen. Im Anschluß daran die Paprika- und Zucchiniwürfel zugeben, mit Salz und Pfeffer würzen und den Thymian beigeben. Das Gemüse anschwitzen lassen und mit dem Geflügelfond aufgießen. Bei reduzierter Hitze den Fond vollkommen reduzieren, bis das Gemüse erneut zu braten beginnt. Den Topf zur Seite ziehen, das Gemüse mit Aceto Balsamico abschmecken, die Tomatenwürfel zugeben und erkalten lassen. Nun die Jakobsmuscheln aus dem Wasser nehmen, trockentupfen und mit dem Limettensaft beträufeln. Einige Minuten später mit Salz und Pfeffer würzen und bei geringer Hitze im verbleibenden Olivenöl und dem weiteren, halbierten Knoblauch braten. Das Muschelfleisch ebenfalls erkalten lassen.

12 kleine Basilikumblättchen heraussuchen und beiseite legen. 4 bis 5 Blättchen in Streifen schneiden und unter das marinierte Gemüse geben. Dieses in den gesäuberten Jakobsmuschelschalen anrichten. Je 1 gebratene Muschel daraufgeben, leicht in das Gemüse hineindrücken und mit den zurückgehaltenen Blättchen garnieren.

Zum besseren Stand auf der Büfettplatte können die Muschelschalen auf kleine, ausgehöhlte Gurkenscheiben gesetzt werden.

Gugelhupf vom Räucherlachs

Dies ist bestimmt eine nicht alltägliche Vorspeisenvariante. Sie erfüllt eine Fischplatte durch ihre angenehme Leichtigkeit und die leuchtende Farbe des Lachses mit erfreulicher Lebhaftigkeit.

Zutaten:
1 Seite Räucherlachs, unpariert (etwa 1 kg)
350 ml Tomatengelee, schnittfest (siehe Seite 45)
2 EL Tomatenwürfelchen
1 TL feingeschnittener Dill
Mousse:
250 g Butter
125 ml trockener Wermut
250 ml trockener Sekt
1 l Geflügelfond
1 Zweig Thymian
1,6 l Sahne
11 Blatt weiße Gelatine
Salz
1 Prise Cayennepfeffer
einige Spritzer Zitronensaft

Zur Vorbereitung den Lachs parieren, d. h. die Gräten und die trockene Haut herunterschneiden. Ebenfalls die Gräten am Lachskopf entfernen. Die fetten Seitenstränge an Rücken und Bauchlappen etwa 1 bis 2 cm breit abschneiden. Die Fischparüren in eine Schüssel geben und unter fließendem kaltem Wasser wässern.
In der Zwischenzeit eine Gugelhupfform (Napfkuchen) mit 22 cm Ø und etwa 3 l Fassungsvermögen kalt ausspülen. Die Form mit Klarsichtfolie auslegen.
Den Räucherlachs in große, dünne Scheiben schneiden. Die Form mit den größten Scheiben auslegen, dabei auch den Tunnel verhüllen. 5 bis 6 Scheiben zum Verschließen der Form zurückhalten und zusammen mit der Form kalt stellen. Den restlichen Lachs in feine Würfelchen zerteilen.
In der Zwischenzeit mit der Zubereitung der Mousse beginnen. Hierfür die gewässerten Lachsabschnitte auf einem Küchentuch trocknen und kleinschneiden.
Einen flachen Topf ohne Fett erhitzen und die Lachsparüren zugeben. Nach kurzem Angehen 200 g Butter zugeben, aufschäumen lassen und mit dem Wermut und dem Sekt ablöschen. Den Thymian zugeben, die Flüssigkeit ein wenig einkochen und anschließend den

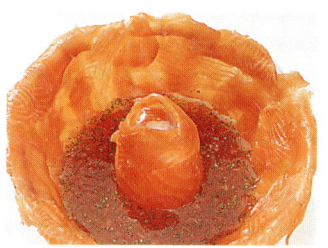

Das kalte, noch flüssige Gelee mit Tomaten und Dill verrühren und in die vorbereitete Form gießen. Erneut kühlen und stocken lassen.

Beginnt die Lachssauce zu gelieren, die geschlagene Sahne unterziehen, die restlichen Lachswürfel zugeben und ebenfalls einfüllen.

Geflügelfond hinzufügen. Nun die Hitze herabsetzen und den Inhalt auf etwa die Hälfte reduzieren. Den Fond passieren, erneut zum Kochen bringen und 1 l Sahne aufgießen. Die Lachssauce bei mäßiger Hitze auf 1 l einkochen lassen und zur Seite ziehen.
Nebenbei die Gelatine in kaltem Wasser einweichen. Nun die Oberfläche der Sauce abfetten und mit dem Pürierstab 50 g kalte Butter untermontieren. Die Hälfte der Lachswürfelchen zugeben und pürieren. Die Sauce mit Salz, Cayennepfeffer und Zitrone würzen und abschmecken. Anschließend die Gelatine ausdrücken, mit dem Schneebesen unterrühren, die Sauce in eine Schüssel passieren und kühlen. Danach 600 ml Sahne steif schlagen und bereithalten. Wie in der Bildfolge erläutert fortfahren. Danach die Mousse stocken lassen und die Oberfläche mit den zurückgehaltenen Lachsscheiben verschließen. 1 bis 2 Stunden stabilisieren, danach vorsichtig stürzen und die Folie abziehen.
Je nach Einsatz am Büfett den Gugelhupf vom Räucherlachs zum Teil oder vollkommen aufschneiden. Dies funktioniert am besten mit einem dünnen Messer, das zuvor in heißes Wasser getaucht wurde. Den Gugelhupf mit einer feinen Vinaigrette, beispielsweise aus Avocadowürfeln, Tomaten und Basilikum, servieren.

Lachstatar

Eine abwechslungsreiche, leichte Variante für jedes Fischbüfett. In Form von kleinen Glückskäfern lockern sie das Bild der angerichteten Platten auf. Diese Zubereitung sollte jedoch nicht längere Zeit ohne Kühlung auf einem Büfett stehen.

Zutaten für das Tatar:
500 g Lachsfilet ohne Haut und Gräten
1 Schalotte
Salz, weißer Pfeffer aus der Mühle
Saft von $1/2$ Limette
1 EL Olivenöl
10 große Scheiben Gravedlachs
Außerdem:
2 TL Belugakaviar

Das Lachsfilet von Fettpolstern befreien und gut kühlen. Danach das Fischfleisch zuerst in Scheiben, Streifen und anschließend in feine Würfelchen schneiden (nicht hakken). Den Fisch in eine Schüssel geben und erneut kalt stellen. Anschließend wie in der Bildfolge beschrieben fortfahren. Dazu kann eine Tomaten-Basilikum-Vinaigrette, Senfsauce oder Kaviarsahne gereicht werden.

10 kleine Förmchen mit je einer Scheibe Gravedlachs auslegen.

Den vorbereiteten Lachs salzen, pfeffern und die feingeschnittene Schalotte zugeben. Vermengen, mit Limettensaft und Öl abschmecken.

Das Tatar einfüllen, die Lachsränder darüberschlagen und stürzen. Leicht in eine ovale Form bringen und mit dem Kaviar garnieren.

85

Herstellen eines Steinbutt-Schaustückes

Dies ist ein Schaustück, das sehr viel Zeitaufwand benötigt und handwerkliches Können voraussetzt. Als Einzelplatte präsentiert oder als Prunkstück einer Fischplatte, handelt es sich zweifellos um einen Klassiker der kalten Küche. Man wählt einen Steinbutt mittlerer Größe und achtet schon beim Einkauf darauf, daß die Haut keine Einschnitte oder Verletzungen aufweist. Die Füllung der Karkasse kann beliebig variieren. Reis-, Gemüse-, Sellerie- oder Nudelsalate sind geeignete Sockel wie auch eine passende Mousse.

Zutaten:

1 Steinbutt 2,5 bis 3 kg
Salz, weißer Pfeffer, 3 EL flüssige Butter
250 g Lachsfarce
30 g gewürfelter schwarzer Trüffel
3 bis 4 blanchierte Mangoldblätter (oder Wirsing)
100 g Safranfarce
60 g gekochtes Hummerfleisch
(Languste- oder Krebsfleisch)
4 l Fischsud zum Pochieren
0,3 l Fischgelee zum Überglänzen
Zum Füllen der Karkasse:
1 kg Reissalat mit Gemüse

Dekoration:

Frische junge Gemüse wie Karotten, Erbsen, Zuckerschoten, Spargelspitzen, Paprika, Navetten, Kirschtomaten, Zucchini usw. Eigelbmousse oder Chaudfroid zum Spritzen der Ornamente.

Die Zubereitung erfolgt wie in den nebenstehenden Bildfolgen beschrieben.

Die zurückbleibende Karkasse des Steinbutts säubern und einige Minuten wässern. In der Zwischenzeit den Fischfond in einem entsprechend großen Bräter zum Kochen bringen und zur Seite ziehen. (Zur Sicherheit kann die Karkasse auf ein kleines Gitter gebunden werden, damit sie sich beim Garen nicht wölbt.)

Die Karkasse langsam in den Sud geben und einige Minuten ziehen lassen. Anschließend herausnehmen, geronnenes Eiweiß mit kaltem Wasser abspülen und die Karkasse kalt stellen. Im Anschluß daran den Fischfond in einen langen, schmalen Fischtopf passieren und beiseite stellen.

Aus den Steinbuttfilets und den restlichen Zutaten eine Roulade herstellen. Zum Garen den Fischsud zum Kochen bringen und die Roulade 30 bis 35 Minuten bei 70 bis 80 °C garen.

Die fertige Steinbuttroulade über Nacht im Fond auskühlen lassen, aus dem Tuch herausnehmen und anhaftendes Gelee abwaschen. Danach in Scheiben schneiden und zusammen mit der vorbereiteten Fischkarkasse überglänzen. Nun das Schaustück wie in der Bildfolge dargestellt zusammensetzen.

Den Fisch von den Augen entlang des Kopfes bis hin zur Mittelgräte einschneiden, auf der dunklen Hautseite beginnend.

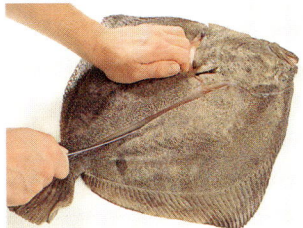

Den Schnitt bis hin zum Schwanz fortführen, dabei Haut und Fleisch bis zum Knochen durchtrennen.

Nun die Haut entlang des Flossensaumes einschneiden. Nur so läßt sich das Filet im Anschluß sauber loslösen.

Das Fischfilet an der Einschnittlinie anheben und entlang des Knochengerüstes bis hin zum eingeschnittenen Flossensaum lösen.

Das zweite Filet auf die gleiche Art und Weise entfernen und ebenso die gegenüberliegenden weißen Fischseiten.

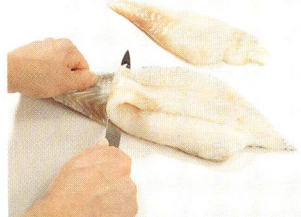

Die Filets mit der Hautseite auf die Arbeitsfläche legen. Mit einem dünnen Messer zwischen Haut und Fleisch einschneiden und das Fischfleisch abtrennen.

Die Steinbuttfilets von der dicken Seite her bis zur Mitte taschenähnlich einschneiden und aufklappen.

Ein feuchtes Küchentuch mit der Butter bepinseln, die Filets leicht plattieren und zu einem Rechteck anordnen.

Das Fischfleisch mit Salz und Pfeffer würzen, die Lachsfarce mit den Trüffelwürfeln vermengen und dünn auf den Filets verteilen.

Die Gemüseblätter daraufgeben und im unteren Drittel die Safranfarce aufspritzen. Das Hummerfleisch in Stücke geschnitten einsetzen.

Mit dem Tuch den Fisch zu einer Roulade formen und straffziehen.

Die Roulade mit Küchenzwirn verschnüren, ähnlich wie bei einem Rollbraten.

Den Hohlraum des ausgelösten Fischfleisches bis hin zum Flossensaum mit dem Salat füllen und glätten.

Die Rouladenscheiben beidseitig vom Kopf zum Schwanz fächerförmig auflegen.

Die Mittelgräte und den Kopf mit frischen, gegarten Gemüsen garnieren und mit Gelee überglänzen.

Den Flossensaum nach Belieben mit Ornamenten verzieren und garnieren.

5

Kalte Saucen zum Büfett

Kalte Saucen zum Büfett

Entsprechend den kalten Platten werden Saucen als Begleiter gewählt. Sie finden ihren Platz in den Zwischenräumen des Büfetts mit der Empfehlung für die einzelnen Speisen. Kreativität in der Zusammenstellung ist hier ebenso gern gesehen wie bei der Auswahl der Platten. Die Rezepturen sind für 10 Personen berechnet.

Mayonnaise

Die Mayonnaise ist eine Emulsion von Eigelb und Öl. Die Zutaten müssen temperiert sein, um miteinander emulgieren zu können. Diese Grundrezeptur ist die Basis vieler klassischer Saucen und kann in größeren Mengen zubereitet werden.

Zutaten:
3 Eigelb
1 Msp. Senf
1 Prise Salz, frisch gemahlener weißer Pfeffer
einige Tropfen Zitronensaft
500 ml Speiseöl
1 EL lauwarmes Wasser

Die Eigelbe in eine Schüssel geben und mit den Zutaten Senf, Salz, Pfeffer und Zitrone verquirlen. Unter kräftigem Rühren mit dem Schneebesen das Öl tropfenweise zugeben und unterarbeiten. Nachdem etwa ein Drittel des Öls untergeschlagen wurde, das restliche Öl in einem dünnen Faden unterrühren. Zum Schluß das warme Wasser mit den übrigen Zutaten vermischen, um die Emulsion der Mayonnaise zu stabilisieren.

Aïoli

Die einfachste Ableitung des Grundrezeptes ist eine Knoblauchmayonnaise und paßt hervorragend zu Krustentieren, kaltem Fisch sowie Gemüse.

Zutaten:
Menge wie Grundrezept Mayonnaise
2 bis 3 Knoblauchzehen
1 Prise Cayennepfeffer
einige Spritzer Zitronensaft

Den Knoblauch fein schneiden und zusammen mit den restlichen Zutaten unter die Mayonnaise rühren. Sollte die Sauce zu dickflüssig sein, kann etwas lauwarme Brühe untergeschlagen werden.

Grüne Sauce

Zarte Kräuter verleihen ihr ein besonderes Aroma.
Ein idealer Begleiter zu Fisch, Eierspeisen, Gemüse und
hellen Fleischsorten.

Zutaten:
$1/2$ Menge des Grundrezeptes Mayonnaise
100 g Naturjoghurt
100 g Crème fraîche
eine Handvoll frische, feingeschnittene Kräuter
(Petersilie, Dill, Schnittlauch, Kerbel, Estragon,
Sauerampfer, Pimpinelle, Borretsch)
Saft von einer $1/2$ Zitrone oder Limette
Salz, frisch gemahlener weißer Pfeffer

Die Mayonnaise mit dem Joghurt und der Crème fraîche
verrühren. Die Kräuter zugeben und die Sauce mit dem
Zitronensaft und den Gewürzen abschmecken. Soll die
Sauce nur zu Fischgerichten verwendet werden, kann
ein Teil der Crème fraîche und des Joghurts durch kalte
Fischvelouté ersetzt werden. Eine weitere Variante wäre
das Verfeinern mit feingeschnittenen Zwiebeln und
gehacktem Ei.

Cocktailsauce

Durch den süßlich pikanten Geschmack eignet sich
diese Sauce besonders zu Krustentieren, Fisch und
hellen Fleischsorten.

Zutaten:
$2/3$ der Menge des Grundrezeptes Mayonnaise
4 EL Tomatenketchup
1 TL Meerrettich
einige Spritzer Zitronensaft
1 Prise Cayennepfeffer
Salz
1 cl Cognac

Die Mayonnaise mit dem Tomatenketchup verrühren.
Danach den Meerrettich und die restlichen Zutaten beifügen und untermischen. Zum Verfeinern der Sauce
können Extrakte von Hummer oder Krustentieren, Curry
oder Fruchtsäfte zugefügt werden.

Remouladensauce

Dies ist eine der bekanntesten Varianten der Mayonnaise mit pikantem Geschmack. Sie eignet sich als Begleiter von kaltem Fisch, Roastbeef oder kaltem Braten, Schinken und Eierspeisen.

Zutaten:
Menge wie Grundrezept Mayonnaise von Seite 90
50 g Gewürzgurken
1 TL Kapern
1 Sardellenfilet
$^1/_2$ TL Senf
Salz, frisch gemahlener weißer Pfeffer
2 EL feingeschnittene Kräuter (Petersilie, Kerbel, Estragon)

Die Gewürzgurken schälen und in kleine Würfelchen zerteilen. Kapern und Sardellenfilet fein hacken. Den Senf mit etwas Mayonnaise glattrühren und die Zutaten der Sauce hinzufügen. Nun die restliche Mayonnaise unterrühren und die Sauce abschmecken. Nach Belieben mit Worcestershiresauce und Zitronensaft verfeinern.

Senfsauce

Eine pikante Saucenvariante mit süßlichem Nachgeschmack. Sie eignet sich besonders zu kaltem gebratenem Fleisch, Fisch und Geflügel.

Zutaten:
1 TL Senfkörner
$^1/_2$ l Apfelsaft
$^1/_2$ Menge des Grundrezeptes Mayonnaise von Seite 90
2 TL Dijon-Senf
150 g Sauerrahm
je 1 Prise Zucker und frisch gemahlener weißer Pfeffer

Die Senfkörner $^1/_2$ Tag in kaltem Wasser einweichen. Danach abschütten und zusammen mit dem Apfelsaft zum Kochen bringen. Die Körner 30 Minuten simmern lassen, abgießen und abbrausen. Die Mayonnaise mit dem Dijon-Senf und dem Sauerrahm glattrühren und die gekochten Senfkörner zugeben. Nach Belieben mit Zitronensaft, einer Prise Zucker und Pfeffer nachwürzen. Zum Verfeinern können feine Kräuter wie zum Beispiel Estragon oder Kerbel zugegeben werden.

Pfefferminzsauce

Ihre englische Herkunft läßt sich kaum leugnen. Als Beigabe zu kaltem, gebratenem oder gekochtem Lammfleisch ist sie wohl einmalig. Die Wahl der Essigsorte ist bei der Zubereitung mit am wichtigsten. Feinste und milde Weißweinessige stützen das Aroma der Pfefferminze.

Zutaten:
100 g frische Pfefferminzblätter
50 g Kristallzucker
150 ml Weißweinessig
15 cl Wasser
1 Prise Salz

Die Minze waschen, trocknen und mit einem Teil des Zuckers in einem Mörser fein zerreiben. Den Essig mit dem Wasser zum Kochen bringen und den restlichen Zucker darin auflösen. Die Minze hinzufügen, zur Seite ziehen und mit Salz würzen. Anschließend die Sauce erkalten lassen. Als Variante kann der Sauce etwas Lammjus oder -glace zugegeben werden.

Cumberlandsauce

Ein Klassiker der kalten Saucen. Serviert zu Wild, kaltem Braten und Geflügel.

Zutaten:
je 1 unbehandelte Orange und Zitrone
$1/8$ l Rotwein
2 cl Portwein
125 g rotes Johannisbeergelee
150 g Preiselbeerkonfitüre
je 1 Msp. Cayennepfeffer, Ingwerpulver,
englisches Senfpulver
1 TL Speisestärke

Die Zitrusfrüchte unter heißem Wasser abwaschen und trockenreiben. Mit dem Fadenschneider feine Streifen von den Zitrusschalen abziehen. Diese in kochendem Wasser kurz blanchieren und abschrecken. Den Rotwein sowie den Portwein in eine Sauteuse schütten und die Zitrusjulienne zufügen. Bei schwacher Hitze 6 bis 10 Minuten köcheln lassen. Das Johannisbeergelee und die Preiselbeerkonfitüre durch ein Sieb streichen und in eine Schüssel geben. Die Julienne aus der Flüssigkeit nehmen und beiseite stellen. Den Saft der Zitrusfrüchte auspressen und zum Wein gießen. Die Flüssigkeit zum Kochen bringen und das vorbereitete Gelee hinzufügen. Die Sauce einmal kräftig aufkochen, mit den Gewürzen abschmecken und die Julienne hinzugeben. Die Speisestärke in wenig Wasser anrühren und die Sauce damit sämig abbinden. Die Cumberlandsauce kalt servieren.

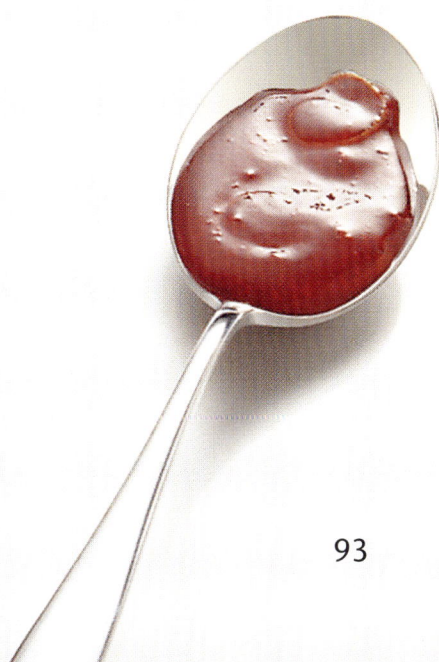

Feigensauce

Das Aroma frischer Feigen und der Duft von frischer Pfefferminze vereinen sich in dieser Sauce. Wildgerichte, Pasteten und Schinkenspezialitäten sind die geeigneten Partner.

Zutaten:
200 ml Rotwein
8 cl roter Portwein
2 EL Zucker
1 Msp. Ingwerpulver
12 bis 15 frische Feigen
einige Blätter frische Pfefferminze

Den Rot- und Portwein in einen Topf geben und zum Kochen bringen. Zucker und Ingwerpulver zugeben und 5 Minuten köcheln lassen. In der Zwischenzeit die Feigen schälen und in Scheiben schneiden. Die Früchte zur Flüssigkeit geben und weitere 5 Minuten köcheln. Anschließend die Sauce durch ein Sieb streichen und erkalten lassen. Vor dem Servieren die Pfefferminze in feine Streifen zerteilen und unter die Sauce rühren.

Orangensauce

Eine Orangensauce mit angenehm bitterem Geschmack. Sie ist eine hervorragende Kombination zu Geflügel und auch Pasteten.

Zutaten:
1 kg unbehandelte Orangen
1 walnußgroßes Stück frischer Ingwer
200 g Zucker
weißer Pfeffer aus der Mühle
50 ml Weißweinessig
2 TL Speisestärke

Die Orangen mit heißem Wasser waschen und trocknen. Die Schale von 3 Orangen mit dem Fadenschneider abschälen und die Streifen beiseite stellen. Alle Orangen so mit dem Messer schälen, daß die weiße Haut vollkommen entfernt ist. Dann die Orangen in etwa 1 cm dicke Scheiben schneiden und diese Scheiben anschließend achteln. Eventuell vorhandene Kerne entfernen. Den Ingwer schälen und in feinste Streifchen zerteilen. Nun den Zucker in einem Topf karamelisieren lassen, den Ingwer und die Orangen zugeben und umrühren. Die Schalenstreifen beifügen und die Früchte mit etwas gemahlenem Pfeffer bestreuen. Mit dem Essig ablöschen und die Sauce bei reduzierter Hitze 30 Minuten köcheln lassen. Sollte die Flüssigkeit zu stark reduzieren, ein wenig Wasser zugeben. Die Speisestärke in etwas kaltem Wasser glattrühren und die Orangensauce sämig damit binden. Eine herzhafte Variante entsteht, wenn man die Hälfte der Orangen durch Pomeranzen (Bitterorangen) ersetzt.

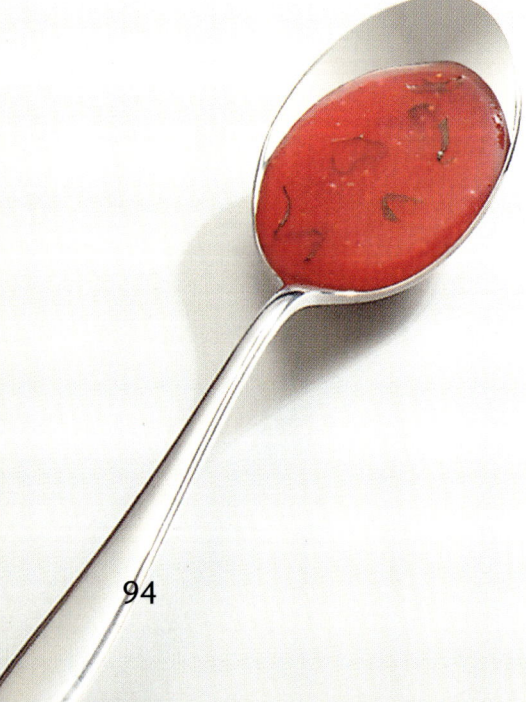

Beerensauce mit grünem Pfeffer

Pikante Schärfe und angenehme Süße zeichnen die Sauce aus. Als Begleiter dunkler Fleischsorten, Pasteten und Terrinen kommt sie bestens zur Geltung.

Zutaten:
1 daumengroßes Stück frischer Ingwer
2 EL Zucker
100 ml Schwarze-Johannisbeeren-Saft
Abgeriebenes von 1 unbehandelten Orange
1 kg blaue Weintrauben
2 TL Speisestärke
1 EL eingelegte, grüne Pfefferkörner

Den Ingwer schälen und fein schneiden. Den Zucker in einen Topf geben und zum Schmelzen bringen, eine leicht bräunliche Farbe nehmen lassen und vorsichtig mit dem Johannisbeersaft ablöschen. Orangenabgeriebenes und Ingwer zugeben und leicht einkochen lassen. Die Weintrauben waschen, abbeeren und halbieren. Die Früchte zur Sauce geben und darin 6 bis 8 Minuten dünsten. Anschließend mit einem Stabmixer pürieren und in einen Topf passieren. Die Sauce erneut zum Kochen bringen, mit der in kaltem Wasser angerührten Stärke leicht abbinden und den grünen Pfeffer beigeben. Die Sauce zur Seite ziehen und erkalten lassen.

Salsa verde

Eine pikante italienische Kräutersauce, geeignet als Begleiter von Sülzen, Wurstwaren und gekochtem Fleisch.

Zutaten:
3 EL Rotweinessig
Salz, frisch gemahlener weißer Pfeffer
300 ml Olivenöl
2 Knoblauchzehen
3 Schalotten oder kleine Zwiebeln
je 1 kleines Bund krause und glatte Petersilie
1 kleines Bund Basilikumblätter
4 kleine Essiggurken
5 Sardellenfilets
3 TL Kapern
20 g geröstete Pinienkerne

Den Essig mit Salz und Pfeffer in eine Schüssel geben und verrühren. Unter ständigem Rühren das Olivenöl zugießen. Nun alle nachfolgenden Zutaten herrichten und nacheinander zugeben. Dazu den Knoblauch und die Schalotten schälen und fein schneiden. Die Kräuter waschen, abtropfen lassen und ebenfalls feingeschnitten beigeben. Die Essiggurken schälen und zusammen mit den Sardellenfilets und den Kapern hacken, die Pinienkerne ebenfalls zerkleinern und hinzufügen.

Joghurt-Korinthen-Sauce

Eine erfrischende Sauce zu herzhaften Gerichten wie kalter Braten, Roastbeef oder Geflügel

Zutaten:
50 g Korinthen
2 cl Aquavit
$^1/_2$ Menge des Grundrezeptes Mayonnaise
(siehe Seite 90)
250 g Joghurt
Salz, frisch gemahlener weißer Pfeffer
1 Msp. Rosenpaprika
20 g geröstete Mandelstifte
einige Blätter Zitronenmelisse

Die Korinthen fein hacken, mit dem Aquavit tränken und mindestens 2 Stunden durchziehen lassen. Danach die Mayonnaise mit dem Joghurt verrühren sowie mit Salz, Pfeffer und Paprika würzen. Die Mandelstifte grob hacken und zusammen mit den Korinthen unter die Sauce ziehen. Zum Schluß die Zitronenmelisse in feine Streifen schneiden und ebenfalls beigeben. Die Joghurt-Korinthen-Sauce gut gekühlt servieren.

Preiselbeersahne

Durch die cremige Konsistenz und die angenehme Säure eignet sich diese Sahnesauce besonders gut für geräucherte oder marinierte Fische.

Zutaten:
1 Blatt Gelatine
200 ml Schlagsahne
2 EL eingemachte Preiselbeeren
1 Prise Salz

Die Gelatine in kaltem Wasser einweichen. Die gut gekühlte Sahne in eine Metallschüssel geben und mit dem Schneebesen steif schlagen. Die Gelatine ausdrücken und dann in einem kleinen Töpfchen zum Schmelzen bringen. Nun die Preiselbeeren unter die Sahne heben und mit Salz abschmecken. Unter kräftigem Rühren die aufgelöste Gelatine unter die Preiselbeersahne schlagen und die Sauce kalt stellen.

Meerrettichsahne

Dies ist eine pikantere Variante. Sie paßt aber ebenso zu Räucherfischen.

Zutaten:
1 Blatt Gelatine
200 ml Schlagsahne
Salz
2 EL Meerrettich
einige Spritzer Zitronensaft
einige Tropfen Tabasco

Die Sahne gut kühlen und die Gelatine in kaltem Wasser einweichen. Die Sahne in einer Schüssel steif schlagen. Den Meerrettich leicht ausdrücken und zusammen mit dem Salz und der Zitrone unter die Sahne heben. Die Gelatine ausdrücken, in einem kleinen Töpfchen zum Schmelzen bringen und mit dem Schneebesen unter die Sahne schlagen. Zur Verfeinerung einige Tropfen Tabasco unterrühren.

Kaviarsahne

Ein edler Begleiter zu Fisch, Fischterrinen und -sülzen. Die Wahl des Kaviars ist jedoch ausschlaggebend für die Qualität.

Zutaten:
200 ml Schlagsahne
Saft von $^1/_2$ Limette
Salz
1 Prise Cayennepfeffer
2 EL Kaviar (Osietra, Beluga, Sevruga)

Die Sahne gut kühlen in eine Schüssel geben und halbsteif schlagen, mit dem Limettensaft, Salz und Cayennepfeffer würzen und 10 Minuten ziehen lassen. Kurz vor dem Servieren den Kaviar unterheben. Eine preiswertere, jedoch optisch interessante Variante ist der Einsatz von Keta- oder Forellenkaviar.

97

6

Delikate Salate

Delikate Salate

Eine kleine Auswahl von Salaten bereichert jedes kalte Büfett. Die Salate werden entweder zu einem eigenen Salat-büfett arrangiert oder zwischen den dekorativen kalten Platten plaziert. Die Zusammenstellung der Salatauswahl sollte auf die ausgewählten kalten Platten und die Jahreszeit abgestimmt werden.

Waldorfsalat

Dies ist zweifellos der bekannteste Selleriesalat der kalten Küche. In der Saison lassen sich frische Walnüsse problemlos abziehen und glänzen dann in ihrem strahlenden Weiß. Die Apfelstreifen können der besseren Optik wegen auch mit Schale geschnitten werden.

Zutaten:
Saft von 1 Zitrone
1 kg junger Knollensellerie
3 säuerliche Äpfel
$^1/_2$ Grundrezept Mayonnaise (siehe Seite 90)
2 EL Crème fraîche
Salz, weißer Pfeffer aus der Mühle
60 g Walnüsse
Garnitur:
Chicoréeblätter, feine Streifen von Radicchiosalat, Walnußkerne

Den Saft der Zitrone in eine Schüssel geben. Den Knollensellerie waschen, bürsten und schälen. Das Gemüse entweder in Stücke schneiden und auf dem Gemüsehobel raspeln oder in dünne Scheiben und anschließend in feine Streifen zerteilen. Den Sellerie zum Zitronensaft geben und sofort vermischen. Die Äpfel schälen, vierteln, vom Kerngehäuse befreien und in feine Streifen schneiden. Das Obst vorsichtig mit dem Knollensellerie vermengen. Für die Marinade die Mayonnaise mit der Crème fraîche glattrühren und mit Salz und Pfeffer würzen. Die Walnüsse grob hacken und zusammen mit der Crème fraîche unter den Salat mischen. Danach abschmecken und mit Chicoréeblättern in einer Schüssel anrichten. Die Oberfläche mit den Walnüssen und feinen Streifen von Radicchiosalat garnieren.

Apfel-Rotkraut-Salat

Dieser Krautsalat behält seinen knackigen Biß und zeichnet sich durch sein herzhaftes Aroma besonders aus. Feine Streifen von Orangenschale und Apfelstücken werten das Rotkraut ebenso auf wie ein auserlesener Aceto Balsamico. Als Begleiter zu kräftigen Fleischzubereitungen absolut empfehlenswert.

Zutaten:
1 kg Rotkraut
Salz, weißer Pfeffer aus der Mühle
80 ml Aceto Balsamico
$^1/_8$ l Rotwein
1 unbehandelte Orange
1 Zitrone
2 säuerliche Äpfel
150 ml Pflanzenöl (Sonnenblumen-, Distel- oder Sojaöl)
Garnitur:
grüne Salate, Apfelspalten, Orangenzesten

Die äußeren Blätter des Kohlkopfes entfernen. Das Kraut vierteln und den Strunk herausschneiden. Anschließend das Kraut in hauchdünne Streifen schneiden oder fein hobeln. Das Gemüse in eine Schüssel geben, mit Salz und Pfeffer würzen. Dann Essig und Wein hinzufügen und vermengen. Die Schale der Orange mit dem Zestenschneider abschälen und zum Kraut geben. Im Anschluß daran die Orange auspressen und den Saft an den Salat gießen. Alles miteinander vermengen und mit den Fäusten leicht pressen. Den Salat 2 bis 3 Stunden ziehen lassen. Vor dem Servieren die Äpfel schälen, vierteln, entkernen und in Würfelchen schneiden. Diese dem Salat beifügen und zusammen mit dem Öl untermengen. Den Salat abschmecken und anrichten. Als Garnitur eignen sich grüne Salatblätter, Apfelspalten und Orangenzesten.

Waldorfsalat

Apfel-Rotkraut-Salat

Karotten-Orangen-Salat

Karotten-Orangen-Salat

Dieser Salat ist durch seine feine, süß-säuerliche Note ein interessanter Begleiter von kalten Vorspeisen.

Zutaten:
1 kg Karotten
2 unbehandelte Orangen
Salz, weißer Pfeffer aus der Mühle
80 ml Apfelessig
120 ml Sojaöl
Garnitur:
Orangenscheiben, gehackte Pistazienkerne, Zitronenmelisseblätter

Die Karotten waschen und schälen. Danach auf einem Gemüsehobel fein raspeln und in eine Schüssel geben. Die Schale einer Orange abreiben und den Karotten hinzufügen. Das Gemüse mit Salz, Pfeffer und Apfelessig marinieren und vermengen. Die Schale der Orangen mit dem Messer entfernen und die beiden Zitrusfrüchte filetieren. Die übrigbleibenden Scheidewände ausdrücken und den Saft zum Salat geben. Die Orangenfilets ebenfalls hinzufügen, das Öl darüberträufeln und den Karotten-Orangen-Salat vorsichtig untereinandermengen. Den Salat einige Zeit durchziehen lassen und kühl servieren. Als Garnitur Orangenscheiben, gehackte Pistazienkerne und Zitronenmelisseblätter verwenden.

Kartoffelsalat

Durch die Wahl der richtigen Kartoffeln und ihre angemessene Zubereitung ist der Kartoffelsalat auch bei edlen Büfetts ein gern gesehener Begleiter.

Zutaten:
1,5 kg festkochende Kartoffeln
150 ml Fleischbrühe
$^1/_2$ TL Senf
80 ml Weinessig
Salz, frisch gemahlener weißer Pfeffer
1 mittelgroße Zwiebel
100 g durchwachsener, geräucherter Bauchspeck
100 ml Pflanzenöl (Sonnenblumenöl, Distelöl usw.)
$^1/_2$ Bund Schnittlauch
Garnitur:
gebratene Speckröllchen, gekochte, halbierte Wachteleier, Schnittlauchspitzen

Bereits am Vortag die Kartoffeln waschen, bürsten und in einem entsprechend großen Topf mit kaltem Wasser und einer kräftigen Prise Salz zum Kochen bringen. Die Kartoffeln garen, bis der Kern weich ist. Danach abschütten und auskühlen lassen. Am Tag darauf die Kartoffeln pellen und mit einem kleinen Küchenmesser in dünne Scheiben zerteilen. Die Scheiben dann in eine Schüssel geben, die Fleischbrühe erhitzen und darübergießen. Senf, Essig, Salz und Pfeffer miteinander verrühren und den Kartoffeln hinzufügen. Den Salat vorsichtig vermengen und durchziehen lassen. In der Zwischenzeit die Zwiebel und den Speck fein würfeln.
1 EL Pflanzenöl in eine Pfanne geben, die Zwiebeln darin glasig dünsten und anschließend den Speck zusetzen. Diesen ebenfalls angehen lassen und zusammen mit den Zwiebeln dem Salat beimischen. Den Schnittlauch fein schneiden und hinzufügen. Nun vorsichtig das restliche Öl unterheben, den Salat abschmecken und abdecken. Den Kartoffelsalat mindestens 1 bis 2 Stunden durchziehen lassen und mit Zimmertemperatur servieren. Zum Anrichten eine Schüssel oder Platte wählen, zum Garnieren eignen sich gebratene Speckröllchen, gekochte, halbierte Wachteleier und Schnittlauchspitzen.

Salat von weißen Bohnen

Ein herzhafter Salat zu kräftigen Fleischgerichten. An Stelle der weißen Bohnen können auch Sorten wie z.B. Flageolets, grüne Bohnen sowie Borlotto-Bohnen verwendet werden.

Zutaten:
750 g getrocknete weiße Bohnen
$^1/_2$ Zwiebel, gespickt mit 1 Lorbeerblatt und 2 Nelken
1 Bouquet garni (aus Karotte, Sellerie, Lauch, Thymian, Knoblauch, Rosmarin)
Salz
Vinaigrette:
80 ml Rotweinessig
Salz, weißer Pfeffer aus der Mühle
je 3 Zweige frischer Thymian und Oregano
2 Fleischtomaten
2 Schalotten
200 ml Olivenöl
Garnitur:
Kirschtomatenscheiben, Chicoréeblätter, Kräuter

Die Bohnen über Nacht in kaltem Wasser einweichen. Danach abgießen und abbrausen, in einen Topf geben und mit reichlich kaltem Wasser bedecken. Die gespickte Zwiebel, das Bouquet garni und den Pfeffer zugeben. Den Inhalt langsam zum Kochen bringen und 1 bis 1$^1/_2$ Stunden köcheln lassen, bis die Bohnen weich sind. Während des Garens den auftretenden Schaum des öfteren entfernen und nach Bedarf etwas Wasser aufgießen. Nach etwa der Hälfte der Garzeit das Salz zufügen. In der Zwischenzeit die Vinaigrette zubereiten. Hierfür den Essig mit Salz und Pfeffer glattrühren. Die Kräuter abzupfen, fein zerkleinern und unterrühren. Die Tomaten vom Strunk befreien und in kochendem Wasser brühen. Danach häuten, vierteln und das Kerngehäuse entfernen. Das Fruchtfleisch würfeln und zusammen mit den geschälten und feingeschnittenen Schalotten zur Vinaigrette geben. Die gegarten Bohnen abschütten, kurz abschrecken und in eine Schüssel geben. Die Vinaigrette darübergeben und zusammen mit dem Olivenöl vorsichtig unter die Bohnen heben. Den Salat abdecken und mindestens 2 bis 3 Stunden durchziehen lassen. Einige Kirschtomatenscheiben, Chicoréeblätter und frische Kräuter eignen sich gut zum Dekorieren.

Kartoffelsalat

Salat von weißen Bohnen

Nizzaer Salat

Nizzaer Salat

Ein sommerlicher Salat, der in Frankreich bei einem Vorspeisenbüfett nicht fehlen darf. Varianten mit Thunfisch, Bohnenkernen oder Salatgurke sind ebenfalls denkbar.

Zutaten:
400 g festkochende Kartoffeln
400 g grüne Bohnen
400 g reife Tomaten
4 bis 5 Kopfsalatherzen
Salz, weißer Pfeffer aus der Mühle
1 kleine Zwiebel
60 ml Weinessig
120 ml Olivenöl
einige Blätter frischer Kerbel oder Estragon
Garnitur:
Oliven, Sardellenfilets, gekochte Eier, Kapern

Die Kartoffeln waschen, bürsten und in reichlich Salzwasser kochen. Danach abschrecken, schälen und in Scheiben schneiden. Die Bohnen putzen und in Salzwasser knackig garen. Die Tomaten vom Strunk befreien, in kochendem Wasser brühen und häuten. Anschließend das Kerngehäuse entfernen und das Fruchtfleisch in grobe Stücke zerteilen. Die Kopfsalatherzen in Blätter zerteilen und eine Platte oder flache Schüssel mit wenigen Blättern auslegen. Die restlichen Blätter zusammen mit den Kartoffeln, Bohnen und Tomaten in eine Schüssel geben. Die Zwiebel fein schneiden, zugeben und den Salat mit Salz, Pfeffer, Essig und Öl anmachen. Die abgezupften Kräuter hinzufügen und die Zutaten vorsichtig miteinander vermengen. Den Salat auf die vorbereitete Platte geben und mit gekochten Eivierteln, Oliven, Sardellenfilets und Kapern garnieren.

Spargelsalat

Der auch als König der Gemüse bezeichnete Spargel ist in diesem Gemüsesalat ein idealer Begleiter von Fischgerichten und hellem Fleisch. Varianten mit Wildkräutern, wie z.B. Bärlauch, Bachkresse oder Sauerampfer, sind eine willkommene Abwechslung.

Zutaten:
1,5 kg Spargel
$^1/_2$ unbehandelte Zitrone
Salz, Zucker
Vinaigrette:
Abgeriebenes und Saft von 1 Limette
60 ml Himbeeressig
Salz, weißer Pfeffer aus der Mühle
100 ml Sonnenblumen- oder Traubenkernöl
Garnitur:
einige Blätter frische Zitronenmelisse, Bach- oder Gartenkresse, Blüten der Saison

Den Spargel schälen und die Enden kappen. Einen Topf mit reichlich Wasser, der halben Zitrone und je einer guten Prise Salz und Zucker zum Kochen bringen. Das Gemüse zugeben und etwa 12 Minuten garen, bis es weich ist. Danach mit einer Schaumkelle herausnehmen und kurz mit kaltem Wasser abschrecken. Die Spargelstangen auf einem Schneidebrett in etwa 4 cm lange Stücke zerteilen. Dann das lauwarme Gemüse in eine Schale geben, den Limettenabrieb und Saft, den Essig und die Gewürze in einer Schüssel verrühren. Anschließend das Öl hinzufügen sowie 1 bis 2 Eßlöffel Kochsud und die Vinaigrette über den Spargel geben. Den Salat abdecken, kühl stellen und mindestens 30 Minuten ziehen lassen. Zum Fertigstellen und Garnieren mit frischer Bachkresse, Zitronenmelisse oder auch Blüten (Gänseblümchen, Veilchen oder Ringelblumen) dekorieren.

Spargelsalat

Bunter Gemüsesalat

Pikanter Rindfleischsalat

Bunter Gemüsesalat

Die Auswahl der Gemüse sollte sich nach der Saison richten und ein buntes Sortiment bilden. Die leichte Vinaigrette läßt den Gemüsesalat zur individuellen Beilage werden.

Zutaten:
200 g Karotten
150 g Zuckerschoten
150 g Stangensellerie
200 g Kohlrabi
200 g Blumenkohl oder Romanesco
Vinaigrette:
80 ml Weißwein- oder Kräuteressig
Salz, weißer Pfeffer aus der Mühle
$1/2$ TL Dijon-Senf
120 ml Olivenöl
2 EL feingeschnittene Blattpetersilie
Garnitur:
grüne Oliven, geröstete Pinienkerne

Die Gemüsesorten putzen und schälen. Die Karotten und den Stangensellerie in Scheiben schneiden, von den Zuckerschoten die Enden kappen, den Kohlrabi in Stifte zerteilen und den Kohl in kleine Röschen zerlegen. Danach einen Topf mit reichlich Salzwasser zum Kochen bringen. Die Gemüse einzeln der Reihe nach mit leichtem Biß garen. In kaltem Wasser abschrecken, abtropfen lassen und in eine Schüssel geben. Für das Dressing den Essig zusammen mit Salz, Pfeffer, Senf verrühren und anschließend das Öl unterschlagen. Die Petersilie hinzufügen und die Vinaigrette über das Gemüse geben. Den Salat 30 Minuten ziehen lassen und mit den Oliven und gerösteten Pinienkernen garnieren.

Pikanter Rindfleischsalat

Ein deftiger Salat für rustikale, herzhafte Büfetts. Zarte Fleischteile wie Rinderbrust und Tafelspitz eignen sich besonders gut. Es ist von Vorteil, wenn das Fleisch nach dem Kochen leicht gepreßt wird.

Zutaten:
1,5 kg gekochtes, mageres Rindfleisch
2 mittelgroße Zwiebeln
200 g Essiggurken
je 1 rote und gelbe Paprikaschote
Dressing:
80 ml Rotweinessig
Salz, weißer Pfeffer aus der Mühle
einige Tropfen Tabasco
120 ml Pflanzenöl
4 EL Rinderbrühe
Garnitur:
Schnittlauchröllchen, Salatgurkenscheiben, Tomatenecken

Das Rindfleisch zuerst in Scheiben, dann in breite Streifen und zuletzt in Rauten schneiden. Die Zwiebeln schälen und in Ringe zerteilen. Im Anschluß daran die Essiggurken in feine Streifen oder Stifte zerkleinern. Die Paprikaschoten waschen, vierteln, das Kerngehäuse entfernen und in Streifen schneiden. Alle vorbereiteten Zutaten in eine Schüssel geben. Zum Herstellen des Dressings den Essig mit den Gewürzen verrühren, das Öl hinzufügen und zuletzt die Brühe untermischen. Das Dressing in die Schüssel geben und den Rindfleischsalat vorsichtig vermengen. Danach mindestens 30 Minuten ziehen lassen. Den Salat in einer Schüssel oder tiefen Schale anrichten und nach Belieben mit Salatgurkenscheiben, Tomatenecken und Schnittlauch garnieren.

Geflügelsalat

In diesem Salat verbinden sich Aromen von zartem Geflügelfleisch und frischen Früchten. Die leichte Currysauce verleiht ihm einen Hauch von Exotik. Hergestellt wird er meist aus hellem Geflügel wie Poularde, Maishähnchen, Truthahn oder Pute.

Zutaten:
1,2 kg gegartes, kaltes Geflügelfleisch
1 Baby-Ananas
1 Papaya oder Mango
Für das Dressing:
100 ml Geflügelfond
$^1/_2$ TL Curry
1 EL Kokosflocken
$^1/_2$ Grundrezept Mayonnaise (siehe Seite 90)
Saft von $^1/_2$ Orange
Saft von $^1/_2$ Zitrone
Salz, weißer Pfeffer aus der Mühle
Garnitur:
einige Blätter frische Pfefferminze, Ananasstücke, Papayaspalten, Orangenscheiben

Das Geflügelfleisch in Würfel von 1 bis 1,5 cm Stärke schneiden. Die Früchte schälen und in Stücke zerteilen. Dann die Zutaten in eine Schüssel geben. Für das Dressing den Geflügelfond leicht erwärmen und den Curry darin auflösen. Die Kokosflocken zugeben und abkühlen lassen. Den Currysud unter die Mayonnaise rühren und diese mit dem Saft der Zitrusfrüchte, Salz und Pfeffer abschmecken. Das Dressing in die Schüssel geben und die Zutaten vorsichtig miteinander vermengen. Den Geflügelsalat auf Orangenscheiben anrichten, mit frischer Pfefferminze und den Früchten garnieren.

Salat von Meeresfrüchten

Bei der Auswahl von Meeresfrüchten sollte die Marktsituation und Frische der Produkte entscheidend sein. Meeresfrüchtemischungen werden teilweise schon gekocht oder tiefgefroren angeboten.

Zutaten:
800 g gekochte Meeresfrüchte (Miesmuscheln, Vongole, Tintenfische, Garnelen,
Krabbenfleisch, Jakobsmuscheln, Hummer usw.)
200 g ausgepalte Erbsen
2 Tomaten
1 TL feingeschnittener Dill
2 cl trockener Wermut
Für das Dressing:
2 EL Tomatenketchup
6 EL Mayonnaise
Salz, weißer Pfeffer aus der Mühle
einige Tropfen Tabasco
Saft und Abrieb von 1 Limette
Garnitur:
Dillzweige, Limettenscheiben

Die gekochten Meeresfrüchte mit Wasser abbrausen, auf ein Sieb schütten und abtropfen lassen. Einige Meeresfrüchte für die Garnitur zurückbehalten. Das Fleisch in mundgerechte Stückchen zerteilen und in eine Schüssel geben. Den Dill und Wermut hinzufügen, vermengen und kühl stellen. In der Zwischenzeit die Erbsen in Salzwasser garen, die Karotten und den Stangensellerie schälen und fein würfeln. Die gegarten Erbsen mit einer Schaumkelle herausnehmen und in kaltem Wasser abschrecken. Im gleichen Kochwasser Karotten und Sellerie garen, ebenfalls abschrecken und abtropfen lassen. Die Tomaten brühen, häuten, entkernen und würfeln. Für das Dressing das Tomatenketchup mit der Mayonnaise glattrühren und mit den Gewürzen und der Zitrusfrucht abschmecken. Anschließend zusammen mit den Gemüsen zu den Meeresfrüchten geben und die Zutaten miteinander vermengen. Den Meeresfrüchtesalat anrichten, mit Limettenscheiben, Dillzweigen und den zurückbehaltenen Meeresfrüchten garnieren.

Geflügelsalat

Salat von Meeresfrüchten

Kichererbsensalat

Kichererbsensalat

Kichererbsen, auch Kaffee-Erbsen genannt, sind auf Grund ihres hohen Nährwertes als sehr wertvoll einzuschätzen. Sie bringen Abwechslung in das Salatsortiment und sind recht knackig.

Zutaten:
500 g getrocknete Kichererbsen
Salz
1 Spickzwiebel (bestehend aus $^1/_2$ Zwiebel,
$^1/_2$ Lorbeerblatt, 2 Nelken)
1 grüne Paprikaschote
1 rote Paprikaschote
einige Blätter frisch geschnittenes Koriandergrün
Vinaigrette:
80 ml Portweinessig
Salz, weißer Pfeffer aus der Mühle
1 Msp. Dijon-Senf
60 ml Walnußöl
60 ml Traubenkernöl

Die Kichererbsen in ein Gefäß geben, mit kaltem Wasser bedecken und 5 bis 8 Stunden oder am besten über Nacht einweichen. Danach abschütten und mit kaltem Wasser abbrausen. In der Zwischenzeit einen Topf mit reichlich Salzwasser und der Spickzwiebel zum Kochen bringen und die Kichererbsen hinzufügen. Bei mäßiger Hitze die Hülsenfrüchte mit leichtem Biß garen. Während der Garzeit kann schon die Vinaigrette vorbereitet werden. Hierzu den Essig mit Salz, Pfeffer und Senf glattrühren und nach und nach das Öl zufließen lassen. Die beiden Paprikaschoten putzen, von den Scheidewänden befreien und in gleichmäßige kleine Würfelchen schneiden. Sind die Kichererbsen gar, diese auf ein Sieb gießen, mit kaltem Wasser abschrecken und noch lauwarm in eine Schüssel geben. Paprika beifügen und die Vinaigrette darübergießen. Den Salat vermengen und 2 bis 3 Stunden ziehen lassen. Kurz vor dem Servieren nochmals mischen und den frischen Koriander darüberstreuen.

Bunte Blattsalate

Vinaigrette:

2 Schalotten
$^1/_2$ TL Dijon-Senf
100 ml Rotweinessig
Salz, weißer Pfeffer aus der Mühle
250 ml Olivenöl
4 EL lauwarme Brühe
Die Schalotten schälen und fein schneiden. Zusammen mit dem Senf und dem Essig in eine Schüssel geben und vermischen. Salz und Pfeffer zusetzen und darin auflösen. Nach und nach das Olivenöl einrühren, bis eine homogene Vinaigrette entsteht. Zum Schluß die Brühe hinzufügen und die Vinaigrette abschmecken.

Frische Blattsalate sollten bei einem Büfett nicht fehlen. Sie runden das reichhaltige Sortiment ab und gelten als Vertreter der leichten, bekömmlichen Küche. Da das Aussehen der Salate am Büfett schnell leidet, sollten zu Beginn nicht zu große Menge präsentiert werden. Es empfiehlt sich, im Verlauf der Veranstaltung frische Blattsalate nachzufüllen. Das Dressing oder die Vinaigrette sollten separat gereicht werden, um dem Gast eine Auswahl bieten zu können. Werden Blattsalate schon im voraus angemacht, so fallen sie schon binnen weniger Minuten zusammen und werden unansehnlich. Die Zusammenstellung der Salatsorten kann durchaus etwas ungewöhnlich und farbenfroh sein. In den folgenden Beispielen werden zwei Varianten aufgeführt, die auf die Saison und das Marktangebot ausgerichtet sein sollten, sowie unterschiedliche Salatmarinaden.

Salatmischung:

Friséesalat, Radicchio di Treviso oder Radicchio di Castelfranco, Lollo biondo, Eichblattsalat, Chicorée
Als Garnitur Kirschtomatenviertel, Radieschenstifte oder Scheiben von frischen Champignons

Wildkräutersalat:

Löwenzahnsalat, Ölrauke (Rucola), Brunnenkresse, Bärlauch, Sauerampfer, Pfefferminze oder Zitronenmelisse
Als Garnitur Blüten wie zum Beispiel: Kapuzinerkresse, Gänseblümchen, Veilchen, Ringelblumen

Gourmetdressing:

2 Schalotten
250 ml Brühe
1 Prise weißer Pfeffer aus der Mühle
Salz, Prise Zucker
$^1/_2$ TL Dijon-Senf
60 ml Aceto Balsamico
80 ml Sherry-Essig
4 cl Sherry Cream
125 ml Walnußöl
80 ml Erdnußöl
60 ml Traubenkernöl
Die Schalotten schälen, in Ringe schneiden und zusammen mit der Brühe und dem Pfeffer zum Kochen bringen. Die Flüssigkeit zur Seite stellen und 5 Minuten ziehen lassen. Anschließend in eine Schüssel passieren und abkühlen lassen. Nacheinander die Zutaten wie Salz, Zucker, Senf, Essig und Sherry unterrühren. Zum Schluß nach und nach die 3 Ölsorten unterrühren.

Joghurtdressing:

1 kleine Knoblauchzehe
1 Msp. mittelscharfer Senf
Salz, weißer Pfeffer aus der Mühle
Saft von $^1/_2$ Zitrone
60 ml Weißweinessig
150 ml Naturjoghurt
200 ml Pflanzenöl (Sonnenblume, Soja, Distel oder Olive)
Den Knoblauch schälen und fein schneiden. Zusammen mit dem Senf, Salz, Pfeffer, Zitronensaft und Essig in eine Schüssel geben und verrühren. Nun den Joghurt hinzufügen und vermengen. Unter ständigem Rühren das Öl in einem dünnen Faden unterrühren und das Joghurtdressing abschmecken.

7

Garnituren und Butterzubereitungen

Butter für das kalte Büfett

Hier spielen nicht nur optische Gesichtspunkte eine große Rolle, sondern auch geschmackliche Vorlieben, Art und Anlaß sowie die Haltbarkeit am Büfett sind für die Wahl und Zubereitung von großer Bedeutung. Butter wird aus dem Fett der Milch hergestellt und muß mindestens 82 % Fett enthalten. Es gibt verschiedene Herstellungsverfahren, bei denen gesäuerter oder ungesäuerter Rahm Verwendung findet. Sie wird als Sauerrahm- bzw. Süßrahmbutter deklariert. Es gibt ebenso gesalzene Butter, mit einem Zusatz ab 0,1 % Kochsalz. Die Klassifizierung der Handelsklassen erfolgt nach der sensorischen Beurteilung der Eigenschaften Aussehen, Geschmack, Geruch, Textur, Wasserverteilung, Streichfähigkeit und pH-Wert. Jedes Kriterium kann mit jeweils 5 Punkten bewertet werden. An Hand der Prüfungsergebnisse wird die Butter in zwei Handelsklassen unterteilt.

„Deutsche Markenbutter" darf die Butter heißen, wenn sie aus Sahne hergestellt wurde, der angegebenen Buttersorte entspricht und in der Butterprüfung für jede Eigenschaft mindestens 4 Punkte erzielen konnte. „Deutsche Molkereibutter" heißt sie, wenn bei der besagten Prüfung mindestens 3 Punkte je Eigenschaft erreicht wurden.

Es bleibt eine persönliche Entscheidung, ob Süß- oder Sauerrahmbutter verwendet wird, jedoch sollte sie stets von bester Qualität sein. Butter unterstützt die feinen Aromen der edlen Speisen und darf an Büfetts nicht fehlen. Sie läßt sich beliebig formen und verarbeiten. Gut gekühlt oder in einer Schale mit Eiswasser serviert, hält sie sich längere Zeit frisch. Buttermischungen als Brotaufstrich sind keine Seltenheit und bereichern das Angebot. Die folgenden Anregungen sind Beispiele dafür, wie Butter präsentiert werden kann. Ein persönlicher Grundsatz ist es, aus zum Verzehr vorgesehener Butter keine Kunstwerke anzufertigen. Sie müssen frisch und natürlich wirken. Eine Ausnahme bilden hier Butterfiguren und Schaustücke. Diese sind ausschließlich der optischen Präsentation vorbehalten. Zum Formen oder Aufspritzen muß die Butter allerdings leicht temperiert sein.

Butter schneiden

Die einfachste Art, Butter formschön zu präsentieren, ist das Portionieren mit dem Buntschneidemesser. Es empfiehlt sich, die Butter auf ein Stück Pergamentpapier zu legen, so klebt sie nicht und nimmt keine unangenehmen Gerüche an.

Die Messerklinge kurz in heißes Wasser tauchen und die Butter in Scheiben schneiden.

Durch erneutes Teilen ist ein beliebiges Portionieren der Butterstücke möglich.

Das Aufbewahren in Eiswasser hält die Butter fest, und ein Kleben wird vermieden.

Butterröllchen

Eine einfache, jedoch charmante Art, Butter dekorativ zu formen. Die Riefen des Butterrollers verleihen den Röllchen ein gefälliges Muster.

Den Butterziegel flach auflegen, den Roller kurz in heißes Wasser tauchen und unter leichtem Druck über die Oberfläche der Butter gleiten. Die Röllchen in Eiswasser geben.

Butterrosetten

Buttermischungen sind gut geeignet, um sie mit dem Dressierbeutel in Form zu bringen. Als Brotaufstrich integrieren sie sich elegant ins jedes Büfett.

Den Dressierbeutel mit großer Sterntülle ausstatten und mit der Masse füllen. Auf Pergamentpapier gleichmäßige Rosetten aufdressieren und anschließend kühlen.

Butterkugeln

Butterkugeln lassen sich nicht nur in verschiedenen Größen, sondern auch aus unterschiedlichen Butter-mischungen herstellen.

Den zuvor in heißes Wasser eingetauchten Kugelausstecher in die Butter einstechen, Kugeln formen, diese herausklopfen und kühlen.

Die gekühlten Kugeln zwischen die beiden Röllchenformer geben und in Kreisbewegungen drehen. So erhalten die Kugeln ein interessantes Gittermuster.

Buttertrauben

Sie können Mittelpunkt kalter Platten sein oder als Butterarrangement wirken. Die Kugeln dürfen aus unterschiedlichen Buttermischungen zubereitet und gemischt werden.

Aus 2 etwa 1 cm starken Butterscheiben Weinblätter ausschneiden und mit dem Messerrücken garnieren.

Die beiden Blätter aufrecht stellen und mit leichtem Druck gegeneinander pressen. Die vorbereiteten Butterkugeln als Traube arrangieren.

Butterrosen

Die Pracht der Rosenblüte kann auch in Form von Butter zur Geltung kommen. Die zusammengesetzten, etwas aufwendigen Blüten sind eine Bereicherung.

Mit einem scharfkantigen Kaffeelöffel von der Oberfläche des Butterziegels kleine Blütenblättchen schaben.

Nach kurzem Kühlen die Blätter aus der Mitte heraus zusammenfügen und am Stempel leicht andrücken.

Buttermodel

Hier sind die unterschiedlichsten Formen und Bilder zu finden, von Blumenmotiven bis hin zum Familienwappen. Zur Verarbeitung muß die Butter leicht temperiert sein.

Den Model kalt ausspülen und die Buttermasse mit einem Spatel einfüllen. Den Ziegel durchkühlen und stürzen.

Butterrollen

Es empfiehlt sich, Butter vorrätig zu halten. Dafür geschmeidige Butter zu Rollen formen und kühl stellen.

Alufolie anfeuchten, die Masse darauf geben und vorsichtig zu einer festen Rolle formen. Gut gekühlt in Scheiben schneiden.

Kalte Buttermischungen

Frische Butterzubereitungen als Ergänzung einzelner Speisen oder als Brotaufstrich bringen kalte Büfetts zur Vollendung. Die Butter zum Verarbeiten in eine Schüssel geben und an einem warmen Ort temperieren lassen. Hiernach glattrühren und mit den Zutaten vermischen. Ein Zerlaufen der Butter muß verhindert werden, da sie sonst ihr feines Gefüge verliert und grießig wird. Sind Buttermischungen gut verpackt, lassen sie sich mehrere Tage aufbewahren oder bleiben tiefgekühlt für einige Monate frisch. Aufgeschlagene Buttermassen stets frisch zubereiten, da sie sehr schnell unansehnlich werden und ihre Geschmeidigkeit verlieren. Die nachstehenden Buttermischungen basieren auf einer Grundmenge von 500 g Butter.

Zitronenbutter

Zitronenbutter

500 g Butter
Abgeriebenes von 1 unbehandelten Zitrone
Saft von $1/2$ Zitrone
Salz, Cayennepfeffer
2 EL geschlagene Sahne

Die Butter in einer Schüssel schaumig schlagen und die Würzzutaten unterrühren. Die geschlagene Sahne mit dem Kochlöffel vorsichtig unterrühren. Die Butter in ein Gefäß füllen, kurz kühlen und servieren. Geeignet für Fisch und Krustentiere, Gemüse und Eier.

Kaviarbutter

Kaviarbutter

500 g Butter
50 bis 80 g trockener Kaviar (Beluga, Sevruga)

Die Butter schaumig schlagen und den Kaviar vorsichtig mit einer Gabel unterziehen. Nach Belieben mit etwas frischer Zitrone würzen. Als Variante kann die Butter ebenso mit Keta- oder Forellenkaviar zubereitet werden. Ihre Verwendung findet sie als Begleiter von Fisch und Krustentieren sowie als Garnitur oder Belag von feinen Schnittchen und Canapés.

Räucherlachsbutter

Petersilienbutter

Meerrettichbutter

Trüffelbutter

Räucherlachsbutter

200 g Räucherlachs
500 g Butter
Cayennepfeffer
einige Spritzer Zitronensaft

Den Lachs kleinschneiden, einige feine Würfelchen zurückhalten und den Rest durch ein Sieb streichen. Die Butter glattrühren, Lachspüree und -würfel unterrühren, mit Cayennepfeffer und Zitrone abschmecken. Lachsbutter wird serviert zu Fischzubereitungen, Eiern, Gemüse und als Aufstrich von Canapés und Schnittchen.

Petersilienbutter

500 g Butter
10 EL frisch geschnittene Petersilie
Salz, Pfeffer
einige Spritzer Zitronensaft
1 Msp. Zitronenabgeriebenes

Die Butter glattrühren, die Zutaten nach und nach zugeben und unterrühren. Die fertige Butter formen oder dressieren und kalt stellen. Petersilienbutter paßt zu kaltem gebratenem Fleisch, Fisch und Krustentieren sowie als Brotaufstrich.

Meerrettichbutter

250 g frischer Meerrettich
500 g Butter
Salz

Den Meerrettich schälen und fein reiben. Anschließend die Butter glattrühren, den Meerrettich hinzufügen und mit Salz abschmecken. Die Butter in gefällige Form bringen und kühlen. Eine herzhafte und scharfe Butter für kalte Rindfleischgerichte, Canapés und Schnittchen sowie für Räucherfische.

Trüffelbutter

Je 4 cl roter Portwein und Madeira
5 EL Trüffelfond
1 EL Kalbsglace
500 g Butter
Salz, Cayennepfeffer
80 g schwarze Truffeln, fein geschnitten

Die Spirituosen zusammen mit dem Trüffelfond in einen Topf geben und auf einen Eßlöffel reduzieren. Die Kalbsglace zugeben, verrühren und abkühlen lassen. Butter schaumig schlagen, die Reduktion unterrühren und mit Salz und Cayennepfeffer abschmecken. Zum Schluß die Trüffeln unterheben, die Masse in ein Gefäß füllen und vor dem Servieren kurz kühlen. Eine Buttermischung für Leberpasteten, Schnittchen, Fisch und Krustentiere.

115

Rotweinbutter

10 feingeschnittene Schalotten
750 ml kräftiger Rotwein
1 Thymianzweig
500 g Butter
Salz, Pfeffer
einige Spritzer Zitronensaft

Schalotten mit Wein und Thymian in einen Topf geben, kräftig reduzieren, bis überhaupt keine Flüssigkeit mehr vorhanden ist, anschließend abkühlen lassen. In der Zwischenzeit die Butter glattrühren, die Schalotten hinzufügen und mit Salz, Pfeffer und Zitronensaft würzen. Geeignet als Brotaufstrich sowie für kaltes Schlachtfleisch und Geflügel.

Rotweinbutter

Kräuterbutter

3 feingeschnittene Schalotten
$^1/_2$ feingeschnittene Knoblauchzehe
3 EL feingeschnittener Schnittlauch
500 g Butter
7 EL feingeschnittene gemischte Kräuter
(Kerbel, Petersilie, Pimpinelle, Estragon)
Salz, Cayennepfeffer
einige Spritzer Zitronensaft

Die Schalotten zusammen mit dem Knoblauch in etwas Butter glasig dünsten und abkühlen. Butter glattrühren, die feingeschnittenen Kräuter beigeben und mit den Würzzutaten abschmecken. Kräuterbutter läßt sich als Brotaufstrich, mit Fisch, Fleisch, Gemüse und Eiern kombinieren.

Kräuterbutter

Knoblauchbutter

100 g geschälte Knoblauchzehen
4 feingeschnittene Schalotten
500 g Butter
Saft und Abgeriebenes von $^1/_2$ unbehandelten Zitrone
Salz, Pfeffer
1 bis 2 EL feingeschnittene Petersilie

Den Knoblauch fein schneiden und zusammen mit den Schalotten in etwas Butter glasig dünsten. Anschließend pürieren und durch ein feines Sieb streichen. Das kalte

Knoblauchbutter

Krebsbutter

116

Senfbutter

Sardellenbutter

Püree unter die glattgerührte Butter schlagen und mit Salz, Pfeffer, Zitronensaft und abgeriebener Zitrone würzen. Zum Schluß die Petersilie unterheben und die Butter kalt stellen. Ein idealer Begleiter kräftiger Fisch-, Fleisch- und Gemüsezubereitungen.

Krebsbutter

4 EL reduzierter Krebsfond
200 g gekochtes Krebsfleisch
500 g Butter
Salz, Cayennepfeffer
einige Spritzer Zitronensaft

Den Krebsfond in einem Topf völlig reduzieren lassen. Ein Drittel des Krebsfleisches fein hacken, den Rest durch ein Sieb streichen. Die Butter glattrühren, die Reduktion und das Krebsfleisch hinzufügen und mit den restlichen Zutaten würzen. Nach Belieben mit feingeschnittenem Dill verfeinern. Auf gleiche Art und Weise wird auch Hummer oder Langustenbutter zubereitet. Die Butter wird zu Krustentieren, Fisch und Gemüse gereicht sowie für Canapés und Schnittchen eingesetzt.

Senfbutter

4 EL grobkörniger Dijon-Senf
500 g Butter
einige Spritzer Worcestershiresauce und Zitronensaft
Salz, Pfeffer

Den Senf unter die glattgerührte Butter rühren und mit Zitronensaft, Worcestershiresauce und den Gewürzen abschmecken. Als Variante können unterschiedliche Senfsorten ausprobiert werden, wie zum Beispiel Estragon- oder Pfeffersenf. Senfbutter paßt zu Fisch, Krustentieren, kaltem Fleisch und Geflügel sowie zu Eiern und Schnittchen.

Sardellenbutter

120 g feingehackte Sardellenfilets
500 g Butter
Abgeriebenes und Saft von $1/2$ unbehandelten Zitrone

Bevorzugt sollte man die etwas milderen Sardellenfilets in Öl verwenden. Die Butter glattrühren und danach die Sardellen unterheben. Die Masse mit dem Abgeriebenen Saft der $1/2$ Zitrone abschmecken und nach Belieben 1 bis 2 Eßlöffel feingeschnittenen Schnittlauch hinzufügen. Die kräftige Sardellenbutter eignet sich für Schnittchen, Canapés, Gemüse- und Eierzubereitungen.

Garnituren

Garnituren werten die angebotenen Speisen zusätzlich auf und verleihen ihnen eine gewisse Eleganz. Sie müssen nicht nur farblich, sondern auch geschmacklich mit den Bestandteilen der Platte harmonieren. Beim Belegen der kalten Platten sollten genügend Freiräume geschaffen werden, damit die fein konzipierten Arbeiten besser wirken. Mehrere locker und übersichtlich angerichtete Platten kommen besser zur Geltung.

Bei der Wahl der Garnituren müssen Größen- und Mengenverhältnisse aufeinander abgestimmt werden. Es sollten nicht mehr als drei verschiedene Garnituren pro Platte verwendet werden und diese mit der Anzahl der Portionen übereinstimmen. Zur besseren Handhabung sind Böden und Sockel aus Gemüse, Obst und Früchten eine Hilfe. Werden Garnituren mit Aspik überglänzt, ist es erforderlich, daß er geschmacklich harmoniert und möglichst hell ist. Die nachstehenden Angaben beziehen sich auf jeweils 10 Garniturteile.

Kirschtomaten mit Schnittlauchcreme und Wachtelei

10 Kirschtomaten
4 EL Magerquark
Salz, weißer Pfeffer aus der Mühle
1 EL feingeschnittener Schnittlauch
5 gekochte Wachteleier
Schnittlauchspitzen zum Garnieren

Den Boden der Tomaten abtrennen und das Gemüse aushöhlen. Den Quark mit Salz und Pfeffer würzen und $^2/_3$ des Schnittlauchs unterrühren. Die Wachteleier halbieren, obenauf setzen und mit dem restlichen Schnittlauch garnieren.

Flußkrebsgarnituren

10 frische Flußkrebse
1,5 l Würzsud zum Kochen
(Wasser, Salz, Pfeffer, Lorbeer, Karotten, Lauch, Fenchel, Bleichsellerie)

Das Wasser zum Kochen bringen, die Würzzutaten beigeben und 10 Minuten köcheln lassen. Anschließend die Temperatur erhöhen, die Krebse hinzufügen und einen Deckel auflegen. Sobald der Sud kräftig aufgekocht hat, die Krebse mit einer Schaumkelle herausnehmen. Die Krebsscheren nach hinten biegen und in den Krebsschwanz stechen. Die Krustentiere zurück in den Fond geben und dann weitere 5 bis 8 Minuten ziehen lassen.

Frühlingszwiebelknospen

10 junge Frühlingszwiebeln

Die Wurzeln der Zwiebeln abschneiden und die Endstücke in einer Länge von etwa 8 cm abschneiden. Die Enden links und rechts mehrmals mit einem kleinen Messer einschneiden. Die Zwiebeln für kurze Zeit in Eiswasser legen, bis sich die Enden aufrollen.

Gefüllte Tomaten mit Kichererbsensalat

10 mittelgroße Tomaten
30 dünne Scheiben Salatgurke
10 EL Kichererbsensalat (siehe Seite 107)

Die Böden der Tomaten abtrennen, aushöhlen und auf einem Tuch abtropfen lassen. Dann mit dem Kichererbsensalat füllen und mit den Gurkenscheiben garnieren.

**Kirschtomaten mit Schnitt-
lauchcreme und Wachtelei**

Frühlingszwiebelknospen

Gefüllte Krebsnasen

10 Krebsköpfe
200 g Safranfischfarce
1 feingeschnittene Schalotte
10 g Butter
200 ml Fischsud

Die Unterteile der Krebsköpfe entfernen und die Ober-
teile ausspülen. Die Krebsnasen antrocknen lassen und
mit einem Dressierbeutel die Fischfarce einfüllen. Die
Butter in einem flachen Topf zergehen lassen, die Schalotten glasig dünsten und den Fischfond aufgießen.
Die Krebsnasen in den Sud geben und 10 Minuten gar
ziehen lassen.

**Gefüllte Tomaten mit
Kichererbsensalat**

Gefüllte Krebsnasen

Gefüllte Kirschtomaten mit Senfsauce

10 Kirschtomaten
4 EL Crème fraîche
1 TL grober Dijon-Senf
einige Spritzer frischer Zitronensaft
Kerbel zum Garnieren

Die Unterteile der Tomaten abschneiden, aushöhlen
und abtropfen lassen. Die Crème fraîche mit dem Senf
verrühren und mit der Zitrone abschmecken. Die Senfsauce etwas andicken lassen, anschließend in die Kirschtomaten füllen und mit dem Kerbel garnieren.

**Gefüllte Kirschtomaten mit
Senfsauce**

**Cheddar- und Schnittlauch-
brote**

Cheddar- und Schnittlauchbrote

3 Scheiben Vollkornbrot
15 runde Scheiben Pumpernickel
30 g Butter
2 dicke Scheiben Cheddar
$1/2$ Bund Schnittlauch

Vollkornbrot und Pumpernickel mit Butter bestreichen.
Das Vollkornbrot abwechselnd mit den beiden Scheiben
Cheddar übereinanderlegen und andrücken.
Anschließend in Quadrate, Rechtecke oder Rauten
schneiden. Den Schnittlauch fein schneiden und die
Pumpernickelscheiben damit bestreuen. Je 3 Lagen
Schnittlauchbrot übereinandersetzen.

Flußkrebsgarnituren

Melonenschiffchen

1 Honigmelone
10 Beeren von blauen Trauben
10 Limettenscheiben
Zahnstocher

Die Melone halbieren, das Kerngehäuse entfernen und
in 10 gleichmäßige Spalten schneiden. Je eine Limetten-
scheibe und eine Traube aufspießen und als Segel in das
Melonenfruchtfleisch stecken.

Garnelen mit schwarzen Oliven

10 gegarte Garnelenschwänze ohne Schale
10 dünne Gurkenscheiben
10 schwarze Oliven

Die Garnelenschwänze zu zwei Drittel vom Kopf zum
Schwanz einschneiden. Die Seitenteile auseinanderklap-
pen und jeweils auf eine Gurkenscheibe setzen. Die
Meeresfrüchte mit den schwarzen Oliven garnieren.

Gefüllte Reissäckchen

10 kleine Reisblätter (10 bis 15 cm Durchmesser)
je $^1/_2$ rote und gelbe Paprikaschote
1 kleiner Zucchino
1 feingeschnittene Schalotte
1 EL Olivenöl
1 TL geschnittenes Koriandergrün, Salz, Pfeffer
200 g gekochte Shrimps
1 EL Sojasauce
Schnittlauch zum Binden

Paprika und Zucchino fein würfeln und zusammen mit
den Schalotten im Olivenöl andünsten. Shrimps zugeben, mit Sojasauce ablöschen und mit Salz, Pfeffer
und Koriander würzen. Die Reisblätter einzeln zwischen
zwei nassen Tüchern einweichen, etwas Füllung daraufgeben und mit dem Schnittlauch zu kleinen Säckchen
zusammenbinden. Die Reissäckchen 3 bis 4 Minuten
über Wasserdampf garen.

Melonenschiffchen

**Garnelen
mit schwarzen Oliven**

Gefüllte Reissäckchen

**Gurkenfächer mit Karotte und
Trüffel**

Zitronenschmetterlinge

Tomatenrosen

**Wachteleier
auf Zucchiniböden**

Gurkenfächer mit Karotte und Trüffel

1 Salatgurke
20 Scheiben blanchierte Karotten
20 Scheiben Trüffeln

Die Gurke der Länge nach halbieren. Mit der Schnittfläche auf das Schneidebrett legen und mit einem dünnen Messer quer so in Scheiben schneiden, daß sie an einer Seite noch zusammenhängen. Im Abstand von 5 Scheiben ganz durchtrennen. Die Karotten und Trüffelscheiben oval ausstechen. Die Gurken auffächern und abwechselnd mit Karotte und Trüffeln bestücken. Es empfiehlt sich, die Garnitur mit ein wenig Gelee zu überglänzen.

Zitronenschmetterlinge

10 Zitronenscheiben ohne Kerne
blanchiertes Gemüse nach Wahl

Die Zitronenscheiben bis hin zur Mitte einschneiden. Die Zitrusfrüchte in sich verdrehen und aufsetzen. Blanchiertes Gemüse, dies können Karotten, Lauch, Sellerie oder Trüffeln sein, in Tropfenform ausstechen und in der Art eines Ornaments auf die Oberseiten der so entstandenen Flügel anrichten.

Gemüsegugelhupf

200 ml schnittfestes Portweingelee
(siehe Grundrezepte Seite 45)
3 junge Maiskölbchen
je 50 g Karotten, Blumenkohl, rote Paprikaschote
5 kleine Gewürzgurken

Die Maiskölbchen in Scheiben schneiden und das Gemüse in Stücke zerteilen. Anschließend in kräftigem Salzwasser garen und mit kaltem Wasser abschrecken. Das Portweingelee erwärmen und die Gewürzgurken längs in Scheiben schneiden. Eine kleine Gugelhupfform in eine Schüssel mit Eiswasser stellen und bis zum Rand mit Gelee füllen. Hat das Gelee am Rand angezogen, dieses ausgießen. Die Wandungen der Form mit Maiskolbenscheibchen und Gurken auslegen und anziehen lassen. Die restlichen Gemüse mit dem Gelee mischen und in die Form eingießen. Den Gugelhupf stocken lassen, stürzen und in Scheiben schneiden.

Tomatenrosen

10 mittelgroße, rote Tomaten

Den Strunk der Tomaten herausschneiden. Anschließend die Schalen mit einem Tourniermesser in gleichmäßigen Abständen abschälen. Die so entstandenen Schalenstreifen mit der glänzenden Seite nach außen eng zusammenrollen und zu einer Rose formen. Nach Belieben auf einen ziselierten Gurkensockel, Gemüseboden oder Blattpetersilie anrichten.

Wachteleier auf Zuchiniböden

1 kleiner, dünner Zucchino
5 gekochte Wachteleier
1 EL Aspik
etwas Trüffel und blanchierten Lauch zum Garnieren

Den Zucchino diagonal mit dem Ziseliermesser einkerben. Anschließend in 10 gleichmäßige Scheiben von etwa 1 cm Stärke schneiden. Den so entstandenen Boden mit einem Kugelausstechers leicht aushöhlen. Die Wachteleier halbieren und die Oberfläche glätten. Mit dem tropfenförmig ausgestochenen Gemüse garnieren. Die Oberfläche mit etwas Aspik überglänzen und die Eihälften auf die Sockel setzen.

Gemüsegugelhupf

Sternfrüchte mit Aprikosen und Melone

1 Sternfrucht (Karambole)
10 gekochte Aprikosenhälften
10 Honigmelonenkugeln
frische Pfefferminze zum Garnieren

Die Karambole in 10 gleichmäßige Scheiben schneiden. Die Aprikosenhälften an der Unterseite leicht anschneiden, dadurch erhalten sie einen besseren Stand. Die Fruchthälften auf die Sternfrüchte geben, mit den Melonenkugeln füllen und mit der Pfefferminze garnieren.

Gefüllte Artischockenböden mit Pfifferlingssalat

10 kleine gekochte Artischockenböden
150 g kleine frische Pfifferlinge
1 Frühlingszwiebel
2 EL Olivenöl, Salz, Pfeffer
1 EL Rotweinessig

Die Pfifferlinge putzen und waschen. Die Frühlingszwiebel in kleine Stücke zerteilen. Die Hälfte des Olivenöls in einer Sauteuse erwärmen und die Pilze zusammen mit den Frühlingszwiebeln zugeben. Salzen, pfeffern und mit einem Deckel abdecken. Im eigenen Saft gar ziehen lassen und den Essig zugeben. Das Gemüse in eine Schüssel geben, mit dem restlichen Öl marinieren und erkalten lassen. Die Artischockenböden damit füllen.

Gefüllte Birnen mit Preiselbeeren

10 gekochte Birnenhälften
5 EL Preiselbeerkompott

Zum Garen der Birnenhälften empfiehlt es sich, einen gezuckerten Sud aus Wasser und Weißwein, Zitrone, Nelke und Zimt zu verwenden. Die Birnen zuvor schälen und exakt in der Mitte halbieren. Das Kerngehäuse mit einem Kugelausstecher entfernen und die Birnenhälften im vorbereiteten Sud garen und erkalten lassen. Die Unterseiten der Birnen leicht anschneiden und auf einem Tuch abtropfen lassen. Danach mit dem Preiselbeerkompott füllen.

Tomatenparfait

250 ml kräftig gewürzte Tomatensauce
1 EL Rotweinessig
4 Blatt weiße Gelatine
Gekochtes Eiweiß und Kerbel zum Dekorieren

Die Tomatensauce erwärmen, mit dem Essig verfeinern und durch ein feines Sieb passieren. Die Gelatine in kaltem Wasser einweichen, ausdrücken und in der heißen Tomatensauce auflösen. Danach in eine kleine Tunnel- oder Dreieckform gießen und stocken lassen. Stürzen, in Scheiben schneiden und mit Eiweißornamenten und Kerbel garnieren.

Gurken-Gemüse-Körbchen

2 Salatgurken
kleine frische Gemüse der Saison zum Füllen
(z. B. Spargel, Karotten, Paprika, Kohlrabi, Pfifferlinge, Frühlingszwiebeln usw.)

Die Salatgurken mit dem Buntschneidemesser in 10 Gurkenstücke von 4 bis 5 cm Länge zerteilen. Die Teile an einer Seite wegen des besseren Stands leicht anschneiden. In der Mitte einen kleinen Henkel stehen lassen und links und rechts bis zum Kerngehäuse einschneiden. Das Gemüse waagerecht bis hin zum Henkel einschneiden und das Kerngehäuse aushöhlen. Die Gurkenkörbchen mit marinierten Gemüsen füllen.

Sternfrüchte mit Aprikosen und Melone

Gefüllte Artischockenböden mit Pfifferlingssalat

Gefüllte Birnen mit Preiselbeeren

Tomatenparfait

Gurken-Gemüse-Körbchen

Gefüllte Champignons

Senffrüchte auf Apfelböden

Gefüllte Champignons

10 Steinchampignons
200 ml gewürzter Weißweinsud
je $1/2$ rote und gelbe Paprikaschote
1 kleiner Zucchino
1 EL Olivenöl
Salz, Pfeffer,
einige Spritzer Balsamico-Essig
frischer Thymian

Die Stiele der Champignons aus den Pilzen herausdrehen und die Köpfe leicht aushöhlen. Die Champignons im Weißweinsud garen und erkalten lassen. Das Gemüse fein würfeln und im Olivenöl andünsten.
Salzen, pfeffern und im eigenen Sud mit leichtem Biß garen. Mit dem Essig und dem Thymian abschmecken. Die Champignonköpfe mit dem erkalteten Gemüse füllen und mit Thymian garnieren.

Senffrüchte auf Apfelböden

10 pochierte Apfelböden
200 g gemischte Senffrüchte
(kandierte Früchte in Sirup wie z. B. Feigen, Kirschen, Pfirsiche, Birnen usw.)

Zum Zubereiten der Apfelböden empfiehlt es sich, diese in einem gezuckerten Sud aus Wasser, Weißwein, Zitrone und Nelke zu garen. Geschälte Äpfel mit dem Messer in dicke, etwa 2 cm starke Scheiben schneiden. Diese mit einem gezackten Ausstecher in Form bringen und das Kerngehäuse aushöhlen. Die Apfelböden im vorbereiteten Sud garen und erkalten lassen. Die Senffrüchte in Stücke schneiden und die Böden damit füllen.

Tournierte Champignonköpfe auf Zucchini

10 kleine weiße Champignons
1 kleiner Zucchino
Saft von 1 Zitrone
200 ml Sud aus Brühe, Weißwein, Schalotten und Salz

Den Saft der Zitrone in eine kleine Schüssel mit Wasser geben. Die Champignons waschen und in das Zitronenwasser legen. Die Pilze am Stiel fassen und an der Oberseite aus der Mitte heraus einkerben. Dies kann mit einem kleinen, scharfen Messer oder Ziseliermesser geschehen. Den Stiel abschneiden und zurück ins Zitronenwasser geben, bis alle Pilze tourniert sind. Im vorbereiteten Sud garen und erkalten lassen. Die Zucchini in dünne Scheiben schneiden, leicht aushöhlen, blanchieren und die Champignonköpfe darauf anrichten.

Tournierte Champignonköpfe auf Zucchini

Gelierte Mixed Pickles

Gefüllte Eier

Spargelsalat in Artischockenböden

Gelierte Mixed Pickles

200 g Mixed Pickles (Maiskölbchen, Perlzwiebeln, Cornichons, Paprika, Blumenkohl)
250 ml schnittfestes Gelee (siehe Grundrezepte Seite 45)

Bei der Zubereitung des Gelees dieses mit etwas Rotweinessig verfeinern. Die Gemüse in Stücke schneiden und in eine Schüssel schütten. Eine kleine Dreieckform mit etwas Gelee auspinseln und anziehen lassen. Das restliche Gelee zum Gemüse geben und lagenweise in die Form einfüllen und stocken lassen. Den erstarrten Ziegel stürzen und in Scheiben schneiden.

Tomatenecken mit Ricotta

Gurkenfächer

Kiwis mit Babyäpfeln

Orangenspirale

Gefüllte Eier

5 hartgekochte Eier
50 g Butter
Salz
1 Msp. Dijon-Senf
5 schwarze Oliven, Petersilie

Die Eier schälen und mit einem dünnen Messer oder Draht halbieren. Das Eigelb entfernen und die Eihälften mit kaltem Wasser ausspülen und trocknen. Die Butter in einer Schüssel schaumig rühren, das Eigelb durch ein feines Sieb streichen und zugeben. Salz und Senf zur Masse geben und glattrühren. Anschließend in einen Dressierbeutel mit Sterntülle füllen und die Eigelbmasse in die Eihälften spritzen. Mit Petersilienblättchen und Olivenscheibchen garnieren.

Spargelsalat in Artischockenböden

je 1 Bund grüner und weißer Spargel
1 Tomate
Salz, weißer Pfeffer
1 EL Feigenessig
2 EL Traubenkernöl
10 große gekochte Artischockenböden

Die beiden Spargelsorten schälen und getrennt voneinander in Salzwasser mit etwas Zucker garen. Anschließend herausnehmen, in Stücke schneiden und mit Salz, Pfeffer, Essig und Öl marinieren. Die Tomate blanchieren, häuten, entkernen und das Fruchtfleisch würfeln. Die Tomatenwürfel zum erkalteten Spargel geben, untermengen und den Salat in die Artischockenböden füllen.

Tomatenecken mit Ricotta

2 große Tomaten
je 1 EL feingeschnittene rote,
gelbe und grüne Paprikaschote
$^1/_2$ Blatt weiße Gelatine
150 g Ricotta
Salz

Die Tomaten halbieren, das Kerngehäuse entfernen und den Strunk herausschneiden. Die Gelatine in kaltem Wasser einweichen. Den Ricotta glattrühren, leicht salzen und das Gemüse hinzufügen. Die Gelatine ausdrücken, in einem kleinen Töpfchen sowie bei geringer Hitze zum Schmelzen bringen und unter die Käsemasse rühren. Diese in die Tomatenhälften füllen, glattstreichen und durchkühlen lassen. Zum Schluß mit einem in heißes Wasser getauchten Messer in Ecken schneiden.

Gurkenfächer

1 Stück Salatgurke

Die Gurke der Länge nach halbieren. Mit der Schnittfläche auf das Arbeitsbrett legen und quer so einschneiden, daß sie am hinteren Ende noch zusammenhängt. Nach 7 Einschnitten die Schale ganz durchtrennen und den nächsten Fächer beginnen. Die Gurkenfächer spreizen und jedes zweite Segment der Fächer sorgfältig nach innen biegen.

Orangenspirale

10 Orangenscheiben ohne Kerne
10 Beeren von blauen Trauben

Die Orangenscheiben bis hin zur Mitte einschneiden. Die Scheiben in sich verdrehen und auf die Arbeitsfläche setzen. Die Trauben halbieren und je eine Hälfte auf die Oberseiten der so entstandenen Flächen geben.

Kiwis mit Babyäpfeln

5 Kiwis
10 Babyäpfel aus der Dose

Die Kiwis an den Enden leicht anschneiden. Anschließend mit der Klinge eines kleinen Messers in der Mitte rundherum zickzackförmig einschneiden. Dabei die Messerspitze jeweils nur bis zur Fruchtmitte einstechen. Die Früchte halbieren und mit dem Kugelausstecher eine Mulde aus dem Fruchtfleisch ausstechen. Je einen kleinen Babyapfel in die vorbereitete Mulde setzen.

125

Gefüllte Miesmuscheln

10 große, frische Miesmuscheln
1 TL Butter
$^1/_2$ feingeschnittene Schalotte
1 EL feingeschnittenes Gemüse
(Karotten, Lauch, Sellerie)
5 EL Weißwein
$^1/_8$ l Sahne
einige Spritzer Zitronensaft
$^1/_2$ Blatt Gelatine
1 EL Fischgelee zum Überglänzen
(siehe Grundrezepte Seite 41)

Die Muscheln putzen, waschen und die Schalotten in
der Butter glasig dünsten. Das Gemüse hinzufügen, kurz
mitdünsten, dann die Muscheln beigeben. Mit Weißwein ablöschen und mit geschlossenem Deckel 5 Minuten dünsten lassen. Die geöffneten Muscheln herausnehmen und die Sahne zum Sud gießen. Die Gelatine in
kaltem Wasser einweichen. Das Muschelfleisch aus den
Schalen nehmen, diese auswaschen und trocknen. Die
cremig eingekochte Sauce mit Zitrone abschmecken
und die ausgedrückte Gelatine zugeben. Die Muschelschalen mit Gelee auf einen Sockel aus Tomatenparfait
oder Gemüse kleben und anziehen lassen. Die Schalen
mit Sauce füllen, stocken lassen und das leicht mit Gelee
überzogene Muschelfleisch daraufgeben.

Geliertes Ratatouille

je 1 rote und gelbe Paprikaschote
1 kleiner Zucchino
1 TL Olivenöl
Salz, Pfeffer
1 Msp. feingeschnittener Thymian
500 ml Geflügel- oder Gemüsebrühe
1 EL Rotweinessig
1 Eiweiß
4 Blatt weiße Gelatine
2 Zweige Blattpetersilie

Paprika und Zucchino fein würfeln und im Olivenöl
andünsten. Salzen, pfeffern, den Thymian zugeben und
mit dem Fond aufgießen. Das Gemüse mit leichtem Biß
darin garen. Anschließend abseihen, auf einem Tuch
trockenlegen und den Sud etwas abkühlen lassen. Die
Gelatine in kaltem Wasser einweichen. Den Essig zusam-

men mit dem Eiweiß zum Sud geben und verrühren.
Den Gemüsesud unter ständigem Rühren zum Kochen
bringen, bis das Eiklar die Trübteilchen eingeschlossen
hat und der Fond klar ist. Den Sud durch ein Tuch seihen, auf 250 ml reduzieren und die Gelatine einrühren.
4 kleine Pyramidenförmchen mit dem Gelee auspinseln,
anziehen lassen und jede Seitenfläche mit einem Blatt
Petersilie dekorieren. Das Gemüse zum restlichen Gelee
geben, in die Förmchen füllen und stocken lassen. Die
Pyramiden stürzen und je eine Ecke herausschneiden.

Tournierte Radieschen

Bei diesen Garnituren kann der Kreativität freien Lauf
gelassen werden. Es empfiehlt sich, die filigranen Arbeiten zur besseren Handhabung mit einem gebogenen
Tourniermesser auszuführen. Anschließend gibt man die
Radieschen für einige Minuten in Eiswasser, damit sie
aufgehen und knackig werden. Die kleinen Wurzeln der
Radieschen abschneiden und das Grün bis auf einen
kleinen Rest entfernen, dann am Grün anfassen und
bearbeiten. Es können Kerben, Dreiecke, Schachbrett-
muster oder andere Ornamente eingeschnitten werden.

Gefüllte Gurken

1 Salatgurke
200 g Lachsfarce (siehe Seite 74)
30 g rohe Garnelen
10 g gewürfelte Trüffeln

Das Mittelstück der Gurke schälen, in zwei Teile schneiden und diese mit dem Apfelentkerner aushöhlen. Die
Fischfarce glattrühren, die Garnelen fein würfeln und
zusammen mit den Trüffeln beigeben. Die Masse in
einen Dressierbeutel mit Lochtülle geben und dann die
Gurkenstücke damit füllen, diese in Klarsichtfolie einschlagen, an den Enden abbinden und 20 Minuten in
Salzwasser pochieren. Auskühlen lassen, die Folie entfernen und in Portionsstücke schneiden.

Geliertes Ratatouille

Tournierte Radieschen

Gefüllte Gurken

Savarin von Atlantikfischen

Gefüllte Eier mit Kaviar

Gefüllte Miesmuscheln

Savarin von Atlantikfischen

300 g Fischwürfelchen von Atlantikfischen
Salz
250 ml Fischfond
300 ml Fischgelee, mit Safran gewürzt
(siehe Grundrezepte Seite 41)
blanchierte Streifen von Karotte und Lauch

Die Fischwürfelchen mit Salz würzen, in eine Schale geben und mit dem kochenden Fischfond übergießen. Im Sud gar ziehen lassen, herausnehmen und trockenlegen. Eine flache Schale mit Eiswasser füllen und 2 bis 3 Savarinförmchen hineingeben. Das Fischgelee schmelzen, die Förmchen damit füllen und leicht anziehen lassen. Das restliche Gelee ausgießen, es sollte ein Rand von 2 bis 3 mm Stärke zurückbleiben. Auf diese Weise 10 Förmchen fertigstellen und abwechselnd mit Karotten und Lauchstreifen auslegen. Die Fischwürfelchen auf die Formen verteilen und das restliche Gelee darübergießen. Nach dem Stocken die Savarins stürzen und je eine Ecke herausschneiden.

Gefüllte Eier mit Kaviar

5 hartgekochte Eier
50 g Butter
Salz
1 TL Ketakaviar
1 TL Belugakaviar
blanchierte Streifen von Frühlingszwiebeln
1 EL Gelee zum Überglänzen

Die Eier schälen und halbieren. Das Eigelb entfernen und die Eihälften mit kaltem Wasser ausspülen und trocknen. Die Butter mit dem Salz in einer Schüssel schaumig rühren, das Eigelb durch ein feines Sieb streichen und zugeben. Die Masse glattrühren und kuppelförmig die Eihälften damit bestreichen. Mit den Gemüsestreifen belegen und leicht mit Gelee bepinseln. Abwechselnd mit dem Kaviar garnieren und dann auf Gemüsesockel setzen.

127

8

Canapés und Crostini

Crostini, die rustikalen Canapés

Crostini haben wie auch andere italienische Gerichte ihren Ursprung in der bäuerlichen Küche. Die warm servierten Bruschette werden ebenso wie die Crostini mit Butter oder Öl bestrichen und geröstet. Man kann sie mit unterschiedlichen Belägen versehen, die auch kalt serviert werden. Die kräftigen Aromen der Crostini betonen die mediterrane Lebensart. Sie sind besonders geeignet für ein etwas rustikaleres Büfett in lockerem Rahmen. Entscheidend für ihr Gelingen ist auch die Wahl des Brotes. Italienisches Landbrot mit kerniger Kruste oder grobporige Baguettes eignen sich am besten. Die Mengenangaben für die Beläge beziehen sich jeweils auf 10 Crostini.

Crostini mit Geflügelleber

500 g Geflügelleber
20 g roher Schinken
10 g Butter
1 mittelgroße, feingeschnittene Zwiebel
1 EL feingeschnittener Salbei
1 Prise Salz
1 Prise frisch gemahlener schwarzer Pfeffer
1 TL Mehl
100 ml Geflügelbrühe
2 EL geriebener Parmesan
frischer Salbei zum Garnieren

Die Geflügellebern säubern und in kleine Würfelchen zerteilen. Den Schinken in feine Streifen schneiden, die Butter in einer Pfanne aufschäumen lassen und den Schinken darin anbraten. Die Zwiebeln zugeben, glasig schwitzen und im Anschluß daran die Geflügelleber hinzufügen. Die Leber Farbe nehmen lassen, den Salbei beigeben, salzen, pfeffern und den Inhalt der Pfanne mit Mehl bestauben. Die Geflügelbrühe zugießen und bei reduzierter Hitze einkochen lassen. Zum Schluß den Parmesan unterrühren, die Masse abschmecken, auf die Brotscheiben verteilen und mit Salbei garnieren.

Crostini mit Tomaten und Basilikum

600 g vollreife Tomaten
1 bis 2 Knoblauchzehen
je 1 Prise Salz, grob gemahlener schwarzer Pfeffer
2 EL Balsamico-Essig
5 EL Olivenöl
3 EL geschnittenes Basilikum

Den Strunk der Tomaten herausschneiden und die Haut einritzen. Anschließend in kochendem Wasser brühen, abschrecken und häuten. Die Tomaten vierteln, das Kerngehäuse entfernen und das Fruchtfleisch in Würfel schneiden. Die Tomatenwürfel in eine Schüssel geben, den Knoblauch schälen und feingeschnitten beifügen. Die Tomaten mit Salz und Pfeffer würzen und mit Essig und Öl vermengen. Die Masse einige Minuten durchziehen lassen, dann erst das Basilikum hinzufügen und auf den gerösteten Broten servieren.

Crostini, süß-sauer

60 g Kapern in Öl
30 g Rosinen
20 g Pinienkerne
20 g gekochter Schinken
30 g roher Schinken
30 g kandierte Früchte
50 g Puderzucker
1 TL Mehl
4 EL Rotweinessig

Die Kapern abtropfen lassen und grob zerkleinern. Die Rosinen waschen, von Stielen befreien und die Pinienkerne grob hacken. Die beiden Schinkensorten in feine Streifen schneiden und die kandierten Früchte ebenfalls hacken. Den Puderzucker mit dem Mehl mischen, in einen Topf geben und leicht bräunen. Mit etwa 150 ml Wasser ablöschen und den Essig hinzufügen. Die Flüssigkeit einkochen und die Klümpchen auflösen lassen. Die vorbereiteten Zutaten unterrühren und bei schwacher Hitze 10 Minuten köcheln lassen. Die Masse mit Essig und Zucker abschmecken und lauwarm auf geröstetem Brot servieren.

Crostini mit schwarzer Olivenpaste

400 g schwarze Oliven
3 Sardellenfilets
2 Knoblauchzehen
1 TL feingeschnittener Rosmarin
50 ml Olivenöl
1 EL Kapern
1 Tomate

Die Oliven entsteinen und zusammen mit den restlichen Zutaten, bis auf die Tomaten, in einen Mixbecher geben. Den Inhalt fein pürieren, bis eine homogene Masse entsteht. Anschließend den Strunk der Tomate entfernen, die Haut einritzen und die Tomate in kochendem Wasser brühen. Danach abschrecken, vierteln und das Kerngehäuse herausschneiden. Die Olivenpaste auf geröstetes Brot streichen und die Tomaten in Streifen schneiden und garnieren.

Milz-Crostini

800 g Rindermilz (auch Milz vom Lamm möglich)
1 mittelgroße Zwiebel
1 Knoblauchzehe
20 g Butter
2 Sardellenfilets
je 1 Prise Salz und frisch gemahlener schwarzer Pfeffer
200 ml Rinderbrühe
2 EL Balsamico-Essig
2 EL Semmelbrösel
1 EL feingeschnittene Blattpetersilie
10 g geröstete Pinienkerne

Die Milz häuten und fein hacken. Die Zwiebeln und den Knoblauch fein schneiden und in der Butter glasig dünsten. Die zerkleinerten Sardellen und die Milz hinzufügen, kurz angehen lassen und mit Salz und Pfeffer würzen. Anschließend die Brühe aufgießen und bei reduzierter Hitze einkochen lassen. Mit Balsamico-Essig abschmecken, die Semmelbrösel und Petersilie unterrühren und lauwarm auf schwach geröstetem Brot anrichten. Vor dem Servieren mit den Pinienkernen bestreuen.

Crostini mit Pesto und Jakobsmuscheln

10 kleine Jakobsmuscheln
einige Tropfen Limettensaft
1 EL Olivenöl
1 Prise Salz
1 Prise frisch gemahlener weißer Pfeffer
10 g Butter
90 g Pesto
Basilikumblätter zum Garnieren

Die Jakobsmuscheln mit Limettensaft beträufeln und einige Minuten ziehen lassen. Das Olivenöl in einer Pfanne erhitzen, die Muscheln mit Salz und Pfeffer würzen und hineingeben. Die Jakobsmuscheln bei reduzierter Hitze anbraten, wenden und die Butter hinzufügen. 2 bis 3 Minuten garen, dabei ständig mit dem Bratensatz übergießen. Das Pesto auf frisch geröstetes Weißbrot streichen, die Muscheln halbieren und darauf anrichten. Mit den Basilikumblättern garnieren und servieren.

Crostini mit Thunfischcreme

200 g Thunfischfilet in Öl
8 Sardellenfilets
15 Kapern
Saft von einer $^1/_2$ Zitrone
2 Eigelb
4 EL lauwarme Geflügelbrühe
100 ml Olivenöl
1 Prise frisch gemahlener weißer Pfeffer

Den Thunfisch abtropfen lassen und zusammen mit 3 Sardellenfilets und 5 Kapern in einen Mixbecher geben. Zitronensaft und Eigelbe hinzufügen und fein pürieren. Nach und nach die Brühe zugießen und anschließend das Olivenöl untermontieren. Die Thunfischcreme mit Pfeffer abschmecken und auf geröstete Brotscheiben streichen. Die restlichen Sardellen halbieren und mit je 1 Kapernknospe die Crostini garnieren.

Waldpilz-Crostini

20 g getrocknete Steinpilze
2 Schalotten
1 Knoblauchzehe
600 g gemischte Waldpilze (geputzt)
20 g Butter
$^1/_2$ TL Rosmarin und Thymian (fein geschnitten)
125 ml Weißwein
2 EL feingeschnittene Blattpetersilie
2 EL Olivenöl

Die Steinpilze $^1/_2$ Stunde zuvor in lauwarmem Wasser einweichen. Die Schalotten und den Knoblauch schälen, fein schneiden und anschließend die Pilze in Scheiben zerteilen. Die Butter in einer Pfanne zergehen lassen. Schalotten und Knoblauch glasig dünsten und die Pilze hinzufügen. Die Pilze Farbe nehmen lassen, dann mit Salz und Pfeffer würzen. Nun die eingeweichten Steinpilze ausdrücken und zusammen mit Rosmarin und Thymian beifügen. Den Weißwein aufgießen und bei reduzierter Hitze einkochen lassen. Die Pilzmasse auf ein Schneidebrett geben, grob hacken und in einer Schüssel die Petersilie und das Öl unterrühren. Lauwarm auf geröstetem Brot servieren.

Gemüse-Crostini

1 kleine Aubergine
1 Prise Salz
4 vollreife Tomaten
1 kleine Zucchini
1 rote Paprikaschote
2 Knoblauchzehen (fein geschnitten)
1 Zwiebel (fein geschnitten)
3 EL Olivenöl
1 Prise frisch gemahlener weißer Pfeffer
1 TL Rosmarin und Thymian (fein geschnitten)
150 g Schältomaten aus der Dose

Die Aubergine waschen, in Scheiben schneiden, mit Salz bestreuen und Saft ziehen lassen. In der Zwischenzeit die Tomaten brühen, häuten, das Kerngehäuse entfernen und würfeln. Die Zucchini und die Paprikaschote ebenfalls waschen, putzen und in 1 cm große Würfel zerteilen. Nun die Auberginenscheiben abwaschen, trockentupfen und würfeln. Das Olivenöl in eine Pfanne geben, erwärmen und die Zwiebeln, Knoblauch und Kräuter darin angehen lassen. Auberginen, Zucchini und Paprika zugeben, salzen, pfeffern und einige Minuten bei reduzierter Hitze garen. Die Schältomaten kleinhacken, hinzufügen und das Gemüse weitere 10 Minuten schmoren. Die Tomatenwürfel unterrühren und das Gemüse abkühlen lassen. Nach Belieben mit etwas Essig verfeinern und kalt auf die frischen Röstbrote anrichten.

Crostini mit Tomatencreme, Oliven und Bottarga

120 g eingelegte, getrocknete Tomaten
4 bis 5 EL Olivenöl
2 EL entsteinte schwarze Oliven
2 EL feingeschnittene Bottarga
(gepreßter, getrockneter Thunfischrogen)

Die eingelegten Tomaten hacken und zusammen mit dem Olivenöl in einen Mixer geben. Den Inhalt fein pürieren und auf frisch geröstete Weißbrotscheiben streichen. Oliven daraufgeben und dann die Bottarga darüberstreuen. Wahlweise kann der Thunfischrogen auch durch gehobelten Parmesan oder Pecorino ersetzt werden.

Canapés

Der festliche Imbiß zum Aperitif, Stehempfang oder fürs kalte Büfett. Die Übersetzung des französischen Wortes Canapé bedeutet eigentlich Ruhebett, in unserem Falle aber belegte geröstete Brotschnitte. Sie ist jedoch sehr von gewöhnlichen Brotschnitten zu unterscheiden und zählt zu den wirklichen Leckerbissen der Küche. Meist aus geröstetem oder getoastetem Weißbrot zubereitet, werden Canapés in unterschiedlichste Formen gebracht. Rund oder oval ausgestochen, in Dreiecke, Quadrate, Rechtecke oder Rauten geschnitten entstehen gefällige Formen, für die auch Pumpernickel, Vollkorn- oder Schwarzbrot in Frage kommen. Die Scheiben dürfen nicht dicker als 5 bis 6 mm sein und eine mundgerechte Größe besitzen. Der Belag kann aus einem oder mehreren Produkten bestehen, die miteinander harmonieren müssen. Der Phantasie sind in diesem Falle keine Grenzen gesetzt. Die Brotränder sollten nicht vom Belag überragt werden, und es empfiehlt sich das Brot zuvor mit Butter oder einer Buttermischung zu bestreichen. So bleibt es zum einen frisch, und Beläge, die etwas Saft lassen, weichen das Brot nicht durch. Die nachstehenden Rezepturen sind jeweils für 10 Canapés berechnet. Käsecanapés und -snacks finden sie im Käsekapitel.

Schinkenrauten mit Wachtelspiegelei

5 Scheiben Vollkornbrot
10 g Butter
5 Scheiben roher Schinken
10 Wachteleier
1 EL Öl zum Braten
1 TL feingeschnittener Schnittlauch

Aus dem Vollkornbrot 10 Rauten schneiden und mit Butter bestreichen. Den Schinken in feine Streifen schneiden und das Brot damit belegen. Das Öl in eine Pfanne geben, leicht erwärmen und die Eier aufschlagen. Bei schwacher Hitze kleine Spiegeleier ausbacken. Die Eier rund ausstechen, auf den Schinken geben und mit dem Schnittlauch bestreuen. (Canapés mit Wachtelspiegeleiern müssen stets frisch zubereitet werden.)

Roastbeefröllchen mit Spargel

5 Scheiben Toastbrot
10 g Butter
10 Scheiben kaltes Roastbeef
30 Spitzen grüner Spargel
1 EL Senfbutter (siehe Seite 92)
Petersilie zum Garnieren

Das Brot toasten, die Ränder abschneiden, halbieren und anschließend die Oberfläche buttern. Je drei Spargelspitzen in eine Scheibe Roastbeef einrollen und die Enden geradeschneiden. Auf die Brote setzen und mit Senfbutter und Petersilie garnieren.

Parmaschinken mit Melonenkugeln

5 Scheiben Weißbrot
10 g Butter
10 dünne Scheiben Parmaschinken
10 ausgestochene Melonenkugeln
Zitronenmelisse zum Garnieren

Aus dem getoasteten Weißbrot 10 runde Taler ausstechen
und leicht buttern. Die Schinkenscheiben zu Rosetten
formen und die Brote damit belegen.
Mit je einer Melonenkugel und einem Melisseblättchen
garnieren.

Bündner-Fleisch-Canapé

5 Scheiben Vollkornbrot
10 g Butter
10 Scheiben Bündner Fleisch
Mixed Pickles zum Garnieren
(Maiskölbchen, Perlzwiebeln, Paprika usw.)

Die Brotscheiben zu 10 gleichmäßigen Dreiecken schneiden und dünn mit Butter bestreichen. Das Bündner
Fleisch zu Tütchen formen und auf die Dreiecke setzen.
Die Canapés mit kleingeschnittenen Mixed Pickles voll-
enden.

Geflügellebermousse

50 g weiche Butter
250 g feines Geflügelleberparfait (siehe Seite 65)
5 Scheiben Weißbrot
1 frische Feige

Die weiche Butter in eine Schüssel geben und schaumig
schlagen. Anschließend das Parfait hinzufügen und glattrühren. Die Lebermasse etwas kühl stellen und in einen
Dressierbeutel mit Sterntülle einfüllen. 10 runde Brotscheiben aus dem bereits getoasteten Brot ausstechen
und die Masse aufdressieren. Die Feige in Spalten schneiden und die Mousse damit garnieren.

Tatar vom Rinderfilet

250 g Rinderfilet
2 Kapern, 1 Sardellenfilet, 1 Cornichon (kleine Gewürz-
gurke)
1 feingeschnittene Schalotte
1 Msp. Senf, 1 TL Tomatenketchup
je 1 Prise Salz, Pfeffer, Paprikapulver edelsüß
1 Eigelb
10 getoastete Weißbrottaler
10 g Butter
3 gekochte Wachteleier und Schnittlauchspitzen zum
Garnieren

Mit einem großen Küchenmesser das Rindfleisch würfeln
und anschließend fein hacken. Kapern, Sardelle und Cornichon fein schneiden und zusammen mit Schalotte,
Senf, Ketchup, den Gewürzen und Eigelb zum Fleisch
geben. Die Brote buttern, mit dem Tatar bestücken und
in Form bringen. Mit geschnittenen Eischeiben und
Schnittlauch garnieren. (Diese Canapés müssen stets
ganz frisch zubereitet werden.)

Salamicanapé

5 Scheiben Weißbrot
200 g hauchdünn geschnittene Salami
10 gefüllte Oliven

Das Weißbrot toasten, von der Rinde befreien und
10 gleichmäßige Rechtecke daraus schneiden.
Nach Belieben kann es leicht mit Butter bestrichen
werden. Die Salami auf den Canapés verteilen und mit
den in Scheiben geschnittenen Oliven garnieren.

Lachsschinkencanapé

5 kleine Scheiben Pumpernickel
10 g Butter
20 kleine Scheiben Lachsschinken
10 Cornichonfächer
5 Perlzwiebeln

Aus dem Pumpernickel Quadrate schneiden und mit
der Butter bestreichen. Hintereinander angeordnet je
2 Scheiben Lachsschinken daraufgeben. Mit den Cornichonfächern und in Scheiben geschnittenen Perlzwiebeln garnieren.

Geflügelcanapé

3 gebratene, kalte Maishähnchenbrüste
5 Scheiben Weißbrot
$^1/_2$ EL Zitronenbutter (siehe Seite 114)
einige Blätter Kopfsalat
1 EL Cocktailsauce (siehe Seite 91)
1 Babyananas
Pfefferminze zum Garnieren

Die Geflügelbrüste in Tranchen schneiden und anschließend das Brot rösten. Davon 10 Taler ausstechen, dünn
mit Zitronenbutter bestreichen und mit den Salatblättern
belegen. Die Geflügelscheiben auflegen und mit Cocktailsauce leicht nappieren. Mit Ananasscheibchen und Pfefferminze garnieren.

Canapé mit Tomate, Ei und Sardelle

5 Scheiben Weißbrot
10 g Knoblauchbutter (siehe Seite 116)
2 hartgekochte Eier
10 Scheiben Tomate
10 Sardellenfilets in Öl
10 Kapern

Nach dem Toasten der Brotscheiben 10 kleine Taler ausstechen und mit Knoblauchbutter bestreichen. Die Eier in
Scheiben schneiden und jedes Canapé mit Tomaten- und
Eischeibe belegen. Die Sardellen zusammenrollen, mit
den Kapern füllen und obenauf setzen.

Canapé mit Tomaten und Mozzarella

10 Weißbrotscheiben
10 g Kräuterbutter (siehe Seite 116)
10 Basilikumblätter
10 bis 15 Kirschtomaten
120 g gewürfelter Mozzarella
1 Prise Salz
etwas grob gestoßener, schwarzer Pfeffer
$^1/_2$ EL Olivenöl

Die Weißbrotscheiben rösten, Rinde entfernen und in
10 Quadrate schneiden. Im Anschluß daran mit der Butter bestreichen und je 1 Basilikumblatt daraufgeben. Die
Kirschtomaten in Scheiben schneiden, auf die Canapés
setzen und den Mozzarella darüber verteilen. Zum
Schluß mit Salz und Pfeffer würzen und mit Olivenöl
beträufeln.

Canapé mit Thunfischcreme

200 g Thunfisch in Öl
50 g weiche Butter
einige Tropfen Zitronensaft
5 Scheiben Weißbrot
10 g Butter
1 Stück Salatgurke
5 entsteinte, schwarze Oliven
Kerbel zum Garnieren

Den Thunfisch abtropfen lassen und fein pürieren. Die
Butter schaumig schlagen, das Püree unterrühren und
mit Zitrone abschmecken. Nach dem Toasten des Brotes
10 kleine Taler ausstechen und mit der Butter bestreichen. Die Gurke in Scheiben schneiden, halbieren und
die Canapés damit belegen. Die Thunfischcreme aufspritzen und mit Olivenscheibchen und Kerbel garnieren.

Canapé mit Lachstatar

300 g Lachsfilet ohne Haut
1 Schalotte
1 Prise Salz und frisch gemahlener weißer Pfeffer
1 Msp. feingeschnittener Dill
Saft von einer $1/2$ Limette
10 getoastete Weißbrotdreiecke ohne Rinde
10 g Butter
3 gekochte Wachteleier

Das Fischfleisch mit dem Messer zuerst in dünne Tranchen, dann in feine Streifen und anschließend in kleine Würfelchen zerteilen. Den Lachs in eine Schüssel legen und kühlen. Die Schalotte schälen, fein schneiden und zusammen mit den Gewürzen und Dill dem Fisch hinzufügen. Alles miteinander vermengen und mit dem Limettensaft abschmecken. Die Brotscheiben buttern, den Belag daraufgeben und glätten. Die Wachteleier in Ecken schneiden und die Canapés damit garnieren. (Diese Canapés müssen stets frisch zubereitet werden.)

Shrimpscanapé

300 g gekochte Shrimps in Lake
einige Tropfen Zitronensaft und Cognac
5 Scheiben Weißbrot
10 g Butter
2 EL Cocktailsauce (siehe Seite 91)
10 Chicoréeblätter
Gartenkresse als Garnitur

Die Shrimps auf ein Sieb schütten, abtropfen lassen und mit Zitronensaft und Cognac beträufeln. Das Weißbrot rösten, die Rinde entfernen, buttern und in Rechtecke zerteilen. Die Chicoréeblätter halbieren, auf das Brot legen und die Shrimps darauf anrichten. Anschließend mit der Cocktailsauce nappieren und mit der Kresse dekorieren.

Kaviarcanapé

5 gekochte Wachteleier
$^1/_2$ EL weiche Butter
1 Prise Salz
5 Scheiben Weißbrot
10 g Butter
100 g Kaviar (Beluga, Sevruga)

Die Wachteleier rundherum mit der Messerspitze zick-zackförmig einstechen, halbieren und das Eigelb heraus-nehmen. Die weiche Butter schaumig rühren, die Eigelbe zugeben und glattrühren. Die Masse salzen und mit einer kleinen Sterntülle in die Eiweißhälften spritzen. Die Weiß-brotscheiben toasten, 10 kleine Taler ausstechen und mit Butter bestreichen. Den Ausstechring einsetzen, um den Kaviar exakt plazieren zu können. Die Brote mit den Wachteleikronen garnieren. (Diese Canapés müssen stets frisch zubereitet werden.)

Räucherlachscanapé

5 Scheiben Weißbrot
10 g Butter
10 Scheiben Räucherlachs
1 EL Meerrettichsahne (siehe Seite 97)
Frischer Dill zum Garnieren

Nach dem Rösten des Weißbrots 10 Taler ausstechen und dünn mit Butter bestreichen. Den Lachs zu Rosetten formen und auf den Talern anrichten. Mit zwei kleinen Mokkalöffelchen die Meerrettichsahne zu Nocken formen und den Räucherlachs damit garnieren. Mit kleinen Dill-zweigen fertigstellen.

Matjestatar

4 Matjesfilets
1 säuerlicher Apfel
1 Prise frisch gemahlener Pfeffer
einige Tropfen frischer Zitronensaft
1 EL Crème fraîche
10 runde Scheiben Pumpernickel
10 g Butter
1 TL feingeschnittener Schnittlauch

Die Matjesfilets kurz in kaltem Wasser wässern, trockentupfen und anschließend fein würfeln. Den Apfel halbieren, einen Teil schälen und in kleine Würfelchen zerteilen.
Zusammen mit dem Fisch in eine Schüssel geben und mit
Pfeffer, Zitrone und Crème fraîche anmachen. Die Brote
buttern und mit dem Matjestatar bestücken. Aus der
zweiten Apfelhälfte Spalten schneiden und gemeinsam
mit dem Schnittlauch die Canapés garnieren.

Räucherlachs-Crêpe-Roulade

$^1/_2$ Blatt weiße Gelatine
3 EL Meerrettichsahne (siehe Seite 97)
1 dünn gebackener Pfannkuchen (etwa 28 cm Ø)
6 Scheiben Räucherlachs
10 ovale Weißbrotscheiben (getoastet)
10 g Butter

Die Gelatine in kaltem Wasser einweichen und ausdrük-
ken. Danach in einem kleinen Töpfchen zum Schmelzen
bringen und unter die Meerrettichsahne rühren. Die
Masse dünn auf den Pfannkuchen streichen und den Räucherlachs darüber verteilen. Den Pfannkuchen zu einer
Rolle formen und in Folie einschlagen. Nach kurzem Kühlen die Roulade diagonal in Scheiben schneiden und auf
den zuvor gebutterten Weißbrotscheiben anrichten. Die
Canapés mit Dill garnieren.

Canapé mit Graved Lachs

5 Scheiben Weißbrot
10 g Senfbutter (siehe Seite 117)
10 Scheiben Graved Lachs
1 TL Kaviar

Die Weißbrotscheiben toasten und je 2 Taler ausstechen.
Mit der Senfbutter bestreichen und die Graved-Lachs-
Scheiben rosettenförmig auflegen. Die Canapés mittig
mit einer kleinen Portion Kaviar garnieren.

Räucheraalcanapé

400 g Räucheraal
5 Scheiben Vollkornbrot
10 g Butter
20 dünne Scheiben Salatgurke
2 kleine, weiße Champignons
1 EL gehacktes Ei
1 Msp. feingeschnittener Dill

Den Aal entlang des Rückgrates filetieren, die Haut abziehen und das Fleisch in Tranchen schneiden. Das Vollkornbrot buttern und 10 Rechtecke daraus schneiden.
Je 2 Scheiben Gurke und 3 Aaltranchen auflegen. Die
Pilze halbieren, in Scheiben schneiden und zwischen
den Räucherfischen plazieren. Zum Schluß mit dem
gehackten Ei und Dill bestreuen.

Schillerlockencanapé

2 Schillerlocken à 120 g bis 150 g
10 quadratische Weißbrotscheiben (geröstet)
10 g Butter
3 Kirschtomaten
10 Zweige frischer Dill

Die Schillerlocken diagonal in Tranchen schneiden.
Die Brote von der Rinde befreien, buttern und mit den
Räucherfischen belegen. Die in Ecken geschnittenen
Kirschtomaten ebenfalls darauf dekorieren und alles
zusammen mit dem Dill garnieren.

Canapé mit Meeresfrüchteterrine

5 Scheiben Weißbrot
10 g Butter
5 Scheiben Meeresfrüchteterrine
(etwa 5 x 5 cm Größe)
Blattpetersilie zum Garnieren

Das Weißbrot rösten, die Rinde entfernen und 10 gleichmäßige Rechtecke daraus schneiden, anschließend dünn
mit der Butter bestreichen. Die Terrinenscheiben halbieren, auf die Brotsockel setzen und eventuell überstehende
Ränder abschneiden. Die Canapés mit der Blattpetersilie
garnieren.

Räucherforellencanapé

5 Scheiben Weißbrot
4 geräucherte Forellenfilets
10 g Butter
4 Scheiben Limette
2 EL Preiselbeersahne (siehe Seite 96)

Nach dem Rösten der Weißbrotscheiben die Rinde
entfernen und in 10 Rechtecke zerteilen. Die Haut der
Forellenfilets abziehen und das Fischfleisch schräg in
Tranchen schneiden. Die Brote buttern und mit dem
Fischfleisch belegen. Anschließend die zu Ecken ge-
schnittenen Limetten auf die Forellen setzen. Die
Preiselbeersahne mit zwei kleinen Löffelchen zu Nocken
formen und die Canapés damit garnieren.

Canapé mit Königskrabbenfleisch

5 Scheiben Weißbrot
10 g Zitronen- oder Krebsbutter (siehe Seiten 114, 117)
200 g Königskrabbenfleisch
1 EL Ketakaviar
Dill zum Garnieren

Die Brotscheiben rösten, je 2 Taler ausstechen und mit
der Butter bestreichen. Das Königskrabbenfleisch in
dünne Scheibchen schneiden und als Rosette auflegen.
Den Ketakaviar darauf verteilen und die Canapés mit
kleinen Dillzweigen garnieren.

Einen Schwanenhals herstellen

Eine klassische Serviettenfalttechnik mit Raffinesse. Die dekorierten Canapéplatten werden zusätzlich aufgewertet und verziert.

Die Serviette in den oberen zwei Dritteln mit einem doppelt gelegten Alufolienstreifen belegen.

Die Serviette jeweils von links und rechts zur Mitte hin einschlagen und die Kanten glattstreichen.

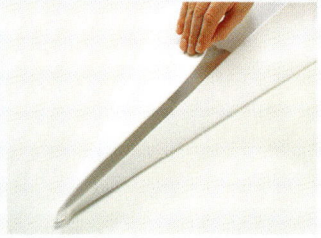

Dies in immer enger werdenden Abständen wiederholen, bis eine dünne Spitze entsteht.

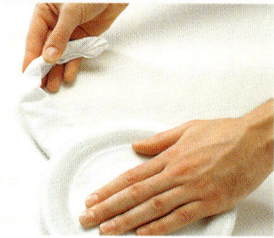

Die beiden Seitenschenkel übereinanderschlagen, einen Teller auf die Spitze legen und anpressen. Die Serviette an der Spitze fassen und in einer Kreisbewegung raffen.

Den fertigen Schwanenhals aufstellen und in Form bringen. Er wird mit den Enden unter die Deckserviette geschoben.

Beim Anrichten einer Canapé-
platte ist darauf zu achten,
daß die Abstände der einzelnen Canapés exakt gleich sind
und die verschiedenen Sorten
graphisch als Reihen oder
Gruppen plaziert werden. Für
einen Stehempfang oder Aperitif werden 3 bis 5 Canapés
pro Person gerechnet. Nicht
nur die Legerichtung sollte
eingehalten werden, auch der
Belag oder die Garnituren
sollten immer in die gleiche
Richtung zeigen.

9

Vorspeisen und Suppen

Vorspeisen fürs Büfett

Eine optische Aufwertung des kalten Büfetts ist es, edle Vorspeisen portionsweise in Gläsern, Schalen oder auf kleinen Tellern zu servieren. Sie sind eine Abwechslung zu den Plattenkreationen und erweitern das Küchenrepertoire. Hier kommen besonders Gerichte zum Zuge, die nur als Einzelportionen serviert werden können. Die Wahl eleganter Gefäße unterstützt ihre Wirkung. Meist handelt es sich um Rezepturen mit zarter und schmelziger Konsistenz oder flüssiger Beschaffenheit. Die nachstehenden Rezeptkreationen sind bestimmt für 10 Personen.

Meeresfrüchte in Safrangelee

1 kg Meeresfrüchte (beispielsweise Garnelen,
Tintenfische, Muscheln, Kalmare)
1 l Fischfond
100 g Karotten
100 g Fenchel
100 g gepalte Erbsen
8 Blatt weiße Gelatine
frischer Dill zum Garnieren

Die Meeresfrüchte gründlich putzen und waschen.
Die Muscheln dämpfen oder dünsten und die restlichen
Meeresfrüchte nacheinander im Fischsud garen.
Die Garnelen und Muscheln ausbrechen und säubern,
die Tintenfische und die Kalmare in kleine Stücke
zerteilen. Aus dem Garfond ein Safrangelee herstellen,
wie in der Grundrezeptur Seite 41 beschrieben. Das
Gelee mit 8 Blatt eingeweichter Gelatine auf 1 Liter
Fond absteifen. In der Zwischenzeit die Karotten und
den Fenchel in feine Würfel zerteilen. Die drei Gemüse
nacheinander in kräftig gewürztem Salzwasser garen.
Anschließend mit kaltem Wasser abschrecken und abtropfen lassen. Kurz bevor das Safrangelee zu stocken
beginnt, die vorbereiteten Meeresfrüchte mit den Gemüsen mischen und auf 10 Cocktailschalen verteilen.
Etwas vom Gelee darübergießen und im Kühlschrank
gelieren lassen. Diesen Vorgang nach und nach wiederholen, bis die Meeresfrüchte ganz mit Gelee überzogen
sind. Es sollte nicht zu viel Gelee auf einmal hineingegeben werden, damit die Meeresfrüchte nicht aufschwimmen. Zum Schluß mit Dillzweigen garnieren.
Separat kann eine gesäuerte Sahne oder eine Kaviarsahne gereicht werden.

Spargelmousse
mit Tomatengelee und Forellenkaviar

500 g geschälter, weißer Spargel
Salz, Zucker
3 EL Champagneressig
125 ml kräftiger Geflügelfond
3 Blatt weiße Gelatine
frisch gemahlener weißer Pfeffer
einige Tropfen Zitronensaft
500 ml Sahne
350 ml Tomatengelee (siehe Seite 45)
1 TL feingeschnittener Kerbel
100 g Forellenkaviar
Kerbel zum Garnieren

Der Spargelmenge entsprechend einen Topf mit Wasser
zum Kochen bringen und mit Salz, Zucker und dem
Champagneressig würzen. Die Spargelstangen hineingeben und gut weich kochen. Anschließend herausnehmen, abtropfen lassen und in heißem Zustand in Stücke
schneiden. Das Gemüse in einen Standmixer einfüllen
und zusammen mit dem zuvor erwärmten Geflügelfond
pürieren. Die Gelatine in kaltem Wasser einweichen,
ausdrücken und untermixen. Das Püree durch ein Sieb
streichen, abkühlen lassen und mit Salz, Pfeffer sowie
Zitronensaft abschmecken. Die Sahne in einen Kessel
gießen und steif schlagen. Ihre Konsistenz sollte nicht
zu fest sein, also nicht ganz ausgeschlagen. Die Sahne
vorsichtig unter das Spargelpüree heben, die Masse in
einen Dressierbeutel füllen und 10 vorbereitete Gläser
damit bestücken. Die Mousse im Kühlschrank stocken
lassen. Den feinen Kerbel unter das kalte, aber noch
flüssige Tomatengelee rühren und auf die Gläser verteilen. Kurz vor dem Servieren je 1 Teelöffel Forellenkaviar
obenauf setzen und mit Kerbel garnieren.

Gänsestopfleber mit Pumpernickel und Champagnergelee

300 g Gänsestopfleberterrine im Block
2 cl weißer Portwein
12 Blatt weiße Gelatine
250 ml Sauternes oder Dessertwein
3 bis 4 frische Himbeeren
750 ml Champagner rosé
200 g Pumpernickel
50 g Rosinen

Mit einer Spachtel die Gänsestopfleberterrine zügig durch ein feines Sieb in eine Schüssel streichen, mit dem Portwein verrühren und glattarbeiten. Die Oberfläche mit Klarsichtfolie bedecken und die Masse in den Kühlschrank stellen. In der Zwischenzeit die Gelatine in kaltes Wasser legen und einweichen. Den Sauternes zusammen mit den Himbeeren in einen Topf gießen und erhitzen. Die Beeren einige Minuten darin ziehen lassen, jedoch nicht zerquetschen. Die Gelatine ausdrücken, in eine flache Schale geben und den Wein darüberseihen. Diesen mit der Gelatine vermengen und abkühlen lassen. Kurz bevor das Gelee zu stocken beginnt, den kalten Champagner vorsichtig von der Seite in das Gelee laufen lassen. Ein Aufschäumen sollte vermieden werden. Die Flüssigkeit mit einem Löffel glattrühren und sofort kühl stellen. Nun den Pumpernickel zusammen mit den Rosinen in einen Küchenmixer einfüllen und fein zerkleinern. Die Stopflebermousse mit einer kleinen Kelle oder einem Eisportionierer zu Kugeln formen und in den vorbereiteten Bröseln wälzen. Danach erneut kühl stellen. Das erstarrte Champagnergelee auf Pergamentpapier stürzen und mit einem großen Messer in Würfel hacken. Auf 10 Cocktailschalen oder Martinigläser verteilen und je eine Gänsestopfleberkugel darauf setzen.

Paprikamousse mit Basilikumvinaigrette

je 300 g gelbe und rote Paprikaschoten
3 Schalotten, 1 Knoblauchzehe
20 g Butter
1 Thymianzweig
Salz, frisch gemahlener weißer Pfeffer
100 ml Weißwein
300 ml Gemüse- oder Geflügelfond
3 Blatt weiße Gelatine
Saft von 1 Zitrone
80 ml Sahne
1 Bund Basilikum
10 EL Olivenöl
1 EL Tomatenwürfel

Die Paprikaschoten waschen und farblich voneinander getrennt putzen und fein würfeln. 2 Schalotten und den Knoblauch schälen, danach fein zerkleinern. Nun die Butter auf 2 kleine Töpfe verteilen und schmelzen lassen. Je die Hälfte der Schalotte und des Knoblauchs zugeben und glasig dünsten. Die Paprika getrennt hinzufügen und jeweils einen halben Thymianzweig beifügen. Das Gemüse bei schwacher Hitze dünsten und mit Salz und Pfeffer würzen. Den Weißwein auf die Töpfe aufteilen und die Flüssigkeit einkochen lassen. Anschließend zu gleichen Teilen mit dem Fond aufgießen. Die Paprika schmoren lassen, bis sie weich sind und die Flüssigkeit weitgehend reduziert ist. In der Zwischenzeit je $1^1/_2$ Blatt Gelatine getrennt voneinander in kaltem Wasser einweichen. Die Gemüse mit dem Mixstab pürieren, durch ein Sieb streichen und noch in warmem Zustand die Gelatine unterrühren. Beginnend mit der gelben Masse, die Sahne steif schlagen und die Paprikamasse auf Eis kalt rühren. Die Hälfte der Sahne unterziehen, dann mit Zitrone, Salz und Pfeffer abschmecken. Mit dem Dressierbeutel in 10 vorbereitete Weißweingläser füllen. Kühlen, bis die Oberfläche der Mousse angezogen hat, danach den gleichen Vorgang mit der roten Paprikamasse wiederholen. Nach völligem Durchkühlen der beiden Mousseschichten das Basilikum bis auf zehn kleine Blättchen mit dem Messer fein schneiden und unter das Olivenöl rühren. Die zurückgehaltene Schalotte fein schneiden und zusammen mit dem Zitronensaft unterrühren. Mit Salz und Pfeffer würzen. Die Vinaigrette auf die Gläser verteilen und mit den Tomatenwürfeln und Basilikum garnieren.

Melonen-Estragon-Süppchen

1,5 kg Honigmelone
1 kg Wassermelone
2 cl roter Portwein
4 cl weißer Portwein
100 ml trockener Sekt oder Champagner
2 Zweige Estragon

Die Honigmelone halbieren und die Kerne entfernen.
Anschließend mit einem Kugelausstecher etwa 30 kleine
Kugeln ausstechen. Gleiches gilt für die Wassermelone,
jedoch sollte darauf geachtet werden, daß sich keine
Kerne in den Kugeln befinden. Das restliche Fruchtfleisch der beiden Melonensorten mit einem Löffel her-
ausschaben und in einen Standmixer geben. Den Portwein hinzufügen und die Melonen pürieren. Im Anschluß daran die Masse durch ein Sieb seihen und gut
kühlen. Kurz vor dem Servieren einen Teil des Estragons
zur Seite legen und den Rest fein schneiden. Diesen zur
Melonensuppe geben und vorsichtig mit dem Schaumwein aufgießen. Kleine Suppenschälchen mit den Melonenkugeln bestücken und die Suppe aufgießen. Die
Melonensuppe mit dem zurückgehaltenen Estragon
garnieren.

Kalte Gurkensuppe

1,5 kg Salatgurke
1 Prise Salz
150 ml Milch
6 EL Naturjoghurt
3 EL saure Sahne
1 TL feingeschnittener Dill
einige Tropfen Zitronensaft und Tabasco
einige abgezupfte Dillzweige zum Garnieren

Die Salatgurke waschen, schälen, halbieren und entkernen. Das Kerngehäuse über ein Sieb geben, ausdrücken
und den Saft in einer Schüssel auffangen. Aus dem
Fruchtfleisch 40 bis 50 kleine Perlen ausstechen und
kühl stellen. Das restliche Fleisch grob würfeln, dem
Gurkensaft hinzufügen und leicht salzen. Nach etwa
30 Minuten den Schüsselinhalt zusammen mit der Milch
fein pürieren und durch ein nicht zu feines Sieb passieren. Zum Schluß den Joghurt und die saure Sahne unterrühren und die Suppe mit Dill, Zitrone und Tabasco abschmecken. Zum Servieren auf kleine portionsgerechte
Schalen verteilen, die Gurkenperlen einstreuen und mit
Dill garnieren.

Gazpacho (kalte spanische Gemüsesuppe)

500 g Fleischtomaten
200 g Salatgurke
je 200 g rote, gelbe und grüne Paprikaschoten
Salz
1 Zwiebel
1 Knoblauchzehe
2 Scheiben Weißbrot ohne Rinde
frisch gemahlener weißer Pfeffer
einige Tropfen Tabasco
1 EL Rotweinessig
kleine Basilikumblättchen zum Garnieren

Die Gemüse waschen und nacheinander putzen. Den Strunk der Tomaten entfernen, die Gurke schälen und die Paprikaschoten von Kernen und Scheidewänden befreien. Einen kleinen Teil der Gemüse fein würfeln und als Suppeneinlage zurückhalten. Das restliche Gemüse grob zerkleinern, in eine Schüssel geben und noch leicht salzen.
Während das Gemüse Saft ziehen kann, die Zwiebel und den Knoblauch schälen und fein schneiden. Diese dann zusammen mit dem gesalzenen Gemüse in einen Mixer füllen und fein pürieren. Anschließend das Brot hinzufügen, untermixen und die Gemüsemischung durch ein Sieb streichen.
Das Gemüsepüree gut kühlen und vor dem Servieren das Olivenöl untermontieren. Den Gazpacho mit Tabasco und Essig abschmecken in Schälchen anrichten und mit den Gemüsewürfelchen und Basilikum garnieren.

Geliertes Süppchen mit roten Beten und Kaviar

1 kg rote Bete
1,5 l Rinderkraftbrühe (siehe Zubereitung Seite 44)
150 g Stangensellerie
100 g Weißes vom Lauch
5 EL Crème fraîche
einige Tropfen Zitronensaft
20 g Kaviar

Zur Zubereitung der Rinderkraftbrühe $^3/_4$ der roten Bete schälen und fein würfeln. Diese dem Ansatz der Klarifikation zugeben und klären, wie im Grundrezept beschrieben. Nach Belieben kann etwas Kreuzkümmel zum Würzen hinzugefügt werden. Sollte die Gelierkraft der fertigen Rinderkraftbrühe nicht ausreichend sein, können pro Liter Flüssigkeit 2 bis 3 Blatt Gelatine zugesetzt werden. Dies ist auch in heißen Sommermonaten vorteilhaft. Den Rest der roten Bete in der Schale kochen, abkühlen lassen, schälen und würfeln. Anschließend den Stangensellerie in Scheibchen und den Lauch in feine Streifen schneiden. Beides in Salzwasser mit leichtem Biß blanchieren und abschrecken. Die roten Bete zusammen mit dem Sellerie und Lauch in kleine Schälchen plazieren und mit der gelierfähigen Suppe aufgießen. Die Schalen nach und nach füllen und zwischendurch kühlen. Die Crème fraîche mit dem Zitronensaft verrühren, auf die Suppe geben und den Kaviar obenauf setzen. Mit kleinen Blättchen von Stangensellerie garnieren.

155

Carpaccio vom Rinderfilet mit Trüffelvinaigrette

100 ml roter Portwein
4 cl Trüffelsaft, 30 g schwarze Trüffel
2 EL Portweinessig
Salz, frisch gemahlener weißer Pfeffer
15 EL Olivenöl
250 g weiße Champignons
Saft von $1/2$ Zitrone
1 TL feingeschnittener Schnittlauch
250 g Rinderfilet oder -hüfte
Brunnenkresse zum Dekorieren

Den Portwein zusammen mit dem Trüffelsaft auf 2 bis
3 EL reduzieren. Die Trüffel schälen und in feine Würfelchen schneiden. Trüffel, reduzierten Fond und Portweinessig in eine Schüssel füllen und mit Salz und Pfeffer
verrühren. Etwa 10 EL Olivenöl unterrühren und abschmecken. Die Pilze schälen und in dünne Stifte schneiden. Mit dem Zitronensaft beträufeln, mit Salz und Pfeffer würzen, den Schnittlauch zufügen und mit dem restlichen Olivenöl marinieren. Das Rindfleisch in dünne,
kleine Scheiben schneiden und mit dem Plattiereisen
oder einer großen Messerklinge flach drücken. Die Teller
mit wenig Salz und Pfeffer bestreuen, einen Kranz aus
Brunnenkresse legen und die Fleischscheiben daraus-
geben. Die Trüffelvinaigrette darüber verteilen und die
vorbereiteten Champignonstifte in die Mitte setzen.
Diese Vorspeise darf nur frisch zubereitet angeboten
werden.

Kalter Fadennudelsalat mit Kaviar

100 ml Sahne
Saft von 1 Limette
Salz
frisch gemahlener weißer Pfeffer
250 g dünne Fadennudeln
(wenn möglich, grün und weiß gemischt)
1 EL Crème fraîche
Salz
frisch gemahlener weißer Pfeffer
1 EL feingeschnittener Estragon
5 EL Olivenöl
60 Chicoréeblätter
80 g Kaviar
80 g Forellenkaviar

Die Sahne in eine Schüssel geben, mit dem Limettensaft
verrühren und mit Salz und Pfeffer würzen. In der
Zwischenzeit die Fadennudeln in kräftigem Salzwasser
garen, abschütten und mit kaltem Wasser abbrausen.
Die Crème fraîche und den Estragon unter die bereits
eingedickte, gesäuerte Sahne rühren. Die Fadennudeln
abtropfen lassen und in einer Schüssel mit der vorbereiteten Sauce vermischen. Je ein Nudelnest auf einen
kleinen Vorspeisenteller setzen und mit den Chicoréeblättern garnieren. Abwechselnd kleine Häufchen von
Kaviar und Ketakaviar in den Zwischenräume plazieren.

156

Bohnen-Artischocken-Salat
mit gebratenem Kalbsbries

200 g feine Bohnen
10 gekochte Artischockenherzen
4 EL Rotweinessig
Salz
frisch gemahlener weißer Pfeffer
8 EL Olivenöl
1 TL feingeschnittener Schnittlauch
1 EL Tomatenwürfel
300 g gekochtes Kalbsbries
10 g Butter
4 EL Kalbsjus oder -fond

Die Bohnen putzen und in kräftigem Salzwasser mit leichtem Biß garen. Danach abschrecken und der Länge nach halbieren. Die Artischockenherzen in Spalten schneiden und zusammen mit den Bohnen in eine Schüssel geben. Den Essig mit Salz und Pfeffer verrühren und das Olivenöl darunterziehen. Das Dressing gemeinsam mit dem Schnittlauch und den Tomaten dem Gemüse hinzufügen und vorsichtig unterheben. Nun das Kalbsbries von losen Häuten befreien und in kleine Röschen zerteilen. Die Butter in einer Pfanne aufschäumen lassen, das Bries zusetzen, salzen und pfeffern. Die Hitze etwas zurücknehmen und goldbraun braten. Zum Schluß mit der Kalbsjus ablöschen und einkochen lassen. Den Bohnen-Artischocken-Salat auf Teller verteilen und das gebratene Bries darübergeben. Lauwarm serviert, kommt diese Vorspeise am besten zur Geltung.

Orangen-Fenchel-Salat
mit gebratenen Jakobsmuscheln

30 kleine Jakobsmuscheln
3 mittelgroße Fenchelknollen
Salz
frisch gemahlener weißer Pfeffer
2 unbehandelte Orangen
2 rosa Grapefruit
2 EL Champagneressig
6 EL Traubenkernöl
3 EL Olivenöl
10 g Butter

Die Jakobsmuscheln wässern. Das Grün der Fenchelknollen entfernen und zur Seite legen. Die Knollen vierteln, den Strunk entfernen und das Gemüse in Blättchen schneiden. Diese in eine Schale geben, mit Salz und Pfeffer würzen, leicht pressen und ziehen lassen. Mit dem Fadenschneider von einer Orange feine Zesten abreißen und diese kurz blanchieren. Die Zitrusfrüchte filetieren und den Saft der zurückgebliebenen Scheidewände auspressen. Den Zitrussaft mit den Zesten in einen Topf gießen und auf die Hälfte einkochen. Die Reduktion über das Fenchelgemüse geben, Salat mit Champagneressig und Traubenkernöl anmachen, mit Orangen- und Grapefruitfilets mischen. Jakobsmuscheln trockentupfen, in Olivenöl vorsichtig braten und mit Salz und Pfeffer würzen. Die Butter hinzufügen und darin nachbraten. Mit dem Salat servieren.

157

10

Plattenkreationen

Roastbeefplatte

Schaustück:
Karree vom Roastbeef

Belag:
aufgeschnittenes Roastbeef (20 bis 30 Scheiben)
10 Roastbeefröllchen mit grünem Spargel
10 Roastbeefröllchen mit weißem Spargel

Garnituren:
10 Tomatenrosen auf Gurkensockel
10 Gemüsegugelhupfe
kleingewürfeltes Portweingelee

Platte von Kalb, Schwein und Kaninchen

Schaustück:
Kalbfleischpastete

Belag:
10 Scheiben Kalbfleischpastete
30 Scheiben Kasseler (mit Backpflaumen gefüllt)
5 aufgeschnittene, gefüllte Kaninchenrücken

Garnituren:
10 Wachteleier auf Zucchiniböden
10 Sternfrüchte mit Aprikosen und Melone
kleingewürfeltes Portweingelee

Tafelspitzsülze

Schaustück:
Tafelspitzsülze

Belag:
10 Scheiben Tafelspitzsülze
10 Scheiben Wachtelterrine
10 kleine gebratene Kalbsmedaillons
mit Lebermousse und Physalis

Garnituren:
10 Gemüse-Gurken-Körbchen
10 Tomatenparfaitdreiecke

Schinkenplatte mit Melone

Belag:
20 Scheiben Parmaschinken
40 Scheiben roher Schinken
30 Scheiben Bündner Fleisch
30 Scheiben Lammschinken
10 Röllchen aus gekochtem Schinken, Bohnen und
Karotten

Garnituren:
10 Melonenschiffchen
10 Scheiben gelierte Mixed Pickles
kleingewürfeltes Gelee
Limettenscheiben und Feigenspalten

167

Brotzeitplatte

Belag:
5 Pfefferbeißer in Stücken
10 Scheiben Leberwurst
10 Scheiben Blutwurst
20 Scheiben Preßkopf
20 Scheiben Zungenwurst
10 halbierte Scheiben Jagdwurst
10 Stücke geräucherter Bauchspeck

Garnituren:
10 gefüllte Tomaten mit Kichererbsensalat
10 Frühlingszwiebelknospen
10 tournierte Radieschen
10 sauer eingelegte Maiskölbchen im Speckmantel
1 Rettichgirlande

Gefüllte Wachteln und Kalbsbriesterrine

Schaustück:
Kalbsbriesterrine

Belag:
10 Scheiben Kalbsbriesterrine
10 Scheiben Perlhuhnterrine
10 gefüllte Wachteln auf Apfelböden

Garnituren:
10 gefüllte Eier
10 Artischockenböden mit Spargelsalat

Poulardengalantine

Schaustück:
Poulardengalantine mit Chaudfroidsauce

Belag:
10 Scheiben Entengalantine
10 Scheiben Taubenterrine

Garnituren:
10 Gurkenfächer
10 Tomatenecken mit Ricotta

Truthahnplatte

Schaustück:
Truthahnschaustück

Belag:
10 Crépinettes vom Stubenküken
10 gefüllte Wachtelkeulen
10 Timbalen mit feiner Geflügelmousse

Garnituren:
10 Kiwis mit Baby-Apfel
10 Orangenspiralen
kleingewürfeltes Orangengelee

175

Rehrückenplatte

Schaustück:
Rehrückenschaustück

Belag:
20 gebratene Rehrückenmedaillons
im Speckmantel mit Lebermousse und Kiwispalten
10 Scheiben Wildterrine

Garnituren:
10 gefüllte Birnen mit Preiselbeeren
10 gefüllte Artischockenböden
mit Pfifferlingssalat

Wildplatte

Schaustück:
Wildpastete
Wildterrine

Belag:
10 Scheiben Rotwildpastete
10 Scheiben Wildterrine mit Preiselbeeren
10 Scheiben Fasanenleberparfait auf Brioche mit Mangofächern
20 bis 30 Scheiben Wildschweinschinken

Garnituren:
10 tournierte Champignonköpfe auf Zucchiniböden
10 Apfelböden mit Senffrüchten

Räucherfischplatte

Schaustück:

Kuppel aus geräuchertem Heilbutt und geräuchertem
Lachs (Unterbau: eine halbierte Grapefruit, in Alufolie
eingeschlagen)

Belag:

10 bis 15 Scheiben geräucherter Heilbutt
10 bis 15 Scheiben geräucherter Lachs
10 Stücke Räucheraal
10 Stücke Schillerlocken
5 halbierte Bücklingsfilets (geräuchert)
5 halbierte Makrelen (geräuchert)
10 Forellenfilets (geräuchert)

Garnituren:

10 Kirschtomaten
mit Schnittlauchcreme und Wachtelei
10 Zitronenschmetterlinge

Steinbuttplatte

Schaustück:
Steinbuttschaustück

Belag:
10 Scheiben Steinbutt-Terrine
10 Scheiben Seezungenroulade

Garnituren:
10 Savarins vom Räucherlachs
10 Reisrollen mit gebeiztem Lachs

Zandergalantine

Schaustück:
Zandergalantine

Belag:
10 Scheiben Zandergalantine
10 Scheiben Steinbutt-Flußkrebs-Terrine
10 Scheiben Langustenterrine

Garnituren:
10 Savarins von Atlantikfischen
10 gefüllte Krebsnasen

Lachsgugelhupf

Schaustück:
Gugelhupf vom Räucherlachs

Belag:
1 Gugelhupf vom Räucherlachs
(angeschnitten)
10 Lachstatar

Garnituren:
10 gefüllte Reissäckchen
10 Gurkenfächer
mit Karotten und Trüffeln

Graved Lachs
mit Garnelenpyramide

Schaustück:

Garnelenpyramide (1 kg gekochte Garnelen werden auf
einen Garnelen- oder Scampihalter arrangiert)

Belag:

40 bis 50 Scheiben Graved Lachs
20 Garnelen mit schwarzen Oliven

Garnituren:

10 gefüllte Kirschtomaten mit Senfsauce
4 gelierte Ratatouilles
10 Limettenscheiben

Lachs im Briocheteig

Schaustück:
Lachs im Briocheteig

Belag:
5 halbierte Scheiben Lachs im Briocheteig
10 Scheiben Fischpastete von Lachs und Seeteufel

Garnituren:
10 gefüllte Gurken
10 gefüllte Eier mit Kaviar

Meeresfrüchteplatte

Belag:

10 Jakobsmuscheln
auf mariniertem Gemüse in der Muschelschale
10 gefüllte Hummerschwänze
10 Scheiben Sülze von Atlantikfischen

Garnituren:

10 Flußkrebsgarnituren
10 gefüllte Miesmuscheln

Austernplatte

Belag:
30 geöffnete Felsenaustern
je 10 Cheddar- und Schnittlauchbrote

Garnituren:
gestoßenes Eis
10 Zitronenkronen

Gemüseterrinen

Schaustück:
Gemüseterrinen

Belag:
10 Scheiben Gemüseterrine im Zucchinimantel
10 Scheiben Gemüseterrine mit Tomaten-, Blumenkohl-
und Spinatmousse

Garnituren:
10 gefüllte Champignonköpfe
10 Tomatenparfaitrauten mit Gemüsedekoration

Marinierte Gemüse

Damit die Gemüse durchziehen können, sollten sie mindestens 30 bis 60 Minuten zuvor fertiggestellt werden. (Die Bildabfolge der Rezepturen erfolgt von links nach rechts.)

Artischocken

10 junge Artischocken mit Stiel, 2 Schalotten
1 Knoblauchzehe, Salz, weißer Pfeffer aus der Mühle
2 Tomaten, 30 ml Rotweinessig
60 ml kaltgepreßtes Olivenöl
Die Spitzen der jungen Artischocken kappen, die Stiele abschälen und die äußeren Blätter entfernen. Anschließend in einem Würzsud aus Wasser, Weißwein, Salz, Pfefferkörnern, Lorbeer und etwas Zitronensaft kochen. Etwas abkühlen lassen, der Länge nach halbieren und das „Heu" entfernen. Die Schalotten und den Knoblauch fein schneiden und zusammen mit den Gewürzen und dem Essig in eine Schüssel füllen. Öl unterrühren. Die Tomaten blanchieren, häuten, entkernen und in kleine Würfelchen schneiden. Zusammen mit der Vinaigrette über die Artischocken geben.

Bohnen

400 g gekochte weiße Bohnen
Salz, weißer Pfeffer aus der Mühle
20 ml Aceto Balsamico, 60 ml kaltgepreßtes Olivenöl
je 1 Zweig Thymian und Blattpetersilie
1 TL eingelegte rosa Pfefferkörner
60 g kleine schwarze Oliven
Die Bohnen auf ein Sieb schütten, abbrausen und abtropfen lassen. Salz, Pfeffer und Aceto Balsamico in eine Schüssel geben, verrühren und nach und nach das Öl unterziehen. Die Kräuter abzupfen, kleinschneiden und mit dem rosa Pfeffer der Marinade hinzufügen. Die Bohnen und Oliven mit der vorbereiteten Marinade übergießen und vermengen.

Zucchini

200 g grüne Zucchini
200 g gelbe Zucchini
Salz, schwarzer Pfeffer aus der Mühle
4 EL Mehl
100 ml Olivenöl
Das Gemüse waschen, die Enden abtrennen und anschließend in 1 cm starke Scheiben schneiden. Die Zucchinischeiben mit Salz und Pfeffer würzen, in Mehl wenden und danach sorgfältig abklopfen. Zum Schluß im erhitzten Olivenöl in einer Pfanne goldbraun ausbacken.

Paprika

je 2 rote, gelbe und grüne Paprikaschoten
Salz, weißer Pfeffer aus der Mühle
1 feingeschnittene Knoblauchzehe
20 ml Weißweinessig
60 ml kaltgepreßtes Olivenöl
Die Paprikaschoten waschen, halbieren und das Kerngehäuse entfernen. Die Hälften mit der Hautseite nach oben auf ein Gitter legen und die Gemüse unter dem Grill rösten, bis die Haut Blasen wirft und Farbe bekommt. Danach in eine Vakuumtüte geben, mit etwas kaltem Wasser bespritzen, die Tüte verschließen und die Gemüse einige Minuten schwitzen lassen. Die Haut der Paprikaschoten abziehen und das Fruchtfleisch in mundgerechte Stücke zerteilen. Die restlichen Zutaten zu einer Vinaigrette verrühren und über die Paprika träufeln.

Austernpilze

300 g frische Austernpilze
Salz, weißer Pfeffer aus der Mühle
3 EL Mehl
140 ml Traubenkernöl
30 ml Portweinessig
1 TL feingeschnittener Rosmarin und Blattpetersilie
40 g grüne Oliven

Die Pilze putzen, in mundgerechte Stücke zerteilen und mit Salz und Pfeffer würzen. Im Anschluß daran in Mehl wenden, abklopfen und in etwa der Hälfte des Öls goldbraun braten. Aus dem Portweinessig, Salz, Pfeffer und dem restlichen Öl eine Marinade bereiten und mit den Kräutern und Oliven verfeinern. Die Pilze auf einer Platte anrichten und mit der Beize übergießen.

Blumenkohl

1 Blumenkohl
Salz, weißer Pfeffer aus der Mühle
Saft von 1 Zitrone
50 ml kaltgepreßtes Olivenöl

Den Kohl in kleine Röschen zerteilen und bißfest in Salzwasser garen. Anschließend abschrecken und in eine Schüssel geben. Den Zitronensaft mit Salz und Pfeffer anreichern, das Olivenöl unterrühren, abschmecken und den noch lauwarmen Blumenkohl damit marinieren.

Auberginen

500 g Auberginen
Salz, weißer Pfeffer aus der Mühle
1 EL Mehl, 120 ml Olivenöl
30 ml Aceto Balsamico, 2 Fleischtomaten
einige Blätter frisch gezupftes Basilikum

Die Auberginen waschen und in etwa 1 cm dicke Scheiben schneiden. Eine Schnittfläche mit dem Messer gitterförmig einschneiden. Das Gemüse salzen, einige Minuten Saft ziehen lassen und die Flüssigkeit mit Küchenkrepp abtrocknen. Die Auberginen mit Pfeffer würzen, in Mehl wenden und nach und nach in etwa der Hälfte des Öls goldbraun braten. Die Tomaten brühen, häuten, vierteln, entkernen und würfeln. Den Essig mit dem Rest des Olivenöls verrühren und über die Auberginenscheiben gießen. Die Tomaten und das Basilikum darüberstreuen.

11

Delikate Käseplatten und würzige Käsesnacks

Richtiges Schneiden von Käse

Je nach Sorte und Reifegrad werden zum Zerteilen von Käse unterschiedliche Arbeitsgeräte eingesetzt. Es empfiehlt sich, den Käse zuvor gut zu kühlen, da es das Schneiden erleichtert. Gerade beim Zubereiten von kalten Platten spielt der saubere Schnitt und ein präzises Portionieren eine große Rolle.

Hartkäse:

Hierzu zählen Käse wie Emmentaler, Bergkäse, Parmesan, Sbrinz, Cheddar usw. Dabei bleibt beim Schneiden eine gewisse Kraftanstrengung leider nicht aus, jedoch wird das Zerteilen durch Drähte und Doppelgriffmesser erheblich vereinfacht.

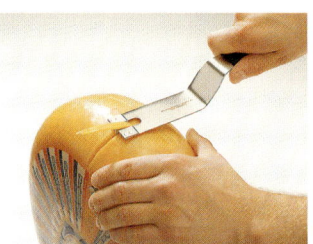

Die Rinde eines Schnittkäselaibes seitlich mit dem Rindenschneider einritzen, um dem Schneidegerät eine Führung zu geben.

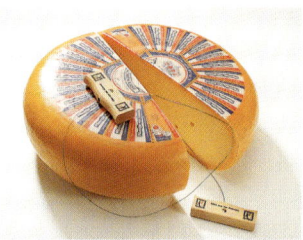

Den Käsedraht mit beiden Händen anfassen, an der vorbereiteten Kerbe ansetzen und den Laib in einem Zug halbieren.

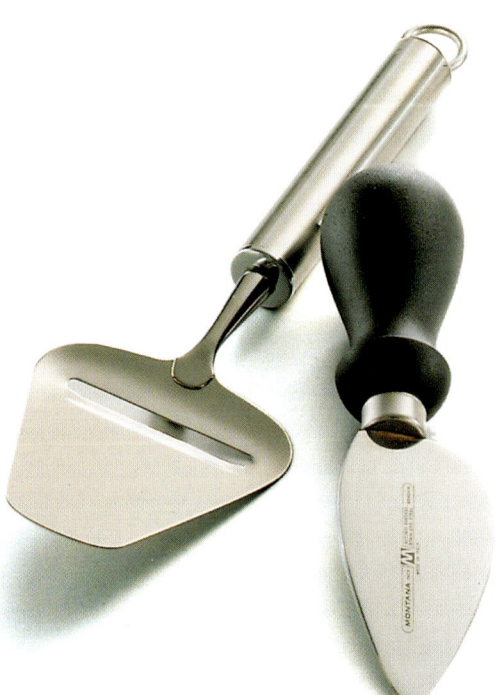

Zum weiteren Zerteilen mit dem Käsespaten Ecken oder größere Teile portionieren.

Mit dem Doppelgriffmesser läßt sich der Käse kontrolliert in Scheiben oder Stücke schneiden.

Extraharte Käse wie Parmesan oder Sbrinz an der Rinde einritzen und mit dem Parmesanmesser dann in Stücke brechen.

Eine besondere Art, Käse zu schneiden, gibt es für den Tête de Moine (Mönchskopfkäse). Er wird mit der sogenannten Girolle in feine Späne oder Locken gehobelt.

Mit dem abgewinkelten Eingriffmesser lassen sich diese Käsetypen ganz besonders gut teilen.

Schnittkäse und Halbhartkäse:

Hierzu zählen Käse wie Gouda, Appenzeller, Fontina, Raclette, Tilsiter und Butterkäse. Die meisten ihrer Art werden mit Aufschnittmaschinen in Scheiben zerteilt. Um Portionsstücke zu schneiden, empfiehlt sich ein Käsemesser mit abgekröpftem Griff. Dadurch liegt die Hand etwas höher als der Käse und dieser läßt sich ganz durchschneiden.

Das Weichkäsemesser mit einer gelochten, geätzten oder sehr dünnen Klinge ist besonders gut für cremige und weiche Teige und verhindert das Ankleben des Teiges.

Eine ebenso sichere Methode ist das Zerteilen mit dem Schneidebogen. Dieser ist vor allem unerläßlich bei bröckeligen Schimmelpilz- oder Frischkäsen.

Weich- und Schimmelkäse:

Hierzu zählen Käse wie Camembert, Rotschmierekäse, Schimmelkäse, Ziegenkäse, Mozzarella und Frischkäse. Dies ist die schwierigste Käsegruppe und verlangt am meisten Feingefühl. Bei diesen fettreichen und zum Teil bröckeligen Käsen ist es von Vorteil, die Klinge des Messers kurz in heißes Wasser zu tauchen. Das Fett des Käseteiges zum Schmelzen bringen. Es teilt sich dadurch leichter. Hier kommt uns der Einsatz eines Schneidebogens sehr entgegen, den es in den verschiedensten Größen gibt.

Das Ausstechen mit einem Eisportionierer bringt die weiche Käsemasse in eine gefällige Form und läßt sich anschließend in Kräutern oder Gewürzen wälzen.

Frischkäse:

Hierzu zählt man eine große Anzahl von frisch angemachten Käsen, Quark oder Schmant. Sie werden am besten in kleinen Gefäßen präsentiert und vom Gast selbst portioniert.

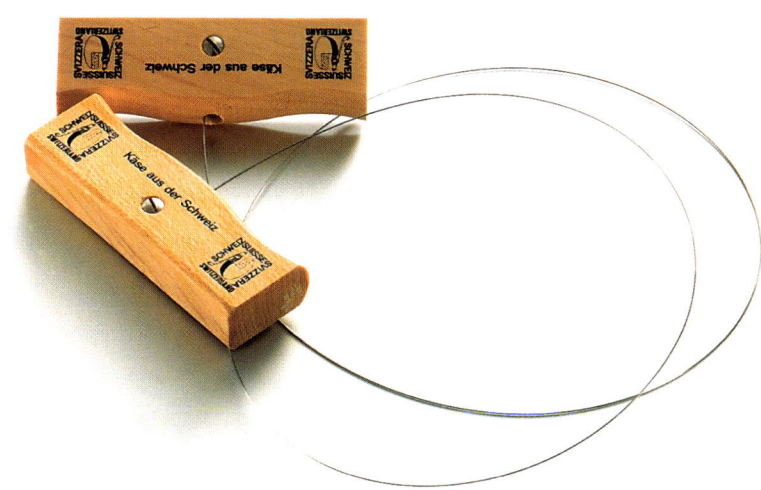

Große Käseplatte

Eine gut sortierte Käseplatte sollte mindestens 15 bis 20 verschiedene Käsesorten aufweisen. Aus jeder Käsefamilie müssen typische Vertreter vorhanden sein und in kleinen Grüppchen angerichtet werden. Die Wahl der Platte ist vom Anlaß abhängig und kann zwischen kratzunempfindlichen Spiegeln, Acryl, Granit bis hin zu Holz wechseln. Es ist darauf zu achten, daß Käseplatten früh genug die Kühlung verlassen, um genügend Zeit zum Temperieren zu bekommen. Die einzelnen Käse sollten nur teilweise in Portionen geschnitten werden, um zu große Verluste zu vermeiden. Das Servieren mit entsprechender Erklärung zu den Sorten müßte von Fachpersonal ausgeführt werden.

Hartkäse, Halbhartkäse und halbfeste Schnittkäse:

❶ Cheddar – Kuhmilch (England)
❷ Comté – Kuhmilch (Frankreich)
❸ Gouda – Kuhmilch (Holland)
❹ Provolone – Kuhmilch (Italien)
❺ Tomme de Savoie – Kuhmilch (Frankreich)
❻ Gaperon – Kuhmilch mit Pfeffer und Knoblauch (Frankreich)

Schimmelkäse:

❼ Bleu des Neiges – Kuhmilch (Frankreich)
❽ Blue Stilton – Kuhmilch (England)
❾ Petite Fourme – Kuhmilch (Frankreich)

Weichkäse:

10 Gratte-paille – Kuhmilch (Frankreich)
11 Fougeru – Kuhmilch mit Farnkraut (Frankreich)
12 Brie de Meaux – Kuhmilch (Frankreich)
13 Paglietta – Kuhmilch (Italien)
14 Olivet au foin – Kuhmilch mit Heu (Frankreich)

Rotschmierekäse
(halbfeste Schnittkäse und Weichkäse)

15 Reblochon de Savoie – Kuhmilch (Frankreich)
16 Pont L'Evêque – Kuhmilch (Frankreich)
17 Epoisses attiné au marc de Bourgogne – Kuhmilch
(Frankreich)
18 Livarot Normandie – Kuhmilch (Frankreich)
19 Robiola Mauri – Kuhmilch (Italien)
20 Munster – Kuhmilch (Frankreich)

Ziegenkäse:

21 Brin d'amour – Ziegenmilch mit Kräutern
(Frankreich)
22 Chèvre de Bellay – Ziegenmilch (Frankreich)
23 Pyramide Cendrée – Ziegenmilch mit Asche
(Frankreich)
24 Crottin de Chavignol – Ziegenmilch (Frankreich)

Ziegenkäseauswahl

Hierbei handelt es sich um eine ganz spezielle Käsegruppe. Die Vielfalt an Ziegenkäse reicht von zartem Frischkäse bis hin zu kräftig gereiften Sorten. Sie unterscheiden sich nicht nur durch unterschiedliche Formen, sondern auch durch verschiedene Schimmelkulturen, wie blankes Weiß, Rotflora oder sie werden mit Holzkohle bestäubt. Die Beimischung von Gewürzen, Kräutern oder Aromen verschiedener Destillate lassen die Bandbreite unüberschaubar erscheinen.

1 Ziegenkäsepyramide in Asche
2 Ziegenkäseterrine
3 Crottin de Chavignol
4 Brin d'amour
5 Getrüffelter Ziegenkäse
6 Ziegencamembert
7 Ziegenrolle
8 Ziegenkäse im Ahornblatt
9 Ziegenfrischkäsekugeln
(Natur, mit Asche, Kräuter der Provence, Paprika)

Ziegenkäseterrine mit Trauben

500 g Ziegenfrischkäse
60 g Crème fraîche
2 cl Marc de Gewürztraminer
15 Beeren von blauen Trauben
3 blanchierte Mangoldblätter

Den Ziegenfrischkäse durch ein Sieb streichen und mit der Crème fraîche und dem Marc glattrühren. Eine Tunnelform mit Folie auskleiden und die Mangoldblätter überlappend einlegen. Die Käsemasse zur Hälfte einfüllen. Dann mittig die Trauben einsetzen und mit der restlichen Masse auffüllen. Die überstehenden Mangoldblätter darüberschlagen und die Terrine 1 bis 2 Stunden durchkühlen lassen. Vor dem Servieren stürzen und in Scheiben schneiden.

Auswahl von Rohmilchkäse

Nicht die Vielfalt der Sorten macht den Charakter einer Käseplatte aus, vielmehr hängt es vom Reifestadium und der Qualität der einzelnen Käse ab.
Eine kleine Auswahl erlesener Rohmilchkäse läßt jede Platte zum Genuß werden.

1 Camembert de Normandie
2 Coulommiers
3 Roquefort
4 Tomme de Savoie
5 Saint-Nectaire
6 Ziegenpyramide
7 Getrüffelter Ziegenkäse
8 Carré de L'Est
9 L'ami du Chambertin
10 Munster-Géromé

Hartkäseplatten

Die Familie der Hartkäse ist sehr breit gefächert. Sie
liefert uns Sorten mit sehr festen bis harten Teigen von
geschmeidig-schneidbaren bis rauh-körnigen Strukturen.
Interessant ist eine Mischung aus verschiedenen Erzeu-
gerländern.

Tête de Moine mit frischen Feigen

9 frische Feigen (geviertelt)
400 g frisch gehobelter Tête de Moine

Hartkäsebrett

1 14monatiger Gouda
2 Pyrenäenkäse
3 gebrochener Parmesan
4 Cheddar
5 Comté
6 Tomme de Savoie
7 Schweizer Emmentaler
8 Provolone
9 Käsewürfel (aus Nr. 1/2/3/4/5/7/8, aufgespießt auf einer Grapefruit)

Eingelegte und marinierte Käse

Herzhaft und einfach stellen sich diese etwas rustikaleren Vertreter vor. Meist werden sie mit Olivenöl und Gewürzen mariniert, gewürzt oder sauer angemacht. Sie sind eine willkommene Abwechslung am Käsebüfett.

Eingelegter Ziegenkäse

10 bis 12 kleine, frische Ziegenkäse
2 Knoblauchzehen
je 2 Zweige Rosmarin und Thymian
2 rote Peperoni, in Ringe geschnitten
200 ml kaltgepreßtes Olivenöl

Die Ziegenkäse nebeneinander in eine Schale geben. Den Knoblauch schälen, in Scheiben schneiden und zusammen mit dem abgezupften Rosmarin und Thymian über den Käse geben. Die Peperoni-Ringe darüber verteilen und zum Schluß das Olivenöl darübergießen. Den Käse luftdicht abdecken und 2 bis 3 Tage im Kühlschrank durchziehen lassen. Vor dem Servieren die Schale aus der Kühlung nehmen und den Ziegenkäse etwas temperieren lassen.

Angemachter Camembert

500 g reifer Camembert
100 g weiche Butter
2 feingeschnittene Zwiebeln
1 Prise Pfeffer
1 Msp. Kümmel
1 TL Paprikapulver, edelsüß
3 Stangen Bleichsellerie zur Dekoration

Den Käse mit einer Gabel zerdrücken und die Butter untermengen. Anschließend die Zwiebeln und Gewürze zugeben und unterrühren. Den angemachten Camembert in einer Schale anrichten, mit Paprika bestreuen und dann mit in Stücke geschnittenem Bleichsellerie garnieren.

Sauer eingelegter Handkäse

10 Handkäse (Sauermilchkäse)
1 TL Kümmel
2 Zwiebeln
80 ml Weißweinessig
200 ml Sonnenblumen- oder Sojaöl
Blattpetersilie zum Garnieren

Den Käse auf eine Platte geben und mit dem Kümmel bestreuen. Die Zwiebeln schälen, in Ringe schneiden und darüber verteilen. Essig und Öl miteinander verrühren und über den Käse träufeln. Die Platte abdecken und den Handkäse $1/2$ Tag durchziehen lassen. Vor dem Servieren mit Blattpetersilie garnieren.

Käsesnacks

Tarteletten mit eingelegtem Schafskäse

10 kleine, gesalzene Mürbeteigtarteletten
250 g Schafskäse
1 EL feingeschnittene rote und grüne Paprika
Saft von $^1/_2$ Limette
1 Prise weißer Pfeffer
3 EL Olivenöl
Den Schafskäse in Würfel schneiden und auf einen Teller
geben. Mit Paprika, Limettensaft und Pfeffer würzen
und das Öl darübergeben. Den Käse etwas durchziehen
lassen und anschließend auf den Tarteletten anrichten.

Würzige Käsestangen

250 g Blätterteig
100 g geriebener Emmentaler
1 Prise Salz
$^1/_2$ TL Paprikapulver, edelsüß
2 Eigelb
grobes Salz und Kümmel zum Bestreuen
Den Blätterteig zu einem Rechteck ausrollen. Zur Hälfte
mit Käse bestreuen, würzen, zusammenklappen und
nochmals ausrollen. Oberfläche mit verquirltem Eigelb
bepinseln, danach 2 cm breite Streifen schneiden und in
sich verdrehen. Auf dem Backblech mit Salz und Kümmel bestreuen und im vorgeheizten Ofen bei etwa 220°C
10 bis 12 Minuten backen.

Gefüllte Camembertecken

1 kleiner Camembert (250 g)
2 Schalotten
$^1/_2$ TL Paprikapulver, edelsüß
1 Msp. gemahlener Kümmel
1 EL feingeschnittener Schnittlauch
Deckel und Boden des Käselaibes vorsichtig abtrennen.
Den Käseteig aus der Mitte mit einer Gabel zerdrücken
und die feingeschnittenen Schalotten zugeben. Die Masse
mit Paprika und Kümmel würzen. Den Boden des Camem-
berts mit der Masse bestreichen. Hierbei kann ein paßge-
nauer Ring sehr hilfreich sein. Danach den Deckel aufsetzen und leicht andrücken. Den Käserand mit dem Schnittlauch garnieren und den Camembert in Stücke teilen.

212

Ricottakugeln in Haselnuß

400 g Ricotta
60 g Parmaschinken
6 Salbeiblätter
Salz, weißer Pfeffer aus der Mühle
200 g gehobelte Haselnüsse
Den Käse in eine Schüssel geben und glattrühren. Den
Schinken und Salbei in feine Streifen schneiden und hinzufügen. Die Masse mit Salz und Pfeffer würzen und
vermengen. Daraus 10 kleine Kugeln formen und in den
Haselnüssen wälzen.

Frischkäsekugeln

400 g Frischkäse
2 EL feingeschnittene gemischte Kräuter
(z. B. Schnittlauch, Kerbel, Sauerampfer, Bärlauch usw.)
Salz, weißer Pfeffer aus der Mühle
2 EL Paprikapulver, edelsüß
120 g Pistazien
Den Frischkäse in eine Schüssel geben und mit den
Kräutern und Gewürzen verrühren. Daraus 10 Käsekugeln formen. Die Hälfte auf einen Teller geben und
mit dem Paprikapulver bestäuben, dabei des öfteren
drehen. Die Pistazien fein hacken und die zurückgebliebenen Kugeln darin wälzen.

Gefüllte Windbeutel
mit Schnittlauchcreme

Menge wie Grundrezept Brandteig (Seite 40)
200 g Frischkäse
50 g Crème fraîche
1 EL feingeschnittener Schnittlauch
Abgeriebenes von $^{1}/_{2}$ Limette
Salz, weißer Pfeffer aus der Mühle
Den Brandteig in einen Dressierbeutel mit großer Lochtülle geben. Ein Backblech mit Pergamentpapier auslegen
und 10 kleine Portionen aufdressieren. Im vorgeheizten
Ofen 15 bis 20 Minuten bei 180 °C backen. Den Käse mit
den restlichen Zutaten glattrühren und abschmecken.
Windbeutel halbieren und mit Schnittlauchcreme füllen.

213

Brandteigkringel
mit herzhafter Käsecreme

Menge wie Grundrezept Brandteig (Seite 40)
etwas Kümmel zum Garnieren
250 g Rotschmierekäse (z. B. Münster, Limburger u. a.)
100 g weiche Butter
1 Msp. gemahlener Kümmel
$^1/_2$ TL feingeschnittener Rosmarin
Pergamentpapier auf ein Backblech legen und 10 gleichmäßige Kringel von dem Brandteig aufspritzen. Mit
Kümmel bestreut 15 Minuten bei 220°C backen. Butter
schaumig rühren, mit der Gabel zerdrückten Käse und
die Gewürze zugeben, glattrühren und das ausgekühlte,
halbierte Gebäck damit füllen.

Gefüllte Birne mit mariniertem Stilton

10 pochierte Birnenhälften
250 g Stilton
4 cl roter Portwein
einige Blätter frische Pfefferminze
Am besten schmecken die Birnenhälften, wenn sie in
einem leicht gezuckerten Weißweinsud mit Nelken
und wenig Zimt gegart werden. Den Stilton in Würfel
zerteilen und in einen tiefen Teller geben. Den Portwein
darübergeben und einige Minuten ziehen lassen. Anschließend die ausgehöhlten Birnenhälften mit Käse
füllen und mit der Pfefferminze garnieren.

Kirschtomaten mit Ziegencremefüllung

10 Kirschtomaten
150 g Ziegenfrischkäse
1 EL Crème fraîche
1 Prise Salz
Die Kirschtomaten waschen, den Deckel abschneiden
und zur Seite legen. Das Fruchtfleisch der Tomaten entfernen und diese umgedreht auf ein Küchentuch ab-
setzen, damit sie austropfen können. Den Ziegenkäse
mit der Crème fraîche glattrühren und mit Salz abschmecken. Den Käse in einen Dressierbeutel mit Sterntülle geben und die Kirschtomaten damit füllen.
Zuletzt die zurückgelegten Deckel wieder aufsetzen.

Ziegenkäsebuchteln

Menge wie Grundrezept Hefeteig (Seite 40)
80 g reifer Ziegenkäse
$^1/_2$ TL feingeschnittener Thymian und Rosmarin
100 g flüssige Butter
Den Ziegenkäse in kleine Würfelchen zerteilen und eine Kasserolle mit Butter auspinseln. Aus dem Hefeteig kleine Kugeln formen, diese mit dem Daumen eindrücken und etwas Ziegenkäse in die Mitte geben. Die Kugel schließen, glätten und in die Form setzen. Die dicht nebeneinander sitzenden Hefeteigkugeln gehen lassen, mit der flüssigen Butter übergießen, mit den Kräutern bestreuen und 20 Minuten bei 200 °C backen. Die Ziegenkäsebuchteln lauwarm servieren.

Käsebrioche

Menge wie Grundrezept Hefeteig (Seite 40)
100 g Blue Stilton oder Roquefort in Würfeln
1 Eigelb zum Bestreichen
etwas flüssige Butter für die Förmchen
$^4/_5$ des Teiges zu 10 runden Kugeln formen. Diese in der Mitte eindrücken, je etwas Käse hineingeben und verschließen. Die Kugeln erneut rollen und in die ausgebutterten Briocheförmchen legen. Den Teig gehen lassen und in der Zwischenzeit aus dem restlichen Teig kleine Kügelchen herstellen und auf die vorbereiteten Kugeln setzen. Die Oberfläche mit verquirltem Eigelb bepinseln. Die Käsebrioche 20 Minuten im vorgeheizten Ofen bei 200 °C backen und lauwarm servieren.

Cheddar-Hefeteigtaschen

Menge wie Grundrezept Hefeteig (Seite 40)
150 g englischer Cheddar
1 Eigelb zum Bestreichen
1 TL geschälter Sesam
Den Hefeteig zu einem Rechteck mit etwa 0,5 cm Stärke ausrollen. Den Käse würfeln und den Teig in Quadrate aufteilen. Jedes Quadrat mit etwas Cheddar bestücken, die Seitenränder mit Eigelb bestreichen und die Teigtaschen über Eck zusammenfalten. Die Ränder mit Hilfe einer Gabel andrücken. Die Oberfläche ebenfalls mit Eigelb versehen und mit etwas Sesam bestreuen. Die Käseteigtaschen bei 200 °C etwa 15 Minuten backen und lauwarm servieren.

Käsekräcker

100 g Roquefort
80 g weiche Butter
100 g Frischkäse oder Quark
einige Spritzer Kirschwasser
10 Kräcker
Radieschenfächer und feingeschnittener Schnittlauch
zum Garnieren
Den Roquefort durch ein Sieb streichen. Die Butter in
einer Schüssel schaumig rühren, Roquefort und Frischkäse zugeben und glattrühren. Die Masse mit Kirschwasser abschmecken und mit Hilfe eines Dressierbeutels
auf die Kräcker spritzen. Mit Radieschenfächern und
Schnittlauch garnieren.

Käsetatar im Mürbeteigschiffchen

10 gesalzene Mürbeteigschiffchen
250 g Livarot oder Époisses
1 bis 2 Schalotten
1 EL feingeschnittener Schnittlauch
Schnittlauchspitzen zum Garnieren
Den Käse in kleine Würfelchen schneiden. Dann die
geschälten Schalotten fein würfeln und zusammen mit
dem Schnittlauch unterheben. Das Tatar in die Mürbeteigschiffchen geben und mit Schnittlauchspitzen
garnieren.

Gefüllte Datteln

10 Datteln
80 g Ziegenfrischkäse
1 EL saure Sahne
je 1 Prise Salz und weißer Pfeffer
10 Pistazienkerne
10 Pralinenkapseln
Die Datteln auf einer Seite der Länge nach aufschneiden
und den Stein entfernen. Die saure Sahne mit dem
Ziegenkäse glattrühren und würzen. Einen Dressierbeutel mit feiner Sterntülle damit bestücken und die
Datteln füllen. Mit den Pistazienkernen garnieren und
in Pralinenkapseln servieren.

Butterkäsewürfel mit Trauben

Cheddarwürfel mit Feigenspalten

Provolonewürfel mit Scheiben von schwarzen Nüssen

Würfel von Comté mit Cornichonfächern

Gewürfelter Fourme d'Ambert mit Kapstachelbeeren (Physalis)

Pyrenäenkäse in Würfeln mit grünen Oliven

Cheddarkäse und Butterkäse mit eingelegten Peperoni und schwarzen Oliven

Gorgonzolakugeln

400 g Gorgonzola
Abgeriebenes von $1/2$ unbehandelten Zitrone
6 EL feingeschnittener Schnittlauch
120 g Pumpernickel, fein gehackt
Den Käse mit einer Gabel zerdrücken und mit dem Zitronenabgeriebenen vermengen. Daraus 10 kleine Käsekugeln formen und je 5 Portionen in Schnittlauch sowie in Pumpernickel wälzen.

217

Käsesnack-Platten

1 Würzige Käsestangen
2 Ziegenkäsebuchteln
3 Cheddar-Hefeteigtaschen
4 Brandteigkringel mit herzhafter Käsecreme
5 Käsebrioche
6 Gefüllte Windbeutel mit Schnittlauchcreme
7 Tarteletten mit eingelegtem Schafskäse
8 Käsetartar mit Mürbeteigschiffchen
9 Käsekräcker

10 Kirschtomaten mit Ziegenkäsefüllung
11 Käsewürfelvariation
12 Gefüllte Datteln
13 Gefüllte Birnen mit mariniertem Stilton
14 Gefüllte Camembertecken
15 Käsekugeln

12

Reportagen aus dem Büfettalltag

Erkenntnisse aus dem Büfettalltag

Die tägliche Praxis zeigt uns, daß ein Büfett nur mit sorgfältiger Planung und Vorbereitung reibungslos ablaufen kann. Alle Regeln der Kochkunst, Produktionspläne und Aufbauskizzen helfen nichts, wenn ein Glied der alles zusammenhaltenden Kette reißt. Pannen sind menschlich, können immer wieder vorkommen und sind auch nie auszuschließen. Entscheidend ist, wie man mit Reklamationen, Zwischenfällen, Störungen und Fehlleistungen umgeht. Gibt es Lücken im Organisationsablauf, funktioniert der Informationsfluß zwischen Service und Küche, halten die Zulieferer ihre Termine ein? Ein Küchenchef wird neben seiner Verwaltungsarbeit und der Überwachung des Service immer ein besonderes Auge auf den Gardemanger richten. Die mannigfaltigen Tätigkeiten der kalten Küche verlangen eine gut koordinierte Einteilung und eine kostenorientierte Produktion. Ein guter Gardemanger muß nicht nur kochen, sondern auch rechnen können. In Frankreich drückt man es mit folgenden Worten aus: „Ein guter Gardemanger stellt aus allem eine Terrine her." An dieser umfassenden Aussage ist viel dran, und nicht immer müssen Edelprodukte wie Entenbrust und Gänsestopfleber eine Rolle spielen, denn entsprechend dem Kostenbudget sollte auch der Wareneinsatz gesteuert werden. Kurzum, für das Gelingen einer Terrine zählen zwar das Wissen um die Methode und handwerkliches Geschick, die Auswahl der Produkte auf dem Markt ist jedoch genauso entscheidend und macht eine gute Küche aus. Die Köche von heute müssen im Grunde genommen ewig Suchende der Kochkunst sein: interessiert, lernfähig, neugierig, ein Stück weit experimentierfreudig, offen für neue Produkte, kundennah. Zielsetzung ist, die Menschen am Büfett mit einer besonderen Atmosphäre zufriedenzustellen. Es sollte beim Kochen auch immer noch Platz für Improvisationen bleiben, um die Rezeptur der aktuellen Situation anzupassen, um in letzter Minute eine neue Entscheidung treffen zu können. So hat sich die Küche der letzten Jahrzehnte verändert, wir haben Abschied genommen von komplizierten Anrichteweisen, Sockeln, Bordüren und aufwendigen Ausschmückungen. Die Vereinfachung sollte soweit wie irgend möglich durchgeführt, gleichzeitig jedoch Geschmack sowie Nährwert der Speisen erhöht werden und diese leichter verdaulich machen. Ein professioneller Gardemanger zeichnet sich aus durch perfekten Schnitt von Tranchen, exaktes und schwungvolles Anrichten der Platten mit gleichen Abständen, und die Harmonie sollte auch nicht zu kurz kommen. Jede Platte trägt seine persönliche Handschrift und lebt von der Spannung der Anrichteweise. Hinter dem Büfett sollte der Kontakt zum Gast gesucht werden, damit die jeweilige Küchenphilosophie von diesem verstanden wird. Als Spielball der Gesellschaft ist es wichtig, eine zeitgemäße Definition zu finden zwischen Berufsfremden, die glauben, etwas davon zu verstehen, und denjenigen Fachleuten, die noch an längst Überholtem festhalten. Im folgenden Bildteil ist zu erkennen, wie zeitaufwendig und arbeitsintensiv ein Büfett sein kann und wie viele kleine Bausteine sich zu einem Gesamtwerk zusammensetzen lassen.

Mit Hilfe von Vordrucken läßt sich die Büfettorganisation ungemein erleichtern. Ein übersichtlicher Aushang, für jeden zugänglich und in Wochenplänen dargestellt, schafft einen schnellen Überblick. Ein Verteilerschlüssel für die verschiedenen betroffenen Abteilungen sorgt für den Informationsfluß. Was kann passieren? Das Büfett steht, alles ist fertig, aber die Bäckerei, Konditorei oder andere Zulieferer kommen nicht, da sie sich im Datum vertan haben. Eine zusätzliche kurze Nachfrage sowie eine schriftliche Bestätigung hätten die notwendige Sicherheit gegeben.

Jeder Teilbereich ist selbst verantwortlich für Bestellungen, Produktionsplanung und Durchführung. Nur wenn jedes Detail schriftlich festgehalten wird, können aufgetretene Fehler nachvollzogen werden. Wer kennt die Situation nicht: Das Büfett ist fertig, der Aufbau kann beginnen, und die Tischwäsche reicht nicht aus. Es finden zu viele Bankets gleichzeitig statt. Der Service kalkulierte die Menge zu knapp, die Wäscherei wurde nicht informiert. Gibt es außerdem Dinge, die mir ein Lieferant besser und günstiger liefern kann als meine eigene Küche?

Ein frühzeitiges Vorbereiten von Grundfonds und Basisrezepturen an produktionsschwachen Tagen schafft Freiräume. Eine zu enge Zeitplanung kann ihre Tücken haben. Auf dem Papier ist der Ablauf bis auf die letzte Minute genauestens vorbereitet, da werden Sie durch ein kurzfristig angenommenes Büfett überrascht. Schon sind die Kapazitäten erschöpft, die Qualität leidet, oder das zusätzliche Geschäft kann nicht akzeptiert werden.

Bei der Warenanlieferung müssen Qualität und Menge überprüft werden. Erkennt man früh genug, daß die erforderliche Portionenzahl nicht erreicht wird, kann noch reagiert und nachbestellt werden. Ein kleiner zeitlicher und mengenmäßiger Puffer ist ratsam, denn nicht selten erhöht sich die Personenzahl noch wenige Stunden vor Beginn des Büfetts.

Das Vorbereiten von Salat und Gemüse ist mühsam, sehr zeitintensiv und sollte früh genug eingeplant werden. Es ist keine Seltenheit, daß die teuersten Arbeitskräfte wie der Chef Gardemanger oder sein Stellvertreter diese Arbeiten zu verrichten haben, da sie es versäumt hatten, ihre Mitarbeiter hierfür einzuteilen.

Der Materialfluß muß gewährleistet sein, um alles in ausreichender Menge herstellen zu können. Die Gurkenscheiben werden gleichzeitig für mehrere Garnituren vorgeschnitten. Einteilungen der einzelnen Verantwortungsbereiche sollten vorgenommen werden, so hat jeder seinen Part zu betreuen, wie zum Beispiel Schaustücke, Garnituren, Saucen oder Salate.

Ein Teil der Gurkenscheiben wird ausgehöhlt, um als Sockel für Garnituren zu dienen und um einen besseren Stand zu gewährleisten.

Ein rationelles Arbeiten in Serie empfiehlt sich und spart nicht nur Zeit, sondern auch Aufbewahrungsplatz. Auf Schlitten oder Bleche plaziert, lassen sich die Garnituren gut in einen Etagenwagen schieben. Beim späteren Bestücken der Platten sind sie jederzeit greifbar.

Das Fertigstellen der Garnituren muß sorgfältig und präzise durchgeführt werden. Sie werden immer exakt in die gleiche Position gebracht. Dies erleichtert das spätere Entnehmen und Anrichten auf der Platte.

Arbeitsintensive Abläufe können geteilt werden. Eine Person bereitet z. B. die Tomatenschiffchen vor, die andere füllt sie mit Frischkäsecreme. Ein gegenseitiges Zuarbeiten spart Zeit.

Büfettgarnituren sollten dicht nebeneinander gesetzt werden, um den Platz auf den Blechen und Schlitten auszunutzen. Danach mit Folie abdecken und gut kühlen.

Garnituren, wie kleine gebratene Medaillons, werden zum Schluß mit Gelee überglänzt. Setzt man sie auf ein Abtropfgitter, kann überschüssiges Gelee abfließen.

Es wird Zeit, die geplanten Schaustücke anzufertigen. Die ausgelösten Brustfilets des Truthahns werden in Tranchen geschnitten und die mit Salat aufgefüllte Karkasse damit verkleidet. Die Bratenstücke müssen einen Tag zuvor gebraten werden, damit sie durchgekühlt sind. Kontrollieren Sie frühzeitig, ob die Schaustücke gebraten wurden. Am nächsten Tag ist es meist zu spät. In der Praxis zeigt sich, daß es manchmal einfacher ist, das Braten der Schaustücke selbst zu übernehmen und die Verantwortung nicht nur dem Chef Saucier zu übertragen.

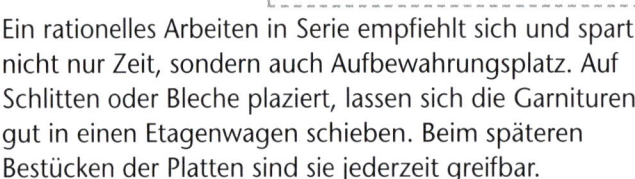

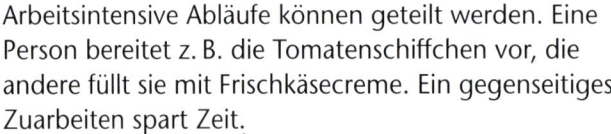

Dekorative Brustscheiben werden zu Rosetten geformt und aufgelegt. Das Geflügelschaustück wird mit Geflügellebermousse garniert. Mousses zum Garnieren sollten mit etwas Gelee versetzt werden, um ihnen die nötige Stabilität zu geben. Sonst fallen die Dekorationen nach einiger Zeit der eventuell zu hohen Raumtemperatur am Büfett zum Opfer.

Die fertigen Schaustücke werden komplett mit Gelee überglänzt und kühl gestellt. Sie sollten mindestens 1 Stunde durchkühlen können.

Schaustücke, wie z. B. dieses Roastbeefschaustück, können schon einige Stunden zuvor fertiggestellt werden, um einen zeitlichen Puffer für das Anrichten der kalten Platten zu gewinnen. Es kommen immer wieder unvorhergesehene Dinge dazwischen, die den Ablauf stören. Deshalb sollte früh genug begonnen werden.

Das Fertigstellen der Schaustücke muß vor dem Auflegen der Platten geschehen. Sie müssen gut gekühlt werden. Sonst würde der Ablauf beim Anrichten der Platten durcheinandergeraten.

Das Arrangieren von Platten und Spiegeln erfolgt zuletzt. Die Schaustücke und Garnituren können in einem Etagenwagen zum Arbeitsbereich gebracht werden. Dadurch erspart man sich lange Wegstrecken zu den einzelnen Kühlräumen. Erfahrene Köche sind im Auflegen von kalten Platten schnell und vereinfachen sich die Herstellung durch präzise Vorbereitung. Jede Tranche sitzt, ein Verrücken oder Korrigieren ist nicht mehr notwendig. Der Schwung in den Legerichtungen erzeugt eine gewisse Spannung und Harmonie.

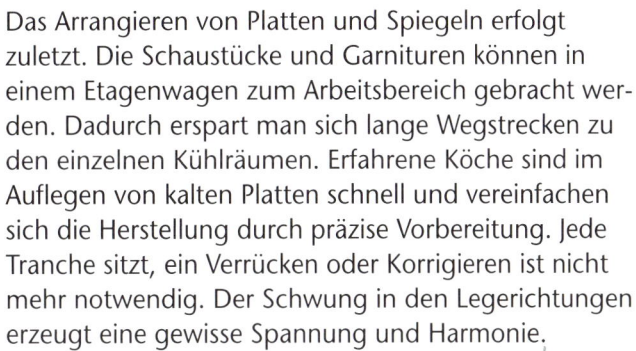

Jede fertiggestellte Platte muß nochmals gut gekühlt werden, damit die Speisen nicht an Frische und Attraktivität verlieren. Die Platten sollten erst kurz gekühlt und anschließend mit Folie abgedeckt werden. Ansonsten können sich Beschlag und Kondenswasser unter der Folie bilden, die unansehnliche Tropfen auf der Platte hinterlassen. Vorsicht bei Garnituren und feinen Details der Speisen! Die Folie sollte nicht direkt aufliegen, denn sie läßt gerne Druckstellen zurück, und beim Abnehmen bleiben die Garnituren kleben. Kleine Förmchen aus Metall, Abstandhalter in Form von Spießen oder anderen Gerätschaften wahren die Distanz zu den Speisen, und die Folie läßt sich gut verspannen.

225

Nun ist es Zeit, die letzten Vorbereitungen zu treffen. Salate, Saucen oder Sahnemeerrettich werden abgefüllt und garniert. Vorteilhaft ist es, mehrere kleine Gefäße zu wählen und diese auszutauschen oder nachzufüllen, wenn der Inhalt zur Neige geht.

Das Brot wird geschnitten und zum Transport verpackt. Dies sollte erst kurz vor dem Aufbau des Büfetts erfolgen, damit die Scheiben nicht antrocknen. Portionsgerechte Backwaren und Brötchen eignen sich sehr gut, da sie länger frisch bleiben als aufgeschnittene Ware. Portionierte Butter muß in Eiswasser aufbewahrt werden, um sie lange frisch zu halten.

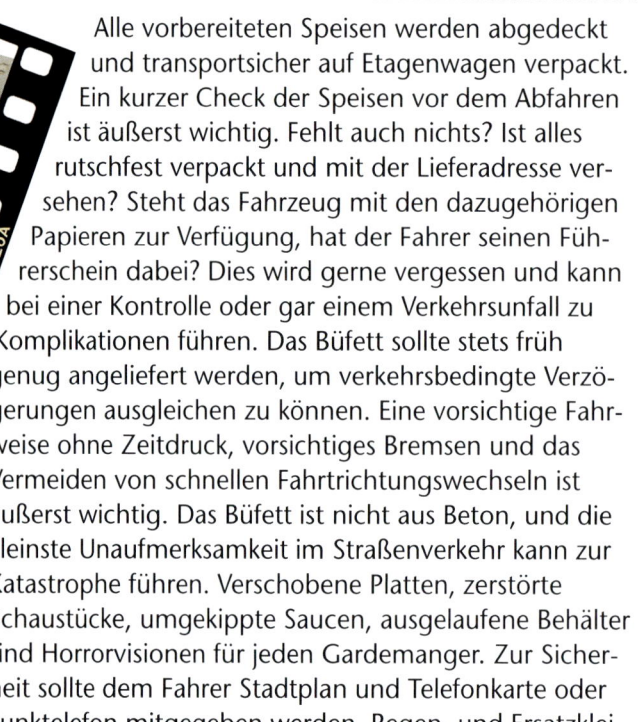

Alle vorbereiteten Speisen werden abgedeckt und transportsicher auf Etagenwagen verpackt. Ein kurzer Check der Speisen vor dem Abfahren ist äußerst wichtig. Fehlt auch nichts? Ist alles rutschfest verpackt und mit der Lieferadresse versehen? Steht das Fahrzeug mit den dazugehörigen Papieren zur Verfügung, hat der Fahrer seinen Führerschein dabei? Dies wird gerne vergessen und kann bei einer Kontrolle oder gar einem Verkehrsunfall zu Komplikationen führen. Das Büfett sollte stets früh genug angeliefert werden, um verkehrsbedingte Verzögerungen ausgleichen zu können. Eine vorsichtige Fahrweise ohne Zeitdruck, vorsichtiges Bremsen und das Vermeiden von schnellen Fahrtrichtungswechseln ist äußerst wichtig. Das Büfett ist nicht aus Beton, und die kleinste Unaufmerksamkeit im Straßenverkehr kann zur Katastrophe führen. Verschobene Platten, zerstörte Schaustücke, umgekippte Saucen, ausgelaufene Behälter sind Horrorvisionen für jeden Gardemanger. Zur Sicherheit sollte dem Fahrer Stadtplan und Telefonkarte oder Funktelefon mitgegeben werden. Regen- und Ersatzkleidung sind ebenso mitzuführen wie ein Verbandskasten.

Auch Tafelgeräte, Dekorationsmaterial und Schneidewerkzeuge müssen frühzeitig zusammengestellt und verpackt werden. Hier ist eine angelegte Leihserviceliste sehr nützlich.

Parallel zur Produktion in der Küche baut das Serviceteam die Büfettafel auf. Die Tische werden laut Büfettanordnungsplan arrangiert und mit Tischwäsche verkleidet.

Plattenträger, Unterbauten und Dekorationselemente werden aufgetragen. Hier hilft eine Skizze des Küchenchefs mit der Plattenanzahl, -größe und Anordnung.

Blumenschmuck, Dekoration, Kerzenleuchter und Geschirr werden aufgebaut.

Das Eindecken und Dekorieren der Gästetische verläuft parallel und harmoniert mit der Dekoration der Büfetttafel.

Es ist soweit: Kurz vor dem Eintreffen der Gäste wird das Büfett angeliefert. Mit großen, verhüllten Rollwagen lassen sich die Speisen bequem zum Veranstaltungsort transportieren. Kennt man den Veranstaltungsort nicht, ist zuvor zu klären, wie es mit Zufahrtsmöglichkeiten und Parkerlaubnis aussieht. In Innenstädten mit Fußgängerzonen kann es zu Komplikationen kommen. Wichtig ist, sich über die Eingänge zu informieren. Befindet sich der Veranstaltungsraum in den oberen Etagen, sollte ein Aufzug in der Nähe und die Rollwagen nicht zu groß sein. Dieser Punkt erscheint jedem erst dann wichtig, wenn er einmal schwere Platten durch das Treppenhaus bis in den fünften Stock liefern mußte oder die opulent gewählten Spiegel und Platten nicht durch die Eingangstür passen.

Jeder packt mit an, um den Aufbau zügig durchzuführen. Das Aufbauteam muß über seine Tätigkeit informiert sein, um lückenlos arbeiten zu können.

Die angelieferte Ware wird ausgepackt und zur Büfetttafel gebracht. Dies sollte, wenn möglich, außerhalb des Bankettraumes stattfinden, damit das Verpackungsmaterial bei der Arbeit nicht behindert. Oftmals befinden sich die Gäste schon im Raum. Somit ist die Präsentation der Platten schon beim Aufbau perfekt und weckt bereits die Neugierde der Besucher.

Der verantwortliche Koch teilt die Platten fürs Büfett ein und hält eventuelle Ersatzplatten zurück.

Los geht's! Zügig werden die edlen Speisen nach System aufgetragen.

Jede Platte hat ihren vorgesehenen Platz, und ein langes Suchen erübrigt sich.

Teamarbeit ist nun oberste Devise. Küche und Service arbeiten Hand in Hand, um den Zeitdruck beim Aufbau zu verringern.

Empfindliche Speisen und Einzelportionen werden zum Schluß aufgebaut.

Dann folgt eine Kontrolle auf Vollständigkeit und Anordnung der Büfettelemente.

Anschließend werden Brot und Butter eingesetzt.

Der Aufbau von Salaten, Saucen und Beiwerk kann beginnen. Die Leerräume müssen noch ausgefüllt werden.

Wichtig ist eine gemeinsame Besprechung von Küche und Service wegen der Bestandteile der einzelnen Köstlichkeiten. Die Mitarbeiter werden den entsprechenden Platten zugeteilt, über Besonderheiten aufgeklärt, Namen und Zubereitung der Speisen erläutert, passende Saucen, Dips und Dressings dem Personal zur besonderen Anpreisung empfohlen.

Alle Folien und Abdeckungen werden entfernt, die Mitarbeiter nehmen ihre Arbeitsplätze ein:
„Das Büfett ist eröffnet."

Themenbezogene Büfetts üben auf die Gäste einen besonderen Reiz aus und beflügeln die Kreativität der Errichter. Am Beispiel einer rustikalen Hochzeit kann man erkennen, wie Veranstaltungen zum Erlebnis werden.

Die Kulisse wird für das anstehende Büfett hergerichtet. Dazu werden lange Stoffbahnen zugeschnitten.

Die Tafel und der Raum werden mit Stoff dekoriert, um Atmosphäre zu schaffen.

Das Dekorationsmaterial wird angeliefert und den einzelnen Bereichen des Raumes zugeteilt.

Die Tischdekorationen werden arrangiert.

Ein kleiner Teil des Raumes wird mit Strohballen abgetrennt, um der Küche ein ungestörtes Arbeiten zu ermöglichen.

Dekorative Installationen werden im Raum verteilt angebracht und danach die Bestuhlung vorgenommen.

Das Eindecken der rustikalen Tafel erfolgt mit themengerechtem Geschirr.

Anlieferung der Ware und Aufbau des Büfetts.

Letzte Vorbereitungen laufen, und die Teller werden angerichtet. Jetzt können die Gäste eintreten.

Es gibt ein breites Spektrum verschiedener Anlässe und Veranstaltungsformen, die an die Kreativität der Küche appellieren. Es ist bestimmt erfolgversprechender, für die unterschiedlichsten Bedürfnisse Konzepte zu entwickeln, die schon bei der Büfettanfrage ins Gespräch einfließen können und das Interesse des Kunden wecken. Durch spezielle Gerichte, Speisenzusammenstellungen und Dekorationen lassen sich Büfetts beliebig verwandeln und werden dadurch zu etwas Besonderem. Eine harmonische Ergänzung dabei sind themenbezogene Kleidungsstücke für das Küchen- und Servicepersonal. Einige Stichworte und Anregungen, um betriebseigene Konzepte zu erstellen:

Familienfeiern
Geburtstage
Kindergeburtstage
Konfirmationen, Kommunionen
Taufen
Hochzeiten, Hochzeitsjubiläen
Trauerfeiern
Haus-, Wohnungs- oder Gebäudeeinweihungen
Stammtische und Herrenrunden
Stehempfänge
Festliche Empfänge
Neujahrsansprachen
Vernissagen
Geschäftsveranstaltungen
Neueröffnungen
Umzüge, Umbauten
Produktvorstellungen
Firmenehrungen
Betriebsfeiern
Abteilungsfeste

Schnelle Büfetts

Für eilige und kurzfristige Anfragen: Was ist immer
vorrätig und innerhalb kürzester Zeit lieferbar?
Häppchen, einfache kalte Platten

Außergewöhnliches

Frühstücksbüfett
Brunch
Sekt-/Champagnerfrühstück
Mitternachtsbüfett
Länderbezogene Büfetts

Themenbüfetts wie beispielsweise

Zirkus
Theater
Fastnacht
Rummel
Rosenfest
Bauernmarkt usw.
Picknick
Lunch- und Reisepakete
Rittertafeln
Burgfeste
Wein und Genuß

13

Formblätter für die Büfettorganisation

Büfettbestellung

Art der Veranstaltung: _____

Name des Bestellers: _____

Adresse/Telefon: _____

Datum: _____ Zeit: _____ Personenzahl und Durchschnittsalter: _____

Raum: _____ Raummiete: _____

Außer-Haus-Lieferung (Anschrift): _____

Lieferung: _____ Abholung: _____ Aufbaubeginn: _____

Tafelform:	
Sitzplan, Tischkarten:	
Sonderwünsche:	
Dekor:	
Blumenschmuck und Gestecke:	
Technische Geräte (Stereoanlage, Projektor, TV usw.):	
Rauchwaren:	
Getränke:	
Aperitifs:	
Digestifs:	
Tischwäsche:	
Besteck, Porzellan, Gläser:	
Sonstiges:	
Annahme der Bestellung (Datum):	
Anzahlung:	erhalten am:
Unterschrift des Bestellers:	

Verteiler: Küche ○   Lager/Keller ○   Einkauf ○   Service ○

              Wäscherei ○   Technik ○   Rezeption ○   Direktion ○

Büfettbestellung Muster

Art der Veranstaltung: Firmenjubiläum

Name des Bestellers: Firma Erich Meier

Adresse/Telefon: Musterstraße, 82500 Musterstadt, Telefon (08171) 1234

Datum: 25.10.99   Zeit: 19.00 Uhr   Personenzahl und Durchschnittsalter: 150/40

Raum: Firma Meier   Raummiete: keine

Außer-Haus-Lieferung (Anschrift): Firma Meier, Musterstraße, 82500 Musterstadt

Lieferung: 25.10.99   Abholung: Anlieferung   Aufbaubeginn: 18.30 Uhr

Tafelform:	U-Form
Sitzplan, Tischkarten:	wird von Firma Meier gestellt
Sonderwünsche:	12.00 Uhr, Jubiläumstorten mit Wunderkerzen
Dekor:	herbstliche Farben, festlich
Blumenschmuck und Gestecke:	herbstliche Blumendeko im Raum und auf den Tischen
Technische Geräte (Stereoanlage, Projektor, TV usw.):	keine
Rauchwaren:	keine
Getränke:	1998 Weißer Burgunder, Bernhard Huber, Malterdingen, 1997 Spätburgunder-Rotwein – K. H. Johner, Mineralwasser
Aperitifs:	Zur Wahl: Sekt Hausmarke, Campari Soda oder Orange, Sherry Fino
Digestifs:	Kleine Auswahl an Marc und Grappa, Zusammenstellung frei
Tischwäsche:	dunkelgrün
Besteck, Porzellan, Gläser:	Messer, Gabel, Dessertbesteck, Porzellan Büfett weiß, Sekt, Sherry, Campari, Weiß- u. Rotwein, Wasser, Schnaps
Sonstiges:	Aschenbecher
Annahme der Bestellung (Datum):	10.09.99
Anzahlung: keine	erhalten am:
Unterschrift des Bestellers:	Erich Meier

Verteiler: Küche ⊗   Lager/Keller ⊗   Einkauf ⊗   Service ⊗

Wäscherei ⊗   Technik ⊗   Rezeption ⊗   Direktion ⊗

Speisenzusammenstellung

Name des Bestellers: _____ Art der Veranstaltung: _____

Datum: _____ Zeit: _____ Ort: _____

Speisen	Portionen	Garnituren	Plattengröße/Stückzahl
Vorspeisen			
Suppen			
Fisch und Meeresfrüchte			
Fleisch und Geflügel			
Käse			
Desserts			
Salate			
Saucen			
Brot			
Butter			
Mitternacht			
Besonderes			

Speisenzusammenstellung Muster

Name des Bestellers: *Firma Meier*　　　　　　　Art der Veranstaltung: *Firmenjubiläum*

Datum: *25.10.99*　　　　　Zeit: *19.00 Uhr*　　　Ort: *F. Meier, Musterstadt*

Speisen	Portionen	Garnituren	Plattengröße/Stückzahl
Vorspeisen			
Antipasti	70	Basilikum	2 Schalen, oval
Melonen mit Parmaschinken	90	Orangen, Trauben	1 Platte, groß
Suppen			
keine			
Fisch und Meeresfrüchte			
Räucherfische	70	Zitronen, Dill	2 Platten, mittel
Lachsplatte	70	Tomatenrosen	2 Spiegelplatten, mittel
Krevettencocktail in Gläsern	70	Chicorée, Tomaten	in Cocktailgläsern
Fleisch und Geflügel			
Kalbsbrieserterrine, Landpastete	80	Gef. Artischocken	1 Platte, groß
Tafelspitzsülze	80	Salate, Schnittlauch	2 Platten, mittel
Roastbeef, Kasseler, Schinken	100	Senf- u. Essigfrüchte	2 Holzbretter
Geflügelvariationen	80	Feigen, gefüllte Eier	1 Platte, groß
Käse			
Käseauswahl	80	Trauben	1 Holzbrett
Desserts			
Rote Grütze mit Vanillesauce	150	Minze, Schokodekor	Dessertgläser
Salate			
Blattsalate, Kartoffelsalat, Reissalat, Maissalat, Waldorfsalat	je 50	beliebig	Salatschüsseln, -schalen
Saucen			
Cumberland, grüne Sauce, Sahnemeerrettich, Vinaigrette, Sülze, Joghurt-Dressing-Salat	je 50	beliebig	Saucieren, Schalen
Brot			
Auswahl hell u. dunkel	150	keine	Körbe mit Servietten
Butter			
Butterkugeln in Eiswasser	150	keine	Glasschalen
Mitternacht			
Jubiläumstorte	100	keine	wird geliefert, Konditorei
Besonderes			

Produktionsplan Küche

Name des Bestellers: _____ Art der Veranstaltung: _____

Datum: _____ Zeit: _____ Ort: _____

Herstellung am (Datum)	Speise	Portionen	Schaustücke	Anrichten	Name (Uhrzeit)

Produktionsplan Küche Muster

Name des Bestellers: Firma Meier   Art der Veranstaltung: Firmenjubiläum

Datum: 25.10.99   Zeit: 19.00 Uhr   Ort: F. Meier, Musterstadt

Herstellung am (Datum)	Speise	Portionen	Schaustücke	Anrichten	Name (Uhrzeit)
1.10. Bestellung Konditorei	Torte	100		Anlieferung	
20.10.	Briesterrine	80	½ Terrine, garniert	17.00	Gardemanger
21.10.	Landpastete	80	½ Pastete	17.00	Gardemanger
23.10.	Lachs marinieren	70	Lachskopf	17.30	Gardemanger
23.10.	Gefüllte Wachteln	80	auf Apfelböden	17.15	Gardemanger
23.10.	Büfettsaucen	je 50			Gardemanger
24.10.	Salatdressing, Vinaigrette	je 50			Gardemanger
24.10.	Tafelspitzsülze	80	Salatbukett	16.30	Gardemanger
24.10.	Kasseler, Roastbeef, Gefüllte Poulardenkeulen, 1 Poularde für Schaustück	100 30 1			Saucier Saucier Saucier
25.10.	Rote Grütze	150		17.00	Patissier
25.10.	Poulardenschaustück			15.00	Gardemanger
25.10.	Roastbeefschaustück			15.20	Gardemanger
25.10.	Lachsschaustück			15.35	Gardemanger
25.10.	Terrinen/Pastetenschaustück			15.50	Gardemanger
25.10.	Anrichten der Platten Räucherfische, Lachsplatten, Krevettencocktail, Terrinen und Pasteten Sülze, Roastbeef, Kasseler, Schinken, Geflügelplatte, Käsebrett, Salate, Butterkugeln in Eis, Saucen, Brotauswahl			16.00–18.00	Gardemanger

Büfettaufbau (Service)

Name des Bestellers: Art der Veranstaltung:

Datum: Ort:

Tafelform:

Büfettgröße (L/B):   Benötigte Tischzahl:

Aufbauelemente (Erhöhungen):

Tischwäsche:

Tischdekor:

Geschirr:	Teller, groß	Teller, klein	Suppentassen
	Dessertschalen	Sonstiges	
Besteck:	Messer	Gabeln	Löffel
	Dessertlöffel	Dessertmesser	Dessertgabeln

Dienstplan für den Aufbau (Service)

Arbeit	Zeit	Namen
Büfettaufbau		
Aufdecken		
Mise en place		
Service Speisen		
Service Getränke		
Büfettausgabe		
Küche		

Leitung

Büfettaufbau (Service) Muster

Name des Bestellers: *Firma Meier*   Art der Veranstaltung: *Firmenjubiläum*

Datum: *25.10.99*   Ort: *F. Meier, Musterstraße, 8250 Musterstadt*

Tafelform: *U-Form*

Büfettgröße (L/B): *6 Meter, 8oer-Tische*   Benötigte Tischzahl: *4*

Aufbauelemente (Erhöhungen): *keine*

Tischwäsche: *dunkelgrün*

Tischdekor: *Herbstgestecke, Blumenbinderei klein*

Geschirr:

Teller, groß	*300*	Teller, klein	*150*	Suppentassen	*keine*
Dessertschalen	*150*	Sonstiges			

Besteck:

Messer	*150*	Gabeln	*150*	Löffel	*keine*
Dessertlöffel	*150*	Dessertmesser		Dessertgabeln	*150*

Dienstplan für den Aufbau (Service)

Arbeit	Zeit	Namen
Büfettaufbau	*15.00 Uhr*	*Herr Mustermann mit 2 Helfern*
Aufdecken	*16.00 Uhr*	*Herr Mustermann mit 2 Helfern*
Mise en place	*15.00 Uhr*	*Frau Mustermann*
Service Speisen	*18.30 Uhr*	*Selbstbedienung*
Service Getränke	*18.30 Uhr*	*Herr Mustermann mit 4 Helfern*
Büfettausgabe	*18.30 Uhr*	*Frau Mustermann mit 2 Helfern, Küche mit 6 Helfern*
Küche	*18.30 Uhr*	*Leitung Küchenchef Herr Saubermann*

Büfett-Stellungsplan (Schaustücke, Prunkplatten, Platten, Dekor, Geschirr, Brot, Butter ...)
Lange Tafel, von links nach rechts durchgehend. Bei Platzmangel können zweifach gelieferte Platten während der Ausgabe ausgetauscht werden.
Teller, Besteck, Brot und Butter, Antipasti, Melonen mit Schinken, Krevettencocktail, Räucherfischplatten 2, Lachsplatten 2, Terrinen und Pasteten 1, Sülze 2, Roastbeef und Schinken 2, Geflügel 1, Käsebrett, rote Grütze, in den Zwischenräumen der Platten 5 Salate, 6 Saucen.

Leihservice

An
Name: Ansprechpartner:

Firma: Anschrift:

Liefertag: Abholung:
Abholort: Wird zurückgebracht von:

Berechnete Leihtage: Berechnete Gebühren:

Bestätigung des Kunden: Bestätigung des Mitarbeiters:

(Unterschrift/Datum)

Leihgeschirr:	
Teller, groß: Teller, klein: Butterteller: Teller, tief: Suppentassen mit Untertassen: Porzellanschüsseln: Glasschüsseln: Saucieren: Kaffeetassen mit Untertassen: Dessertschalen:	Tischwäsche: Platten und Spiegel:
Messer: Gabeln: Löffel: Kaffeelöffel: Dessertlöffel: Kuchengabeln: Vorleger: Schöpfkellen:	Behältnisse:
Weißweingläser: Rotweingläser: Wassergläser: Sektgläser: Cocktailschalen: Biergläser: Sherrygläser, Camparigläser:	Geräte:
Aschenbecher: Kerzenständer: Blumenvasen:	Weitere Leihartikel:
Sonstiges: Schnapsgläser: Brotkörbe:	

Leihservice Muster

An
Name: *Firma Meier* Ansprechpartner: *Herr Meier*

Firma: *Firma Meier* Anschrift: *Musterstraße, 8250 Musterstadt*

Liefertag: *25.10.99* Abholung: *25.10.99*
Abholort: *Firma Meier* Wird zurückgebracht von:

Berechnete Leihtage: *1* Berechnete Gebühren: *Pauschale*

Bestätigung des Kunden: Bestätigung des Mitarbeiters:

(Unterschrift/Datum)

Leihgeschirr:			
Teller, groß:	300	**Tischwäsche:**	
Teller, klein:	150	*Tischdecken, groß, dunkelgrün 40*	
Butterteller:	–	*Tischdecken, rund*	
Teller, tief:	–	*Tischsets*	
Suppentassen mit Untertassen:	–	*Servietten, dunkelgrün 170*	
Porzellanschüsseln:	5	*Moltonunterlagen*	
Glasschüsseln:	5	**Platten und Spiegel:**	
Saucieren:	10	*2 Schalen, oval, 3 Platten, groß 4*	
Kaffeetassen mit Untertassen:	–	*Platten, mittel, 2 Spiegelplatten, 3 Holzbretter*	
Dessertschalen:	150		
Messer:	150	**Behältnisse:**	
Gabeln:	150		
Löffel:	–		
Kaffeelöffel:	150		
Dessertlöffel:			
Kuchengabeln:	150		
Vorleger:	20		
Schöpfkellen:			
Weißweingläser:	150	**Geräte:**	
Rotweingläser:	150		
Wassergläser:	200		
Sektgläser:	150		
Cocktailschalen:	70		
Biergläser:			
Sherrygläser, Camparigläser:	50/50		
Aschenbecher:	20	**Weitere Leihartikel:**	
Kerzenständer:	15	*30 Schalen für Blumengestecke*	
Blumenvasen:	–		
Sonstiges:			
Schnapsgläser:	60		
Brotkörbe:	5		

243

Auswertungsbogen

	Datum	Uhrzeit Abfahrt	Ankunft	Name des Verantwortlichen
Anlieferung:				
Abbau:				

Kunde:
Wie kam die Serviceleistung an? (Resonanz)

Gab es Kritikpunkte?

Ablauf und Organisation:
War der Personaleinsatz effizient?
(Wenn nein, wo waren die Mißstände?)

Wurde der Zeitablauf eingehalten?
(Wenn nein, wo und wodurch kamen Abweichungen auf?)

Verbesserungen:

Warenmenge und Qualität:
Waren die gelieferten Mengen entsprechend?
(Wenn nein, wo war es zuwenig oder zuviel?)

Wurde die Qualität bis zuletzt aufrechterhalten?
(Wenn nein, wo waren Einbußen zu verzeichnen?)

Geschirr und Requisiten:
Waren die Accessoires ausreichend?
(Wenn nein, was hat gefehlt?)

Wurden die Requisiten vollständig zurückgebracht?
(Angaben über Bruch, Schäden oder fehlende Artikel.
Bitte Leihservice-Liste beilegen.)

Auswertungsbogen Muster

	Datum	Uhrzeit Abfahrt	Ankunft	Name des Verantwortlichen
Anlieferung:	25.10.99	18.15 Uhr	18.30 Uhr	Küchenchef Herr Saubermann
Abbau:	26.10.99	1.30 Uhr	1.45 Uhr	Herr Mustermann

Kunde:
Wie kam die Serviceleistung an? (Resonanz)

Sehr zufriedene Kunden, begeistert über den Ablauf.

Gab es Kritikpunkte?

Aufbau wurde behindert durch bereits anwesende Gäste, evtl. früher aufbauen.

Ablauf und Organisation:
War der Personaleinsatz effizient?
(Wenn nein, wo waren die Mißstände?)

War o.k.

Wurde der Zeitablauf eingehalten?
(Wenn nein, wo und wodurch kamen Abweichungen auf?)

Beginn verzögerte sich etwas, Essensbeginn 19.20 Uhr, war jedoch in Ordnung.

Verbesserungen:

Warenmenge und Qualität:
Waren die gelieferten Mengen entsprechend?
(Wenn nein, wo war es zuwenig oder zuviel?)

Ausreichend, etwas weniger Schinken und Käse

Wurde die Qualität bis zuletzt aufrechterhalten?
(Wenn nein, wo waren Einbußen zu verzeichnen?)

Die Sülze wurde bei den hohen Raumtemperaturen etwas weich, mußte vorsichtig serviert werden. Bitte mehr Gelatine verwenden.

Geschirr und Requisiten:
Waren die Accessoires ausreichend?
(Wenn nein, was hat gefehlt?)

Ausreichend

Wurden die Requisiten vollständig zurückgebracht?
(Angaben über Bruch, Schäden oder fehlende Artikel.
Bitte Leihservice-Liste beilegen.)

3 Weißweingläser, 5 Sektgläser Bruch. Sonst alles vollzählig retour.

245

Kundenservice

Sehr geehrter Kunde,

wir bedanken uns für das entgegengebrachte Vertrauen und hoffen, Ihren Erwartungen entsprochen zu haben.
Um Sie weiterhin zufriedenstellen zu können, liegt uns Ihre Meinung am Herzen.
Mit dem vorliegenden Beurteilungsbogen bitten wir Sie, uns einige Fragen bezüglich unserer Dienstleistung zu
beantworten und diesen ausgefüllt an uns zurückzusenden. Mit der Auswertung möchten wir unseren Betrieb
stets optimieren und Ihren Wünschen entsprechen.

Für Ihre Mühe bedanken wir uns im voraus und verbleiben mit kulinarischen Grüßen

Beurteilung:

_____

Lieferdatum:

_____

Anlaß:

_____

Waren Sie mit unserer Serviceleistung zufrieden, und entsprach sie Ihren Vorstellungen?

_____

Wurde der vereinbarte Zeitablauf eingehalten?

_____

Waren die Speisenmengen ausreichend und nach Ihrem Geschmack?

_____

Sind Sie zufrieden mit unserem Servicepersonal?

_____

Weitere Bemerkungen:

_____

14

Fachbegriffe und Register

Fachbegriffe

Abbrühen
(Brühen) Eintauchen von Nahrungsmitteln in kochendes Wasser, um Gewebe zu straffen, Fasern aufzuweichen, Bitterstoffe zu mildern und um Unreinheiten von der Oberfläche abschöpfen zu können.

Abschäumen
Fonds, Jus, Brühen, Suppen und Saucen von geronnenem Eiweiß und von Unreinheiten befreien. Sie werden mit dem Schaumlöffel von der Oberfläche abgeschöpft.

Abschrecken
Übergießen oder Eintauchen von heißen Flüssigkeiten oder Lebensmitteln in kaltes Wasser, um die Temperatur rasch zu senken, ein Kleben zu verhindern (Teigwaren und Reis), den Garprozeß zu stoppen (Gemüse) oder das Schälen zu erleichtern (Eier).

Abstechen
Aus einem Teig oder Masse mit einem Löffel kleine Portionen ausstechen, um sie in Wasser, Fond oder heißem Fett zu garen.

Abziehen
Flüssigkeiten mit Stärke binden; Lebensmittel wie Tomaten, Paprika, Mandeln von der Schale befreien durch vorheriges Brühen in kochendem Wasser.

Abziehen zur Rose
Flüssigkeiten wie Creme oder Milch bis knapp vor dem Siedepunkt erhitzen und durch Zugabe von Eigelb unter ständigem Rühren andicken lassen, beim Eintauchen eines Kochlöffels müssen sich beim Daraufblasen rosenartige Kringel bilden.

Balsamico-Essig
(Aceto Balsamico, Balsamessig) Essig aus eingekochtem Most süßer Trauben, in Holzfässern gelagert.

Bardieren
Mageres Fleisch oder Geflügel mit fettem Speck umwickeln oder belegen, damit es beim Braten nicht zu sehr austrocknet.

Bestauben
Bestreuen mit Mehl.

Blanchieren
(Überbrühen) Gemüse, Früchte oder andere Lebensmittel in kochendes Wasser eintauchen oder übergießen, um Enzyme, Fermente abzutöten, die Farbe zu kräftigen, Blätter zum Rollen biegsam zu machen, leichter schälen zu können oder vorzugaren.

Blindbacken
Backen von Teighüllen ohne Füllung. Durch das Abdecken mit Pergamentpapier und Beschweren mit getrockneten Erbsen bleiben sie in Form.

Bottarga
Ziegel aus gesalzenem, gepreßtem und luftgetrocknetem Meeräschen- oder auch Thunfischrogen.

Bouquet garni
Gemüse-Kräuter-Bündel als Beigabe von Fonds und Saucen.

Brunoise
Feinwürfelig geschnittenes Gemüse.

Chemisieren
Eine Form gleichmäßig dünn mit Gelee ausgießen oder mit einer Masse ausstreichen.

Consommé
Kraftbrühe, besonders kräftige, klare Fleischbrühe.

Corail
Rogen von weiblichen Hummern, Langusten und anderen Krustentieren. Im Rohzustand schwarzgrün, wird er beim Kochen korallenrot. Geschätzt als Würz- und Färbemittel. Der orangefarbene Rogen der Jakobsmuscheln wird ebenfalls als Corail bezeichnet.

Coulis
Konzentrierter Saft.

Crème double
Dickflüssiger Doppelrahm mit 40 % Fett, ungesäuert oder leicht angesäuert.

Crème fraîche
Dickflüssige bis stichfeste Sahne aus pasteurisierter Kuhmilch mit mind. 30 % Fettgehalt.

Dämpfen
Garen im Wasserdampf, ohne mit der Flüssigkeit in Berührung zu kommen.

Drapieren
Belegen und Ausschmücken von Lebensmitteln, zum Beispiel das Drapieren eines Büfettschaustückes.

Dressieren
Mit Nadel und Faden in eine gewünschte Form bringen (Geflügel, Fleisch, Fisch...), eine Masse mit Hilfe von Dressierbeutel und Tülle in Form bringen.

Durchschlag
(Sieb, Seiher) Geräte aus im ganzen oder am Boden durchlöchertem Material oder einem gitter-, netzartigen Geflecht, um Festes von Flüssigem, Grobes von Feinem zu trennen.

Essenz
Konzentrierter, stark eingekochter Fond.

Etamin(e)
Passiertuch aus dichtgewobener Baumwolle oder Leinen zum Passieren von Flüssigkeiten.

Fadenschneider
(Juliennereißer, -schneider, Zestenreißer, Zesteur) Schneidgerät mit gezahnter Klinge und kleiner Lochung, um gleichmäßige Streifen von Zitrusfrüchten oder Gemüse abzuschälen.

Farce
Füllung aus feingehackten, durchgedrehten oder sonst zerkleinerten, rohen oder gegarten Produkten zum Füllen von Fleisch, Geflügel, Wild, Fisch, Krustentieren, Gemüse, Pasteten und Terrinen.

Filetieren
Fleischige Seitenteile eines Fisches von den Gräten lösen, beidseitiges Herauslösen des Muskelfleisches von Schlachttieren entlang des Rückgrates.

Filieren
Lösen von Zitrusspalten aus den Trennhäuten.

Flan
Puddingartige, durch Ei gestockte Masse; salzig aus Leber, Meeresfrüchten, Fisch oder Gemüse, süß aus Cremes oder Früchten.

Fond
Konzentrierter Auszug aus stark zerkleinerten Knochen und Fleischabfällen, Krustentieren und Fischen; mit Gemüse, Gewürzen und Kräutern; Grundlage für Suppen, Saucen und Gelee.

Garnieren
Ein Gericht mit eßbaren, in Form und Farbe passenden Zutaten belegen, umlegen oder verzieren.

Geklärte Butter
Von Milchrückständen und Wasser befreite Butter.

Gelatine
Bindemittel für Aspik, Gelee, Sülzen und Desserts. Leimähnlicher, durchsichtiger und geschmacksneutraler tierischer Gelierstoff.

Gelee
Entfettete, geklärte Flüssigkeit; mit Geliermittel hergestellt, erstarrt nach dem Erkalten.

Gratinieren
Überbacken eines Gerichtes bei Oberhitze, bis es eine braune Kruste erhält.

Grüner Speck
Frischer, ungesalzener und ungeräucherter Rückenspeck, fett mit neutralem Geschmack.

Geschwärzte Zwiebel
Zwiebelhälfte mit Schale und gerösteter Schnittfläche.

Glacieren
Übergießen von Speisen, um ihnen Farbe, Glanz und ein apartes Aussehen zu verleihen. Stark reduzierte Fonds zum Überglänzen werden als Glace bezeichnet.

Julienne
In feinste Streifen geschnittene Gemüse, Pilze, gekochtes Fleisch oder Schinken, Zitrusschalen.

Juliennereißer
Siehe Fadenschneider.

251

Jus
Schmackhafter Fleisch- oder Bratensaft, würzig konzentriert, geliert beim Erkalten.

Karkasse
Gerippe von Fisch, Krustentieren, Geflügel und Wild.

Klären
Entfernen aller trüben Bestandteile von Kraftbrühen und Gelees; mit Hilfe von Eiweiß und gehacktem Fleisch oder Fisch werden diese Bestandteile gebunden und entfernt.

Kraftbrühe
Siehe Consommé.

Krebsnasen
Kopfbruststücke von abgekochten Flußkrebsen, ohne Schwanz und Scheren; gefüllt als Beilage oder Garnitur.

Mirepoix
Gewürfeltes Röstgemüse zum Würzen von Saucen, Suppen, Schmorbraten, Ragouts, Fisch und Krustentieren.

Montieren
(Aufmontieren, Aufschlagen) von Suppen, Saucen, Creme und Püree mit kalter Butter, um sie cremig, leicht und luftig zu machen.

Nappieren
(Übergießen, Maskieren) von Speisen mit Sauce oder Gelee.

Noilly Prat
Trockener französischer Wermut.

Parfait
Feine Masse aus Enten-, Gänseleber, Hummer usw., mariniert und in gefetteter Form im Wasserbad pochiert; feine Eiscreme (Halbgefrorenes).

Parieren
Fleisch, Geflügel, Fisch und Meeresfrüchte von allen nicht eßbaren Teilen, Fett, Haut, Schalen, Sehnen usw. befreien und für die Zubereitung vorbereiten.

Parüren
Abfälle, die beim Parieren entstehen.

Passieren
(Durchpassieren) eine Suppe, Sauce, leichtes Püree durch ein feines Sieb oder Tuch drücken, gießen, seihen oder streichen.

Pastis
Anishaltiges Aperitifgetränk.

Pochieren
(Garziehen) Langsames Garen von Speisen unter dem Siedepunkt.

Safran
Kostbares, handgepflücktes Gewürz aus den Blütennarben einer Krokuspflanze; süßlicher bis zartbitterer Geschmack, starke Gelbfärbung beim Kochen.

Seiher
Siehe Durchschlag.

Tranche
Scheibe, Schnitte von Brot, Fleisch, Fisch usw.

Tranchieren
(Zerlegen) Fleisch, Geflügel, Fische zum Anrichten in Scheiben oder Stücke schneiden.

Toastbrot
Lockeres Weißbrot mit Fett, außen knusprig, innen elastisch, schmeckt lieblich mild, röstfähig.

Tournieren
(Abdrehen) Zuschneiden von Gemüse, Kartoffeln, Champignons in eine einheitliche, dekorative Form bringen und gleichmäßiges Garen ermöglichen.

Überglänzen
Siehe Glacieren.

Wässern
Längere Zeit in kaltes Wasser legen, um Blutreste oder Verunreinigungen zu entfernen oder Schärfe zu mildern.

Wasserbad
(Bain-marie) Behälter, zum Teil mit heißem Wasser gefüllt, um Speisen zu erwärmen, warm zu halten oder zu garen.

Zesten

Dünn abgeschälte Stücke von Gemüse oder Zitrusfrüchten mit Hilfe eines Fadenschneiders oder Zestenreißers.

Zesteur

Siehe Fadenschneider.

Ziselieren

Einkerben von Gemüse oder Früchten mit dem Ziselierer, leichtes Einschneiden mit dem Messer von Fleisch oder Fischen, damit sie beim Braten nicht zerreißen und die Hitze schneller eindringt.

Ziselierer

(Kanneliermesser) zum Einritzen und Herausarbeiten von Rillen und Mustern bei Gemüsen und Zitrusfrüchten.

Das kleine Kücheneinmaleins (Maße – Gewichte – Küchentechnisches)

Für Flüssiges – Liter & Co.

1 ml (Milliliter)	=	1 ccm*	= $^1/_{1000}$ l	
1 cl (Zentiliter)	=	10 ccm	= $^1/_{100}$ l	
1 dl (Deziliter)	=	100 ccm	= $^1/_{10}$ l	

(* 1 ccm = Kubikzentimeter)

1	l	=	1000	ml	=	100	cl	= 10 dl
$^3/_4$	l	=	750	ml	=	75	cl	= 7,50 dl
$^1/_2$	l	=	500	ml	=	50	cl	= 5 dl
$^3/_8$	l	=	375	ml	=	37,5	cl	= 3,75 dl
$^1/_3$	l	=	333	ml	=	33,3	cl	= 3,33 dl
$^1/_4$	l	=	250	ml	=	25	cl	= 2,50 dl
$^1/_8$	l	=	125	ml	=	12,5	cl	= 1,25 dl
$^1/_{10}$	l	=	100	ml	=	10	cl	= 1 dl

1 Eßlöffel	≈	etwa 10 ml	≈	1 cl
1 Schnapsglas	=	20 ml	=	2 cl
1 Glas	≈	100 bis 125 ml	≈	$^1/_{10}$ bis $^1/_8$ l
1 Tasse	≈	125 bis 150 ml	≈	$^1/_8$ bis $^3/_5$ l

Für Festes – Pfund(s)sache:

1 kg	=	1000 g	=	2 Pfund
$^1/_2$ kg	=	500 g	=	1 Pfund
$^1/_4$ kg	=	250 g	=	$^1/_2$ Pfund
$^1/_8$ kg	=	125 g	=	$^1/_4$ Pfund

Ausländische Maße:

1 lb. (pound)	≈	0,454	kg ≈	454 g
1 oz. (ounze)	≈	0,028	kg ≈	28 g
1 dag (Dekagramm)	=	0,010	kg =	10 g
1 pt. (pint)	≈	0,568	l ≈	568 ml
1 cup (Tasse / Amerika)	≈	0,240	l ≈	240 ml
1 cup (Tasse / England)	≈	0,200	l ≈	200 ml
1 quart (England)	≈	1,14	l ≈	1140 ml
1 quart (Amerika)	≈	0,95	l ≈	950 ml
1 gallon (England)	≈	4,55	l ≈	4550 ml
1 gallon (Amerika)	≈	3,79	l ≈	3790 ml
1 in. (inch)	=	2,54	cm	

Tropfen und Prisen:

1 Prise: Soviel Gewürz, wie Sie zwischen Daumen und Zeigefinger halten können.
1 Messerspitze: Die Menge, die problemlos auf des Messers Spitze paßt, etwa 2 bis 3 Prisen
1 Spritzer: 3 bis 5 Tropfen Flüssigkeit
1 Schuß: Etwa $^1/_2$ Schnapsglas. Beim Abmessen die Flasche kurz kippen – der Daumen auf der Öffnung garantiert, daß es bei einem Schuß bleibt.

Temperaturen:
Gemessen in Grad Celsius:

Elektroherd		Gasherd
150 °C	–	Stufe 1
175 °C	–	Stufe 2
200 °C	–	Stufe 3
225 °C	–	Stufe 4
250 °C	–	Stufe 5

Ausländische Temperatur-Recheneinheiten:

Fahrenheit (°F): °F–32 x 5 : 9 = °C
100 °C = 212 °F   °C x 9 : 5 +32 = °F

Réaumur (°R): °R = °C x 4:5
100 °C = 80 °R   °C = °R x 5:4

Abkürzungen:

TL	–	Teelöffel (gestrichen)
EL	–	Eßlöffel (gestrichen)
kg	–	Kilogramm
g	–	Gramm
l	–	Liter
cl	–	Zentiliter
ml	–	Milliliter
Msp.	–	Messerspitze
cm	–	Zentimeter

Dank

Für die tatkräftige Unterstützung der Produktion dieses
Buches bedanke ich mich insbesondere bei:

Firma Frischkost & Delikatessen-Service GmbH,
D-77731 Willstätt (Warenbeschaffung, Terrinen und
Pastetenmanufaktur, Büfettreportage)

Firma Berndorf Luzern AG, CH-6014 Littau
(Ausstattung mit Büfettplatten und Serviergeräten)

Firma A/G hometec Vertriebs GmbH, D-77731 Willstätt
(Zurverfügungstellung der Firmen-Ausstellungshalle
und Küchengeräte)

Hotel Hilton International Mainz, Küchendirektor
Dirk Maus und Bankett-Souschef Karl-Heinz Tilgen
(Büfettreportage)

Alle Gerätschaften und Arbeitswerkzeuge, die im Buch
gezeigt werden, sind erhältlich über:
Lotzbeck 13, Tisch und Küchenkultur,
Andreas Miessmer, Lotzbeckstraße 13, D-77933 Lahr
Telefon (0 78 21) 98 38 54, Fax (0 78 21) 98 38 55

Stichwortregister nach Gruppen

Wachteln, gefüllt	61
Würzzutaten	48
Zanderfarce	77
Zandergalantine	78

Arbeitstechniken und Grundlagen der Zubereitung

Chaudfroidsauce	71
Crépinettes vom Geflügel	58
Entenleberparfait	65
Fische, gefüllt	78
Fischfarce herstellen	74
Fischterrinen und Sülzen	80
Fleischfarce, fein	51
Fleischfarce, klassisch, grob	50
Fleischfarcen herstellen	50
Geflügel als Schaustück	70
Geflügel binden	68
Geflügel zum Füllen vorbereiten	56
Geflügelgalantine herstellen	62
Geflügelgalantine mit Chaudfroidsauce	71
Geflügelkeulen, gefüllt	60
Geflügelmousse	64
Gefülltes zum Büfett	58
Gemüseterrine	66
Hummerschwänze, gefüllt	82
Jakobsmuscheln auf mariniertem Gemüse	83
Kalbsbrieserrine mit Morcheln	52
Kaninchenrücken, gefüllt	58
Karree zum Braten	69
Kasseler, mit Backpflaumen gefüllt	59
Kleines Geflügel, in der Folie gegart	69
Kräftige Würzmischung	49
Lachsfarce	74
Lachsfilet im Briocheteig	79
Lachstatar	85
Medaillons vorbereiten	69
Pastete herstellen	54
Pökelsalz	49
Räucherlachs-Gugelhupf	84
Rehrücken, garniert	72
Roastbeef-Karree	73
Rücken vorbereiten	69
Rückenschaustücke	72
Safranfarce	76
Sepiafarce	76
Spinatfarce	76
Steinbutt-Flußkrebs-Terrine	80
Steinbutt-Schaustück	86
Sülze von Atlantikfischen	81
Sülze von Tafelspitz und Pfifferlingen	67
Truthahnschaustück	70

Butter für das kalte Büfett

Butter schneiden	112
Butterkugeln	113
Buttermodel	113
Butterröllchen	112
Butterrollen	113
Butterrosen	113
Butterrosetten	112
Buttertrauben	113

Butterzubereitungen

Kaviarbutter	114
Knoblauchbutter	116
Kräuterbutter	116
Krebsbutter	117
Meerrettichbutter	115
Petersilienbutter	115
Räucherlachsbutter	115
Rotweinbutter	116
Sardellenbutter	117
Senfbutter	117
Trüffelbutter	115
Zitronenbutter	114

Canapés

Bündner-Fleisch-Canapé	137
Canapé mit Graved Lachs	144
Canapé mit Königskrabbenfleisch	145
Canapé mit Lachstatar	141
Canapé mit Meeresfrüchteterrine	145
Canapé mit Thunfischcreme	140
Canapé mit Tomate, Ei und Sardelle	139
Canapé mit Tomaten und Mozzarella	140
Geflügelcanapé	139
Geflügellebermousse	137
Kaviarcanapé	142
Lachsschinkencanapé	139
Matjestatar	143
Parmaschinken mit Melonenkugeln	137
Räucheraalcanapé	144
Räucherforellencanapé	145
Räucherlachs-Crêpe-Roulade	143
Räucherlachscanapé	142
Roastbeefröllchen mit Spargel	136

Salamicanapé 138
Schillerlockencanapé 144
Schinkenrauten mit Wachtelspiegelei 144
Schwanenhals herstellen 146
Shrimpscanapé 141
Tatar vom Rinderfilet 138

Crostini

Crostini mit Geflügelleber 130
Crostini mit Pesto und Jakobsmuscheln 133
Crostini mit schwarzer Olivenpaste 132
Crostini mit Thunfischcreme 133
Crostini mit Tomaten und Basilikum 131
Crostini mit Tomatencreme, Oliven und Bottarga 135
Crostini, süß-sauer 131
Gemüse-Crostini 134
Milz-Crostini 132
Waldpilz-Crostini 134

Fachbegriffe und Register

Fachbegriffe 250–255
Stichwortregister nach Gruppen 256–259
Alphabetisches Rezeptregister 260–262

Farcen von Fisch und Fleisch

Fischfarce herstellen 74–77
Fleischfarce, fein 51
Fleischfarce, klassisch, grob 50
Fleischfarcen herstellen 50
Lachsfarce 74
Safranfarce 76
Sepiafarce 76
Spinatfarce 76
Zanderfarce 77

Formblätter für die Büfettorganisation

Auswertungsbogen 244
Büfettaufbau 240
Büfettbestellung 234
Kundenservice 246
Leihservice 242
Produktionsplan Küche 238
Speisenzusammenstellung 236

Garnituren

Artischockenböden, mit Pfifferlingssalat gefüllt 122
Birnen, mit Preiselbeeren gefüllt 122
Champignonköpfe, tourniert, auf Zucchini 124

Champignons, gefüllt 123
Cheddar- und Schnittlauchbrote 119
Eier, gefüllt 125, 127
Flußkrebsgarnituren 118
Frühlingszwiebelknospen 118
Garnelen mit schwarzen Oliven 120
Gemüsegugelhupf 121
Gurken, gefüllt 126
Gurken-Gemüse-Körbchen 122
Gurkenfächer 125
Gurkenfächer mit Karotte und Trüffel 121
Kirschtomaten mit Schnittlauchcreme
    und Wachtelei 118
Kirschtomaten, mit Senfsauce gefüllt 119
Kiwis mit Babyäpfeln 125
Krebsnasen, gefüllt 119
Melonenschiffchen 120
Miesmuscheln, gefüllt 126
Mixed Pickles, geliert 124
Orangenspirale 125
Radieschen, tourniert 126
Ratatouille, geliert 126
Reissäckchen, gefüllt 120
Savarin von Atlantikfischen 127
Senffrüchte auf Apfelböden 123
Spargelsalat in Artischockenböden 125
Sternfrüchte mit Aprikosen und Melone 122
Tomaten, mit Kichererbsensalat gefüllt 118
Tomatenecken mit Ricotta 125
Tomatenparfait 122
Tomatenrosen 121
Wachteleier auf Zucchiniböden 121
Zitronenschmetterlinge 121

Galantinen, Pasteten und Terrinen

Fische, gefüllt 78
Fischterrinen 80
Geflügel als Schaustück 70
Geflügel zum Füllen vorbereiten 56
Geflügelgalantine herstellen 62
Geflügelgalantine mit Chaudfroidsauce 71
Gemüseterrine 66
Kalbsbriesterrine mit Morcheln 52
Pastete herstellen 54
Steinbutt-Flußkrebs-Terrine 80

Grundrezepte

Brandteig 40
Fenchelgelee 42
Fischfond 40
Geflügelfond 42

Gelee fürs Büfett 45
Gelee verarbeiten 45
Gelee von Fisch und Krustentieren 41
Gewürztraminergelee 45
Graved-Lachs-Beize 42
Hefeteig 40
Kalbsglace 43
Kalbsjus 43
Krustentierfond 41
Krustentiersauce 42
Mürbeteig 40
Orangengelee 45
Portweingelee 45
Rinderbrühe 44
Rinderkraftbrühe 44
Tomatengelee 45

Käse schneiden und Käseplatten

Camembert, angemacht 211
Handkäse, sauer eingelegt 211
Hartkäsebrett 209
Hartkäseplatten 208
Käse, eingelegt und mariniert 210
Käse schneiden 202
Käseplatte, große 204
Rohmilchkäse-Auswahl 207
Tête de Moine mit frischen Feigen 208
Ziegenkäse, eingelegt 210
Ziegenkäseauswahl 206
Ziegenkäseterrine mit Trauben 206

Käsesnacks

Birnen, gefüllt mit mariniertem Stilton 214
Brandteigkringel mit herzhafter Käsecreme 214
Butterkäsewürfel mit Trauben 217
Camembertecken, gefüllt 212
Cheddarwürfel mit Feigenspalten 217
Cheddar-Hefeteigtaschen 215
Cheddarkäse und Butterkäse
   mit eingelegten Peperoni und schwarzen Oliven 217
Comté-Würfel mit Cornichonfächern 217
Datteln, gefüllt 216
Fourme d'Ambert-Würfel mit Kapstachelbeeren 217
Frischkäsekugeln 213
Gorgonzolakugeln 217
Käsebrioche 215
Käsekräcker 215
Käsesnack-Platten 218
Käsestangen, würzig 212
Käsetatar im Mürbeteigschiffchen 216

Kirschtomaten mit Ziegenkäsefüllung 214
Provolonewürfel mit Scheiben
   von schwarzen Nüssen 217
Pyrenäenkäse in Würfel mit grünen Oliven 217
Ricottakugeln in Haselnuß 213
Tarteletten mit eingelegtem Schafskäse 212
Windbeutel, gefüllt mit Schnittlauchcreme 213
Ziegenkäsebuchteln 215

Küchentechnik und Arbeitsgeräte

Back- und Garnierwerkzeuge 34
Geräte und Formen 30
Käse- und Butterwerkzeuge 36
Küchenmaschinen 28
Moderne Garverfahren, Steamer, Kombi-Geräte 29
Schneidewerkzeuge 32

Organisation und Planung

Belegen von kalten Platten 19
Büfettplanung 10
Büfettaufbau 22
Einkauf 15
Kalkulation 12
Kalkulationszuschläge 13
Lagerung 15
Personaleinsatz 17
Zeitliche Organisation 18

Plattenkreationen

Austernplatte 194
Brotzeitplatte 168
Gemüse, mariniert 198
Gemüseterrinen 196
Graved Lachs mit Garnelenpyramide 188
Kalb, Schwein und Kaninchen 162
Lachs im Briocheteig 190
Lachsgugelhupf 186
Meeresfrüchteplatte 192
Poulardengalantine 172
Räucherfischplatte 180
Rehrückenplatte 176
Roastbeefplatte 160
Schinkenplatte mit Melone 166
Steinbuttplatte 182
Tafelspitzsülze 164
Truthahnplatte 174
Wachteln und Kalbsbrieserrine 170
Wildplatte 178
Zandergalantine 184

Reportagen aus dem Büfettalltag

Erkenntnisse aus dem Büfettalltag   222

Salate

Apfel-Rotkraut-Salat	100
Blattsalate	108
Geflügelsalat	106
Gemüsesalat, bunt	105
Gourmetdressing	109
Joghurtdressing	109
Karotten-Orangen-Salat	101
Kartoffelsalat	102
Kichererbsensalat	107
Nizzaer Salat	103
Rindfleischsalat, pikant	105
Salat von Meeresfrüchten	106
Salat von weißen Bohnen	102
Salatmischung	108
Spargelsalat	104
Vinaigrette	108
Waldorfsalat	100
Wildkräutersalat	108

Saucen

Aïoli	90
Beerensauce mit grünem Pfeffer	95
Cocktailsauce	91
Cumberlandsauce	93
Feigensauce	94
Grüne Sauce	91
Joghurt-Korinthen-Sauce	96
Kaviarsahne	97
Mayonnaise	90
Meerrettichsahne	97
Orangensauce	94
Pfefferminzsauce	93
Preiselbeersahne	96
Remouladensauce	92
Salsa verde	95
Senfsauce	92

Suppen

Gazpacho (Spanische Gemüsesuppe)	155
Kalte Gurkensuppe	154
Melonen-Estragon-Süppchen	154
Süppchen mit roten Beten und Kaviar, geliert	155

Vorspeisen

Bohnen-Artischocken-Salat mit gebratenem Kalbsbries	157
Carpaccio vom Rinderfilet mit Trüffelvinaigrette	156
Fadennudelsalat, kalt, mit Kaviar	156
Gänsestopfleber mit Pumpernickel und Champagnergelee	152
Meeresfrüchte in Safrangelee	150
Orangen-Fenchel-Salat mit gebratenen Jakobsmuscheln	157
Paprikamousse mit Basilikumvinaigrette	153
Spargelmousse mit Tomatengelee und Forellenkaviar	151

Alphabetisches Rezeptregister

A

Aïoli	90
Apfel-Rotkraut-Salat	100
Artischockenböden, mit Pfifferlingssalat gefüllt	122
Austernplatte	194

B

Beerensauce mit grünem Pfeffer	95
Birnen, gefüllt mit mariniertem Stilton	214
Birnen, mit Preiselbeeren gefüllt	122
Blattsalate	108
Bohnen-Artischocken-Salat mit gebratenem Kalbsbries	157
Brandteig	40
Brandteigkringel mit herzhafter Käsecreme	214
Brotzeitplatte	168
Bündner-Fleisch-Canapé	137
Butterkäsewürfel mit Trauben	217
Butterkugeln	113
Butterröllchen	122
Butterrollen	113
Butterrosen	113
Butterrosetten	112
Buttertrauben	113
Butterzubereitungen	114

C

Camembert, angemacht	211
Camembertecken, gefüllt	212
Canapé mit Graved Lachs	144
Canapé mit Königskrabbenfleisch	145
Canapé mit Lachstatar	141
Canapé mit Meeresfrüchteterrine	145
Canapé mit Thunfischcreme	140
Canapé mit Tomate, Ei und Sardelle	139
Canapé mit Tomaten und Mozzarella	140
Carpaccio vom Rinderfilet mit Trüffelvinaigrette	156
Cheddarwürfel mit Feigenspalten	217
Champignonköpfe, tourniert, auf Zucchini	124
Champignons, gefüllt	123
Chaudfroidsauce	71
Cheddar- und Schnittlauchbrote	119
Cheddar-Hefeteigtaschen	215
Cheddarkäse und Butterkäse mit eingelegten Peperoni und schwarzen Oliven	217
Cocktailsauce	91

Comté-Würfel mit Cornichonfächern	217
Crépinettes vom Geflügel	58
Crostini mit Geflügelleber	130
Crostini mit Pesto und Jakobsmuscheln	133
Crostini mit schwarzer Olivenpaste	132
Crostini mit Thunfischcreme	133
Crostini mit Tomaten und Basilikum	131
Crostini mit Tomatencreme, Oliven und Bottarga	135
Crostini, süß-sauer	131
Cumberlandsauce	93

D

Datteln, gefüllt	216

E

Eier, gefüllt	125, 127
Entenleberparfait	65

F

Fadennudelsalat, kalt, mit Kaviar	156
Feigensauce	94
Fenchelgelee	42
Fische, gefüllt	78
Fischfarce	74
Fischfond	40
Fischterrinen und Sülzen	80
Fleischfarce, fein	51
Fleischfarce, klassisch, grob	50
Flußkrebsgarnituren	118
Fourme-d'Ambert-Würfel mit Kapstachelbeeren	217
Frischkäsekugeln	213
Frühlingszwiebelknospen	118

G

Gänsestopfleber mit Pumpernickel und Champagnergelee	152
Garnelen mit schwarzen Oliven	120
Gazpacho (Spanische Gemüsesuppe)	155
Geflügel als Schaustück	70
Geflügelcanapé	139
Geflügelfond	42
Geflügelgalantine mit Chaudfroidsauce	71
Geflügelkeulen, gefüllt	60
Geflügellebermousse	137
Geflügelmousse	64
Geflügelsalat	106
Gelee fürs Büfett	45
Gelee von Fisch und Krustentieren	41
Gemüse, mariniert	198

Gemüse-Crostini	134
Gemüsegugelhupf	121
Gemüsesalat, bunt	105
Gemüseterrine	66
Gewürztraminergelee	45
Gorgonzolakugeln	217
Gourmetdressing	109
Graved-Lachs-Beize	42
Graved Lachs mit Garnelenpyramide	188
Grüne Sauce	91
Gurken, gefüllt	126
Gurken-Gemüse-Körbchen	122
Gurkenfächer	125
Gurkenfächer mit Karotte und Trüffel	121

H

Handkäse, sauer eingelegt	211
Hartkäsebrett	209
Hartkäseplatten	208
Hefeteig	40
Hummerschwänze, gefüllt	82

J

Jakobsmuscheln auf mariniertem Gemüse	83
Joghurt-Korinthen-Sauce	96
Joghurtdressing	109

K

Kalbsbrieserrine mit Morcheln	52
Kalbsglace	43
Kalbsjus	43
Kalte Gurkensuppe	154
Kalte Saucen	90
Kaninchenrücken, gefüllt	58
Karotten-Orangen-Salat	101
Kartoffelsalat	102
Käse, eingelegt und mariniert	210
Käsebrioche	215
Käsekräcker	215
Käseplatte, große	204
Käsesnack-Platten	218
Käsestangen, würzig	212
Käsetatar im Mürbeteigschiffchen	216
Kasseler, mit Backpflaumen gefüllt	59
Kaviarbutter	114
Kaviarcanapé	142
Kaviarsahne	97
Kichererbsensalat	107
Kirschtomaten mit Schnittlauchcreme und Wachtelei	118

Kirschtomaten, mit Senfsauce gefüllt	119
Kirschtomaten mit Ziegenkäsefüllung	214
Kiwis mit Babyäpfeln	125
Kleines Geflügel, in der Folie gegart	69
Knoblauchbutter	116
Kräuterbutter	116
Krebsbutter	117
Krebsnasen, gefüllt	119
Krustentierfond	41
Krustentiersauce	42

L

Lachs im Briocheteig	190
Lachsfarce	74
Lachsgugelhupf	186
Lachsschinkencanapé	139
Lachstatar	85

M

Matjestatar	143
Mayonnaise	90
Meeresfrüchte in Safrangelee	150
Meeresfrüchteplatte	192
Meerrettichbutter	115
Meerrettichsahne	97
Melonen-Estragon-Süppchen	154
Melonenschiffchen	120
Miesmuscheln, gefüllt	126
Milz-Crostini	132
Mixed Pickles, geliert	124
Mürbeteig	40

N

Nizzaer Salat	103

O

Orangen-Fenchel-Salat mit gebratenen Jakobsmuscheln	157
Orangengelee	45
Orangensauce	94
Orangenspirale	125

P

Paprikamousse mit Basilikumvinaigrette	153
Parmaschinken mit Melonenkugeln	137
Petersilienbutter	115
Pfefferminzsauce	93
Portweingelee	45

Poulardengalantine 172
Preiselbeersahne 96
Provolonewürfel mit Scheiben
   von schwarzen Nüssen 217
Pyrenäenkäse in Würfeln mit grünen Oliven 217

R

Radieschen, tourniert 126
Ratatouille, geliert 126
Räucheraalcanapé 144
Räucherfischplatte 180
Räucherforellencanapé 145
Räucherlachs-Crêpe-Roulade 143
Räucherlachs-Gugelhupf 84
Räucherlachsbutter 115
Räucherlachscanapé 142
Rehrücken, garniert 72
Rehrückenplatte 176
Reissäckchen, gefüllt 120
Remouladensauce 92
Ricottakugeln in Haselnuß 213
Rinderbrühe 44
Rinderkraftbrühe 44
Rindfleischsalat, pikant 105
Roastbeef-Karree 73
Roastbeefplatte 160
Roastbeefröllchen mit Spargel 136
Rohmilchkäse-Auswahl 207
Rotweinbutter 116
Rückenschaustücke 72

S

Safranfarce 76
Salamicanapé 138
Salat von Meeresfrüchten 106
Salat von weißen Bohnen 102
Salatmischung 108
Salsa verde 95
Sardellenbutter 117
Savarin von Atlantikfischen 127
Schillerlockencanapé 144
Schinkenplatte mit Melone 166
Schinkenrauten mit Wachtelspiegelei 144
Senfbutter 117
Senffrüchte auf Apfelböden 123
Senfsauce 92
Sepiafarce 76
Shrimpscanapé 141
Spanische Gemüsesuppe (Gazpacho) 155
Spargelmousse mit Tomatengelee
   und Forellenkaviar 151

Spargelsalat 104
Spargelsalat in Artischockenböden 125
Spinatfarce 76
Steinbutt-Flußkrebs-Terrine 80
Steinbutt-Schaustück 86
Steinbuttplatte 182
Sternfrüchte mit Aprikosen und Melone 122
Sülze von Atlantikfischen 81
Sülze von Tafelspitz und Pfifferlingen 67
Süppchen mit roten Beten und Kaviar, geliert 155

T

Tafelspitzsülze 164
Tarteletten mit eingelegtem Schafskäse 212
Tatar vom Rinderfilet 138
Tête de Moine mit frischen Feigen 208
Tomaten, mit Kichererbsensalat gefüllt 118
Tomatenecken mit Ricotta 125
Tomatengelee 45
Tomatenparfait 122
Tomatenrosen 121
Trüffelbutter 115
Truthahnplatte 174
Truthahnschaustück 70

V

Vinaigrette 108

W

Wachteleier auf Zucchiniböden 121
Wachteln, gefüllt 61
Wachteln und Kalbsbriesterrine 170
Waldorfsalat 100
Waldpilz-Crostini 134
Wildkräutersalat 108
Wildplatte 178
Windbeutel, gefüllt mit Schnittlauchcreme 213

Z

Zanderfarce 77
Zandergalantine 184
Ziegenkäse, eingelegt 210
Ziegenkäseauswahl 206
Ziegenkäsebuchteln 215
Ziegenkäseterrine mit Trauben 206
Zitronenbutter 114
Zitronenschmetterlinge 121

Der Autor

Der Südbadener Koch Andreas Miessmer hat sein Fach von der Pike auf gelernt. Die Stationen seines beruflichen Werdegangs führten ihn nach der Lehrzeit in einem gutbürgerlichen Lokal in der Ortenau zu Pierre Pfister ins Hilton International nach Mainz, über das Colombi-Hotel in Freiburg sowie zu Dieter Müller in die Schweizer Stuben nach Wertheim und in den Baseler Teufelhof.
Schon 1992 machte er als Gewinner der „Goldenen Kochmütze" und Koch des Jahres des Verbandes der Köche Deutschlands e. V. auf sich aufmerksam.
Heute arbeitet Andreas Miessmer als freischaffender Autor und Foodstylist und hat ebenso wie in diesem anspruchsvollen Werk in verschiedenen Publikationen zu den Themen Gemüse, Wild und Geflügel seine reichhaltigen kulinarischen Erfahrungen verarbeitet.

Die Fotografin

Dorothee Gödert, selbständige Fotografin mit eigenem Studio in Offenbach am Main. Seit 1986 spezialisiert auf Foodfotografie für nationale und internationale Verlage, Redaktionen und Werbeagenturen.

Impressum

ISBN 3-87516-680-9

Alle Rechte vorbehalten.
Nachdruck, auch auszugsweise, sowie Verbreitung
durch Fernsehen, Film und Funk, durch Fotokopie,
Tonträger oder Datenverarbeitungsanlagen jeder Art
nur mit schriftlicher Genehmigung des Verlags gestattet.
Idee, Konzept und Text: Andreas Miessmer
Fotografie: Dorothee Gödert
Grafische Gestaltung: Karin Jambor
Lektorat und Herstellung: Hans-Jürgen Fug-Möller,
Hans-Peter Ritter

© 1999 by Matthaes Verlag GmbH, Stuttgart
Printed in Germany
Gesamtherstellung: Matthaes Druck, Stuttgart